링컨의 연설

LINCOLN AT GETTYSBURG
by Garry Wills

Copyright © 1992 by Literary Research, Inc.
Korean Translation Copyright © 2004, 2012 by Doddle Saeghim Publishing
All raights reserved.

This Korean edition is published by arrangement with Stylus Publishing, LLC. with
assistance from APG Sales & Fulfillment and the Duran Kim Agency.

LINCOLN at Gettysburg

링컨의 연설

게리 월스 | 권혁 옮김

돋을새김

링컨

초판 발행 2004년 12월 15일
개정 1 쇄 2012년 4월 11일

지은이 | 게리 윌스
옮긴이 | 권혁

발행인 | 권오현 부사장 | 임춘실
기획 | 이헌석 편집 | 노선혜 · 김설아 · 김혜숙 · 김가영 디자인 | 안수진
마케팅 | 김영훈 · 강동근

펴낸곳 | 돌을새김
주소 | 서울시 종로구 이화동 27-2 부광빌딩 402호
전화 | 02-745-1854~5 팩스 | 02-745-1856
홈페이지 | http://blog.naver.com/doduls 전자우편 | doduls@naver.com
등록 | 1997.12.15. 제300-1997-140호
인쇄 | 금강인쇄(주)(02-852-1051) 용지 | 신승지류유통(주)(02-2270-4900)

ISBN 978-89-6167-088-3 (03300)
Korean Translation Copyright ⓒ 2004, 2012, 권혁

값 15,000원

*잘못된 책은 구입하신 서점에서 바꿔드립니다.

에이브러햄 링컨 (1809~1865)

시어도어 파커 (1810~1860)
초월주의 철학자이자 노예제도 폐지론자로서
미국의 독립선언에 참여했다.

대니얼 웹스터 (1782~1852)
미국의 독립선언문에 기초한
입헌 통일의 이론가였다.

에드워드 에버렛 (1794~1865)
하버드 대학의 총장이었으며, 그리스 문화 부흥운동의 선구자로 게티즈버그
국립묘지 봉헌식의 초청 연사였다.

그리스 장례 기념비(일리소스의 석판 묘비, B.C. 330년 경)
전사한 영웅이 슬픔에 잠긴 사람들 속에 묘사되어 있다.

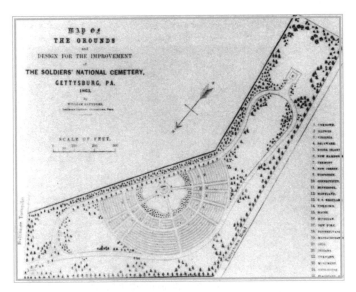

윌리엄 손더스가 작성한 게티즈버그 묘역 설계도로 전사자들이 이상
적이고 평등하게 매장되도록 배치되었다.

산 자와 죽은 자가 자연을 통해 교감할 수 있도록 설계된 마운트 오번.

젊은 보좌관들과 함께한 링컨
존 니콜레이와 존 헤이는 게티즈버그까지 링컨을 수행했다.

| 차 례 |

Prologue 프롤로그

그때 게티즈버그에서는
무슨 일이 있었을까?

게티즈버그에서 남군의 리Lee 장군이 보여준 무모한 행동은 분명, 그동안 그 자신이 이루어낸 숱한 전공으로도 보상할 수 없는 것이었다. 그는 뚜렷한 확신도 없이 절체절명의 적진으로 돌진해 나갔다. 그 불운한 진격이 끝난 후 리 장군은 잔류 병력의 소집을 지시했지만 조지 피켓 장군은 다시 끌어모을 병력이 전혀 없다고 보고했다. 그 후, 리 장군은 총사령관인 제퍼슨 데이비스에게 사임 의사를 밝혔다.[1]

리 장군을 상대로 전투를 벌였던 북군의 미드Meade 장군 역시 떳떳하게 게티즈버그를 떠날 수는 없었다. 그 역시 리 장군과 마찬가지로 수많은 병사들을 잃었던 것이다. 그러나 도주 중이던 자신의 숙적과는 달리 그에게는 적군을 추격할 병사들과 군수품이 아직 남아있었다. 꺼져가는 희망을 붙들기 위해 몸부림치던 링컨의 강력한 독려를 받으며, 미드 장군은 일주일 동안 몰아붙인 끝에 궁지에 몰린 리 장군을 홍수로 범람하던 포토맥 강가에 고립시킬 수 있었다. 그러나 리 장군은 결국

강을 건너 홀연히 사라져버렸고, 링컨은 다음 해에 있을 선거 때까지 북군이 견뎌낼 수 없을 것이라는 걱정에 휩싸였다. 미드 장군 역시 사임하겠다는 뜻을 밝혔다.

그러나 남과 북의 총사령관들은 두 장군의 사임 의사를 받아들일 수 없었다. 제퍼슨 데이비스의 경우, 리 장군의 실책으로 악화된 사태를 극복하는 데에는 리 장군 자신이 펼쳐 보이는 마술 외에는 아무런 대책이 없었다. (게티즈버그에서 많은 인명을 희생시킨 그날 이후, 남부의 낭만적인 바보들은 리 장군이 말을 타고 나타날 때마다 환호를 보냈다.)² 그와는 달리 링컨은 고뇌에 찬 친필 편지를 미드 장군에게 보냈지만, 그것으로는 개인적인 분노마저도 풀 수 없었다. 그러나 그의 질책은 그 후 오랫동안 돌려받아야 할 북부군의 도덕성에 대한 비난을 어느 정도 해소시켜주는 것이 되었다.

양 진영은 5만여 명의 병사가 전사하거나 부상당하고 실종된 이 전쟁에 대한 광범위한 핑계거리를 준비해야만 했다. 리 장군은 남군이 원인을 제공하지 않았다는 핑계를 대려 했고, 미드 장군은 자신 때문에 이러한 사태가 벌어진 것이 아니라고 주장했다. 게티즈버그 전투가 이런 혼란과 희망의 상실 그리고 무의미한 죽음들로부터 벗어나 국가적 지표와 자부심 그리고 이상의 상징이 될 것이라고 예측하기는 어려웠다. 에이브러햄 링컨은 이 추악한 현실을 소중하고 특별한 의미를 지닌 사건으로 변형시켰다. 그는 오직 272개의 단어만을 사용하여 그 일을 해냈으며, 그 단어들보다 더 강력한 호소력을 갖춘 것은 없었다.

게티즈버그에 살고 있던 주민들로서는 자신들의 삶을 혼란스럽게 뒤

흔들어놓은 그 전쟁에 대해 만족할 아무런 이유도 없었다. 미드 장군은 아주 느린 속도로 리 장군을 압박해나가면서 지휘본부에 다음과 같은 전문을 보냈다.

'이곳 전쟁터에 널려 있는 잔해들의 수거를 더 이상 미룰 수는 없습니다.'[3]

그 잔해들은 주로 썩어가고 있던 군마와 병사들이었다. 7월의 열기 속에서 수천 구의 시체들이 악취를 내뿜으며 썩어가고 있었다. 위생상의 문제로 5천 필의 말(혹은 노새)들은 모두 소각되어야 했다. 말들이 썩어가며 뿜어내던 악취는 이제 고기 타는 냄새가 되어 사방으로 퍼져나갔다. 8천여 구의 시신들은 여기저기에 마구 흩어져 있었고 더러는 형식적으로 매장되어 있었다.[4]

한 무리의 병사들과 남부군 포로들 그리고 강제로 동원된 시민들은 질식할 것 같은 상황 속에서 가능한 한 빨리 시체들을 끌어모아 최소한의 흙으로 덮어두어야 했다. 그들은 북부군 소속의 시체에는 거칠게나마 널빤지 위에 소속 부대와 대략적인 정보를 기록해두었지만, 남부군 시체의 경우에는 소속 부대조차도 확인하지 않았다. 새까맣게 몰려드는 쉬파리들과 싸우며, 삽질과 구역질을 번갈아 해야 했던 그 작업은 혼란스럽게 이루어질 수밖에 없었다. 윙윙거리며 극성스럽게 달려들던 쉬파리들마저도 쉴 새 없이 이어지는 삽질에 견디지 못하고 먼 곳으로 쫓겨날 수밖에 없는 지경이었다.[5]

대부분의 시신이 어느 정도 흙으로 덮이고 난 후에도 현장의 모습은 무척이나 혐오스러웠다. 어느 간호사는 전쟁이 일구어놓은 시체 더미의

밭고랑에서 너무나 적나라하게 '부풀어오르며 드러나는 시체들'을 보며 몸서리를 쳐야 했다. 어느 병사는 얕게 파놓은 참호 위를 거닐 때 땅속에서 드러나는 것들을 밟지 않도록 잔뜩 긴장해야만 했다.[6] 주민들은 밭과 정원에 널려있는 시신들을 피해 작물을 심어야 했다. 그렇게 하지 않으려면 썩고 있는 시신들을 직접 다른 곳으로 옮겨놓아야만 했다. 곧이어 시신을 찾으려는 가족들이 이 끔찍한 무덤들을 다시 한 번 샅샅이 파헤쳤다. 그들은 확인을 위해 끌어내었던 시신들을 처음에 그 작업을 했던 사람들보다 더 급히, 그리고 더 엉성하게 다시 파묻었다.

전투가 끝나고 3주가 지났을 무렵, 게티즈버그의 부유한 은행가인 데이비드 윌스David Wills는 펜실베이니아 주지사인 커틴에게 다음과 같은 보고서를 보냈다.

'팔과 다리 그리고 때로는 머리도 땅 위로 불쑥불쑥 튀어나옵니다. 나는 무엇보다 돼지들이 땅속의 시체를 파내 게걸스럽게 먹어치우는 몇몇 지역에 신경을 곤두세우고 있습니다.'[7]

누군가가 나서서 시신 확인을 위해 무분별하게 이루어지고 있던 발굴 작업을 멈추도록 해야 했다. 또한 자기 지역 출신 전사자들의 시신을 회수하기 위해 책임자를 파견하는 것에 관한 협의를 시작해야 했다. 전사자들을 재매장할 공간이 부족할 것이라고 예측한 어떤 기업가는 공동묘지를 조성하기 위한 땅을 사재기하기도 했다. 이런 일들이 벌어지고 있는 동안 겨우 2,500명의 주민들이 살고 있던 게티즈버그 전 지역은 악취로 뒤덮인 채 임시변통의 매장지가 되어가고 있었다.

펜실베이니아 주의 공화당 출신 주지사인 앤드루 커틴Andrew Curtin은 재선을 위한 선거를 앞두고 있었다. 고전할 것으로 예상되던 그는 지역 주민들의 정서를 달래줄 필요가 있었다. 그는 다른 주정부 당국자들과 협상하여 혼탁하고 오염된 발굴 때문에 지속적으로 훼손되고 있던 시신들을 처리하기 위한 기금을 마련하기로 했다.

커틴은 32세의 데이비드 윌스를 책임자로 임명하여 기금 조성을 추진시켰다. 윌스는 한때 게티즈버그의 존경받는 주민이었으며, 당시 랭커스터 지역의 의원으로 활동 중이던 급진적인 공화당원 새디어스 스티븐스와 함께 법률을 공부한 인물이었다. 민간지도자로 그 도시에서 가장 큰 저택을 소유하고 있던 윌스는 우선 시체 재매장 작업을 예상하고 횡행하던 부동산 투기를 근절시켰다. 그리고 각 주로부터 피로 물든 게티즈버그 지역의 정화에 쓰일 기금을 모으기 위한 위원회를 구성했다.

의회의 의석수에 따라 각 주별 모금액이 할당되었다. 주별 전사자들의 실질적인 숫자를 파악하여 모금하는 것은 오랜 시간이 필요한 작업이었으며 또한 매우 복잡한 작업이기도 했다. 그렇게 하기 위해서는 개별 전사자들이 확인될 때까지 기다려야 했고, 또 확인되지 않는 전사자에 대해서는 별도의 분담금을 결정해야 했으며, 발굴과 확인 작업 그리고 재매장에 따른 비용을 산출하기 위한 시간도 필요했다.

윌스는 전사자 재매장 작업을 위한 계약을 공매에 붙였다. 공매에는 34명이 입찰했는데 시신 한 구당 8달러가 가장 높은 액수였으며 결국 1.59달러에 낙찰되었다. 매장에 필요한 수천 개의 관은 국방부의 부담으로 보내줄 것을 연방정부에 요구하고 그 외의 모든 비용은 각 주 연합의 위원회에서 감당하기로 했다. 또한 새로운 공동묘지 조성에 필요한

약 7헥타르의 땅에 대한 권리를 펜실베이니아 주로부터 위임받았다.

각 주 연합의 위원회는 앨투나에서 첫 번째 회의를 열었다. 그곳에서 윌스는 새로운 공동묘지의 설계를 담당할 가장 완벽한 적임자로 윌리엄 손더스William Saunders라는 '전원 건축가'를 추천받게 되었다. 스코틀랜드에서 실무 경험을 쌓은 후 당시 농무부에 근무하고 있던 손더스는 '전원적인 공동묘지'를 조성하려는 사회 분위기에 깊이 공감하고 있었으며, 그러한 자신의 이상을 군사적으로나 정치적으로 제대로 구현해냈다. 그는 공동묘지의 경사를 완만하게 조성하고, 곡선 형태로 무덤들을 배치하는 등 놀랄 만한 독창성을 발휘하여 각 주 혹은 각 무덤 간에 나타날 수 있는 차별을 배제했다.

그런데 각 주별로 매장하겠다는 계획에 문제가 발생했다. 손더스로서는 각 주별로 얼마나 많은 시체들이 발굴될지 미리 파악할 방법이 없었던 것이다. 그러므로 각 주에 배당된 공간은 임시적일 수밖에 없었으며 시체 발굴 작업을 진행해가면서 설계를 변경해야 했다. 재매장 작업은 하루에 100구 정도씩 처리할 수 있을 것으로 예상했다. 그 정도의 속도라면 첫서리가 내리고 땅이 얼어붙기 전에 무난하게 마칠 수 있겠지만 실제 그 정도의 속도를 유지한다는 것은 매우 어려운 일이었다 (사실, 작업은 다음 해 봄이 될 때까지도 마무리되지 않았다). 무엇보다 발굴된 남부군 전사자는 철저한 확인 작업을 거친 후에야 다시 매장시킬 수 있었다. 이러한 확인 작업 역시 결코 쉬운 일이 아니었다. 물자가 부족했던 남부군의 일부 병사들이 실종되거나 포로가 된 북부군 병사들의 옷과 담요 같은 군수품을 지닌 채 전사했기 때문이었다.

전사자 확인을 담당하고 있던 윌스의 대리인은 북부군의 순교자들이 잠들어 있는 이 땅의 어느 한구석도 적군의 시체로 오염시키는 일은 없을 것이라고 공언했지만, 몇몇 남부 병사들의 시신이 잘못 포함되어 있다는 사실은 현재까지도 속속 밝혀지고 있다.

북부 병사들의 경우에도 소속 부대를 제대로 찾아 분류하는 것은 어려운 일이었다. '성명 미상'으로 분류되어 매장돼 있던 시신들은 비록 이름이 밝혀지더라도 어느 주 출신인지를 확인하기가 어려웠다. 매장 작업이 급하게 진행되던 초기에 상당수의 시신들로부터 신분을 확인해줄 소지품들이 제거되었던 것이다. 성서나 의치, 그 외의 개인적인 소지품과 같이 그나마 남아있던 유품들은 가족들의 확인 작업에 대비해 목록화하고 라벨을 붙여 안전하게 보관해두어야 했다. 참호 속에 한꺼번에 매장되어 있던 시신들의 경우에는 신체의 각 부분들을 제대로 수습하기조차 어려웠다. 더러워진 옷가지와 담요들은 오염된 상태로 다시 사용될 것을 우려해 매장했다. 그러고 나서 시신을 관에 담아 마차에 싣고 새로운 장소로 옮겨, 손더스가 분배해놓은 각 주별 공간에 배분했다. 전쟁의 와중에 이리저리 뒹굴며 한 번 이상 매장되었다가, 인간이나 동물들에게 훼손된 후 또다시 발굴되어 증명서를 받게 된 시신들은, 이런 모든 과정을 거치고 난 후에야 그들을 위해 믿을 수 없을 만큼 차분하게 조성된 묘지에 묻힐 수 있었다.

윌스는 시신들을 모두 옮겨오기 전이라도 그 땅을 헌정할 수 있게 되기를 원했다. 게티즈버그의 오염된 분위기를 정화해줄 훌륭한 헌사가 필요하다고 생각한 그는 당대의 문장가들인 롱펠로와 휘티어 그리고 브라이언트에게 그 작업을 의뢰했다.[8] 의뢰를 받은 세 명의 시인들은 모두, 나름의 이유를 들어 자신들의 역할이 적절하지 않다고 생각했다. 그러나 윌스는 크게 낙담하지 않았다. 19세기 중엽에는 이러한 경우를 위한 정화행사가 일반적으로 엄숙한 대규모 강연회의 형식으로 열렸으며, 그것은 관객들에게 강력한 영향력을 미치는 일종의 행위예술이었다.

최근의 몇몇 기록에서는 게티즈버그 봉헌식에서 행해진 주요 연설의 길이에만 관심을 집중하여, 그 행사가 마치 관중들에게 지루하고 부담스러운 종교 의식이었던 것처럼 묘사하고 있는 것을 볼 수 있다. 그러나 당시의 강연회는 몇 시간에 걸쳐 이루어지는 것이 일반적이었으며 그 강연 시간과 진행 속도는 마치 현재의 록 콘서트와 흡사했다. 1858년에 링컨과 스티븐 더글러스Stephen Douglas 간에 있었던 세 시간에 걸친 토론을 경청했던 군중은, 그날 대니얼 웹스터Daniel Webster를 비롯한 연사들이 치밀하게 작성해온 최소 두 시간 분량의 연설문을 들으며 환호했다.

웹스터가 사망한 후, 이러한 대중연설에서 가장 뛰어난 재능을 보인 사람은 웹스터의 친구인 에드워드 에버렛Edward Everett이었다. 학자이며 명문대학 출신 외교관이었던 에버렛에게는 수많은 청중들을 매료시킬 수 있는 뛰어난 재능이 있었다. 그의 목소리와 어휘 그리고 몸동작은 매우 드라마틱했으며, 자신이 치밀하게 작성한 연설문은 그것이 아무리 길더라도 모두 외워서 연설했다. 윌스에게 그러한 에버렛은 놓칠 수 없는 선택이었으며 공동묘지의 성역화라는 계획에 절대적으로 필요한 존재였다.

전쟁터는 에버렛에게 매우 특별한 의미를 지니는 장소였다. 그는 그동안 연설을 통해 렉싱턴과 콩코드 그리고 벙커힐과 같은 혁명전적지들의 명성을 한껏 드높여왔다. 그러므로 그가 게티즈버그에서 연설을 하는 것만으로도 이 지역을 남북전쟁의 신성한 장소 대열에 끼워넣을 수 있는 사건이 되는 셈이었다.

그해 9월 23일, 에버렛은 10월 23일에 열리는 행사에 참석해달라는 초청장을 받았다. 그런 일정이라면 11월에는 줄곧 매장 작업에만 전념할 수 있게 될 것이었다. 그러나 에버렛의 입장에서는 그처럼 중요한 연설을 준비하는 데 한 달이라는 기간은 충분하지 않았다. 그는 그동안 자신이 연설해야 하는 전쟁터에 대해 철저히 연구를 하고 나서야 연설문을 작성했다. 그러나 이번 경우에는 전쟁에 대한 공식적인 보고서만 겨우 발표되어 있는 상황이었으므로 더욱 많은 시간이 필요했다. 자신이 직접 여러 가지 조사를 해내야 하는 상황이었으므로, 에버렛은 11월 19일 전에는 연설문을 준비할 수 없다고 통보했다. 10월에 봉헌식을 하고 그 후에 재매장 작업을 진행하려 했던 윌스는 봉헌식 행사일을 즉시 11월 19일로 변경했다. 재매장 작업을 10월에 시작해 11월 19일까지 마칠 수 있게 되기를 기대하며 일정을 변경했던 것이다.

에버렛을 참석시키기 위해 이처럼 세심한 배려를 했던 것과는 달리, 링컨 대통령의 초청이 특별하지 않았다는 사실은 당대의 사람들보다 현재의 우리들에게 놀라운 일로 여겨진다. 윌스는 에버렛에게 초청장을 발송한 후 한 달이 지나서야 국가적인 행사에 당연히 포함되어야 하는 연방정부의 각료들과 그 외의 유명인사들에게 의례적인 초청장을 발송했다. 프랭크 클레멘트Frank Klement는 링컨이 10월 30일경에 친구이며 경호원이었던 워드 라몬Ward Lamon을 통해 비공식적으로 초청을 받았다고 주장한다.[9] 현재의 우리들에게는 추모하려는 전사자들의 총사령관을 초청하는 것치고는 시기적으로도 너무나 늦고 열의도 느껴지지 않는 것처럼 보인다.

그러나 의도적으로 모욕을 주기 위해 그랬던 것 같지는 않다. 당시로서는 봉헌식이 어느 일개 주의 행사였기 때문에 연방정부 차원의 참여는 기대하지 않았던 것으로 보인다. 링컨 역시 그러한 것들을 기분 나쁘게 생각하지 않았다. 비록 공동묘지의 개장을 맞이하여 '약간의 적절한 언급' 정도에 머무는 연설을 위해 초청받았던 것이지만 그는 오히려 그 행사를 기회로 활용하려 했다. 어느 정도는 신화적인 면모를 갖추고 있던 게티즈버그의 승전보는 재임 중에 내세울 전쟁 선전물로서 중요했던 것이다. (사실, 지금도 마찬가지지만 당시로서는 내놓고 자랑할 만한 승전보가 없었다.)

더 나아가 임박해 있던 펜실베이니아 주의 선거는 링컨의 재선을 위해 매우 중요한 선거였으며, 그는 당내에서 경쟁하고 있던 커틴 주지사와 사이먼 캐머런의 공화당 파벌을 통합하기 위해 공을 들이던 중이었다. 또한 링컨은 대부분의 주지사들이 직접 참석하거나 핵심 참모들을 파견시킬 것이라는 사실도 알고 있었다. 그의 경호원인 라몬은 그 행사의 주요 의전책임자로 활동하고 있었으며, '엄청난 인파'가 몰려드는 대규모 행사가 될 것임을 링컨에게 미리 일러두었다. 이러한 행사는 의견

교환과 정보 수집을 하기에 안성맞춤인 전형적인 정치적 상황이었던 것이다.

링컨 역시 자신의 측근들을 대동해 그곳의 상황을 이리저리 둘러보고 여러 가지 정보를 수집하려 했을 것이다. 주지사인 커틴의 측근들을 비롯해 펜실베이니아 정치계의 다양한 인물들과 친분관계를 유지하고 있던 라몬은 행사의 의전책임자로 초청되어 활동하고 있었다. 커틴은 링컨이 캐머런을 국방장관으로 임명했을 때, 자신의 반대 의견이 묵살당했다는 이유로 무척이나 분개하고 있던 인물이었다.

링컨은 전쟁의 목적을 규정하는 데 게티즈버그 연설이 매우 중요하다는 것을 잘 인식하고 있었다. 그는 성명서나 의회 연설과 같은 평상적인 형식 대신 특별한 장소에서 자신의 뜻을 밝힐 수 있는 기회를 엿보고 있었다. 링컨이 단순히 행사에 참석하는 것만이 아니라 연설도 할 수 있게 되기를 원했다는 것은 참모들이 마련한 여행일정을 전면적으로 변경시켰다는 사실에서도 알 수 있다.

당시의 국방장관인 스탠턴은 130킬로미터 거리에 있는 게티즈버그 행사장에 정오 무렵에 도착할 수 있도록 오전 6시 기차를 준비해두고 있었다. 그러나 그 무렵의 링컨은 군사들을 이동시킬 때 클라우제비츠Clausewits가 이른바 '마찰friction'이라고 명명했던 문제점에 대해 익히 잘 알고 있었다. 즉 병력 이동 계획 속에는 예상하지 못한 돌발상황에 대비한 여유시간까지 분명히 포함돼 있어야 한다는 것이다. 또한 링컨은 19일 당일에는 무척 혼잡스러울 것이라는 사실을 라몬을 통해 미리 보고받았을 것이다.

주정부의 대표단들과 시민단체들 그리고 군악대와 부대들이 열차 예약을 준비하고 있었으며 적어도 1만여 명에 달하는 사람들이 숙박시설이 열악한 행사 지역으로 이동할 것이므로 도로는 무척 혼잡할 것이었다(특히 기상조건이 악화될 경우에는 더욱 심해질 것이었다). 그러므로 링컨은 스탠턴의 계획을 다음과 같이 취소시켰던 것이다.

> 나는 이 일정이 마음에 들지 않습니다. 아주 사소한 사건만으로도 모든 일이 어그러질 수 있으며, 게다가 계획대로 된다 해도 무언가에 쫓기듯 허겁지겁 도착하는, 그런 방식으로는 가고 싶지 않습니다.

만약 링컨이 원래의 계획을 변경시키지 않았다면 연설을 하지 못했을 것이다. 행사일 전날 출발했음에도 볼티모어와 하노버 환승역에서 기차를 갈아타는 시간을 포함해 게티즈버그에 도착하는 데 6시간이나 걸렸던 것이다. 여섯 명의 주지사를 내빈으로 대동하고 (40킬로미터 정도 떨어진) 해리스버그를 출발한 커틴 주지사는 기차 고장과 연착 등에 시달리며 데이비드 윌스의 저택에서 열렸던 저녁만찬을 놓치고 말았다. 오후 2시에 모인 그들은 5시에 출발하여 11시에 도착했다. 미네소타 주지사인 램지는 봉헌식 일주일 전에 출발했지만 연설을 하기로 한 당일 새벽 4시에 '게티즈버그로 갈 수 있는 아무런 수단도 없는' 상태에서 하노버 환승역에 도착해 오도 가도 못하는 신세가 되어 있었다.[10] 링컨은 아들이 죽은 지 얼마 되지 않았으며 또 다른 아들의 병세도 깊어 아내가 극도로 불안해하고 있다는 것을 잘 알고 있었지만, 하루 전에 출발해야 한다는 자신의 뜻을 견지했다. 그만큼 게티즈버그에서 열릴 행사는 대통령인 그에게 매우 중요했던 것이다.

하지만 그처럼 단호한 태도로 행사장에 참석했던 (그리고 주변의 주요 인사들을 적극적으로 초청했던) 링컨 대통령이 마치 게티즈버그 연설을 준비하는 데에 그다지 신경을 쓰지 않았던 것처럼 알려져 있는 것은 기이한 일이다. 가장 우스꽝스러우면서도 줄기차게 등장하는 신화는 그가 편지봉투 뒷면에 간략한 메모를 끼적거려두었다는 이야기이다. 그나마 조금나은 이야기는 그가 워싱턴의 사진관에 가는 도중에 연설문을 구상했다거나, 130킬로미터의 거리를 달려가는 기차 속에서 마분지 조각에 적어두었다거나, 봉헌식이 있기 전날 밤에 데이비드 윌스의 집에서 연필로써두었다거나, 연설을 하기로 되어 있는 그날 아침에 썼다거나, 더 나아가 링컨이 자신의 차례가 되기 전 에버렛이 연설하는 동안 머릿속으로 준비했다는 식의 이야기들이다.

링컨의 연설이 명성을 얻고 난 후, 다양한 시기에 기록된 이런 류의회고담들은 그것을 기술하는 사람들의 관심이 두 가지 측면에 집중되어있다는 것을 드러낸다. 우선 자신들이 역사적인 사건의 현장에 동참하고 있었다는 자부심을 드러내고 싶어 하는 것이다. 그날 게티즈버그에있었던 사람들의 입장에서는 자신들이 링컨의 연설을 직접 들었다는 것정도로는 만족할 수 없었던 것이다. 즉 기껏해야 3분 정도의 연설을 들었던 그들은 1만에서 2만여 명에 이르는 사람들과 함께 나누었던 특권정도로는 만족할 수 없었던 것이다. 그들은 그 순간적인 영감이 탄생하는 현장에서 펜이나 연필이 움직이는 것을 직접 보았다고 증언함으로써 자신이 그 특별한 연설의 탄생과 밀접한 관계가 있기를 원했던 것이다.

이러한 이야기들이 강조하고 있는 또 다른 일면은, 링컨이 어떤 운명의 이끌림에 의해 즉석에서 그 연설문을 작성했다고 증언하는 것이다. 청중들을 앞에 둔 바로 그 자리에서 어떤 영감이 떠올라 링컨을 깨어나게 했다는 식이다. 즉 에버렛이 오랫동안 공을 들여 연설 준비를 했다는 사실과 대비가 되도록 하려는 의도가 숨어있는 것이다. 링컨에게는 자료를 찾고 연구하는 등의 노력이 필요 없는 것이 되어야 했다. 아무런 사전 준비 없이 어떤 영감이 그를 순간적으로 격발시켰으며, 민주주의에 입각한 그 영감은 도서관 따위와는 무관한 것이어야만 했다. 번뜩이는 섬광이 스쳐 지나갔으며, 현재의 우리들에게 이야기를 들려주는 그 사람들은 그 섬광이 스쳐 지나가는 순간에 현장에 있어야만 했다.

그런데 정작 문제는 그 순간적인 섬광이, 마치 한 번의 시도로는 어떤 일을 이루어낼 수 없다는 듯이 너무 자주 번뜩거렸다는 점이다. 기차 안에서, 집무실에서, 밤에, 그리고 아침에 그 섬광은 줄곧 링컨의 머릿속을 스쳐 지나갔던 것이다. 만약 어떤 섬광과도 같은 영감이 이처럼 지속적으로 링컨의 머릿속을 스치고 지나갔다면, 그는 영감을 받은 것이 아니라 연설을 할 무렵에는 이미 누전이 되어 있었음이 분명하다.

또한 이처럼 신화화된 이야기들은 매우 신중하게 연설문을 작성했던 링컨의 성격과도 많이 동떨어져 있다. 링컨의 동료 변호사였던 윌리엄 헌돈은 링컨이 자신이 맡은 소송을 매우 신중하게 준비했으며, 아주 천천히 글을 썼고, 논점을 잘 정리하여 자신의 논리와 문건들을 탄탄하게 만드는 사람이었다는 기록을 남겼다. 이러한 면모는 기억에 남을 만한

링컨의 모든 대중연설들에서도 뚜렷이 나타나는 특징이었다.[11]

그가 게티즈버그에서 연설할 내용을 마지막 순간까지 방치해두고 있었을 것이라고 상상하는 것은 불가능하다. 그는 기차 안에서는 물론 현장에 도착해서도 자신이 무척 바쁠 것이라는 사실을 잘 알고 있었을 것이다. 게티즈버그를 향해 출발할 때부터 정계의 주요 내빈들이 함께 동행하고 있었으며 볼티모어에서는 더 많은 인사들이 합류했다. 그리고 그들은 전쟁과 선거와 정책에 관한 이야기를 활발히 나누었을 것이다. 게티즈버그에 도착해서는 에버렛을 위시한 주요 인사들과 함께 데이비드 윌스의 저택에 초대되어 환대를 받았을 것이다. 각 주에서 온 대표자들은 그와 이야기를 나누고 싶어 했을 것이며, 그 자신은 전투가 벌어졌던 장소를 잠깐이라도 다녀오고 싶어 했을 것이다(이런 그의 희망은 19일 아침에 이루어졌다). 그러므로 정작 링컨에게는 자신의 연설에 대해 요모조모 따져보며 집중할 수 있는 시간이 거의 없었을 것이다.

실제로 링컨의 연설문이 게티즈버그로 떠나기 전에 주로 워싱턴에서 작성되었다는 사실을 증언하고 있는 사람도 두 명이나 있다. 비록 그들의 기록 역시 이 연설문의 작성에 대해 언급하고 있는 다른 글들과 마찬가지로 의문스러운 점이 있기는 하지만.

라몬은 링컨이 봉헌식 전날이나 그 이틀 전에 연설문의 내용을 자신에게 대부분 읽어주었다고 주장했다. 그렇지만 불행하게도 라몬의 이야기는 아무런 근거 없이 꾸며낸 것이었다. 실제로 그는 11월 13일부터 16일까지 게티즈버그에서 무척이나 바쁘게 활동하고 있었던 것이다. 라몬은 보안관들을 소집하고 훈령을 내리기 위해 16일에는 급히 워싱턴으로 돌아와야 했으며 그다음 날 아침에는 다시 현장으로 돌아가야 했다. 그런 점에서 라몬의 증언은 다른 이야기들과 마찬가지로 그다지 신빙성이 없다.[12]

링컨의 친구이자 언론인인 노어 브룩스는 11월 15일에 링컨과 대화를 나누었다고 주장한다. 노어 브룩스는 그때 링컨이 두세 번에 걸쳐 그 연설문을 이미 작성해두었음을 말했다고 한다. 게다가 링컨이 보스턴 《저널》에서 인쇄를 위해 준비해둔 에버렛의 연설문 교정쇄도 가지고 있었다고 전하고 있다. 그러나 에버렛의 연설문은 11월 14일까지도 준비돼 있지 않았으며 그 무렵 보스턴의 《데일리 애드버타이저》 신문사는 링컨에게 그처럼 빠르게 사본을 전달하기에는 너무나 멀리 떨어져 있었다.[13]

링컨이 워싱턴에서 연설문을 준비했을 것이라는 추론에 대한 더 믿을 만한 증거는 공동묘지의 조경사와 나눈 대화에서 드러난다. 농무부에 근무하던 윌리엄 손더스가 공동묘지를 설계했다는 것을 알고 있던 링컨 대통령이 그를 집무실로 불렀던 것이다.

공동묘지 봉헌식을 며칠 앞두고 있을 때, 링컨 대통령으로부터 17일 [화요일] 저녁에 자신의 집무실에 들러주었으면 한다는 전갈을 받았다. 공동묘지의 설계도를 가지고 와달라고 했다. 약속된 시간에 집무실에 도착한 나는 설계도를 집무실 테이블 위에 펼쳐 보였다. 그는 설계도에 깊은 관심을 보였으며, 컬프 언덕과 라운드 탑 등 주변의 지형에 대해 물어보았다. 그리고 비록 한번도 가보지 않았지만 그곳의 지형에 대해 잘 알고 있는 것처럼 보였다. 그는 무덤들의 배치 방식에 대해 매우 흡족해했으며 일반적인 공동묘지들과 많이 다른 것 같다고 했다. 그렇게 된 이유를 설명하자, 그는 매우 타당하고 훌륭한 배치라고 했다.[14]

링컨은 분명, 전투가 벌어지고 있던 3일 동안은 물론 그 후에도 전황 보고를 통해 그 지역에 대해 상당한 지식을 갖추고 있었을 것이다. 라몬 역시 사전 준비의 일환으로, 수주간에 걸쳐 그 지역의 대체적인 지형을 링컨에게 설명해주었을 것이다. 링컨이 공동묘지의 특징에 대한 특별한 지식을 미리 갖추고 싶어 했다는 사실은, 현장에서 해야 할 말들을 천재의 순간적인 영감만으로 만들어내지 않았음을 증명해주는 것이다.

손더스가 자신이 설계한 작품에 대한 자부심으로 인해 링컨의 반응을 과장되게 윤색하여 전달했을 수도 있다. 그렇지만 링컨이 무덤의 세심한 정렬 방식에 흡족해했다는 것은 충분히 가능한 일이다. 손더스에 의하면 링컨이 '구획된 (각 주별) 위치와 특히 각 무덤별 매장 위치가 매우 평등하게 느껴지도록 조성되었다'며 칭찬했다고 한다. 그리고 그 후 얼마 지나지 않아 링컨은 전사자들이 '모든 인간은 평등하게 태어났다'는 사실을 입증하기 위해 죽어간 것이라고 연설했던 것이다. 링컨은 (에버렛이 자신의 헌사를 통해 일일이 언급했던 것과는 달리) 연설 중에 특정한 개인이나 명단에 기록되어 있던 주요 장교의 이름은 전혀 언급하지 않았다. 이런 점에서 링컨의 연설과 손더스의 작품은 예술적인 조화를 이루어냈으며, 그들은 서로 상대방의 진가를 제대로 표현해냈던 것이다.

링컨이 탄 열차는 해 질 녘이 되어서야 게티즈버그에 도착했다. 기차역에는 아직도 재매장 작업의 마무리를 위해 사용될 관들이 적재돼 있었다. 윌스와 에버렛은 링컨을 영접하여 윌스의 저택에서 두 블록 못미치는 곳까지 동행했다. 윌스의 저택에서는 수십 명의 저명인사들이 참석할 저녁만찬이 예정돼 있었다. 링컨의 흑인 수행원인 윌리엄 슬레이드는 짐을 들고 자신이 그날 밤에 묵게 될 이층방에 들어섰다.[15] 그 방에서는 광장과 법원이 보였으며, 길 건너편으로는 새디어스 스티븐스의 오래된 법률사무소도 보였다.

에버렛은 일찍이 윌스의 저택에 숙소를 마련해두고 있었다. 윌스는 늦게 도착한 커틴 주지사를 위해 두 사람이 침실을 함께 사용해줄 것을 권했다. 주지사는 자신이 머물 곳을 찾을 수 있을 것이라고 생각했지만 숙박시설들은 모두 초만원 상태였다. 후일 에버렛은 자신의 일기에 '그 펜실베이니아의 관료가 나를 덮칠 것만 같아 새벽 1시까지 깨어 있어야만 했다'고 기록했다. 에버렛의 딸은 다른 두 명의 여자들과 함께 잠을 자야 했는데 침대가 그 여자들의 무게를 견디지 못하고 부서져버리기도 했다.[16] 그다음 날 단 위에 마련된 귀빈석에 앉게 될 윌리엄 손더스는, 침실을 구하지 못해 오가는 사람들로 붐비는 현관에 쭈그리고 앉아 잠을 청해야만 했다.

그날 밤에 에버렛이 자신의 연설 원고 초안을 링컨에게 보여주었을 가능성이 크다. 에버렛의 제자였던 에머슨에 의하면, 에버렛은 사전에 자신의 원고를 남들에게 보여주어 그 내용을 미리 알고 있게 하기를 좋아했으며, 그 원고를 마술과 같은 연설을 통해 더욱 새롭게 만들어냈다고 한다. 노어 브룩스는 에버렛이 링컨에게 연설문을 보여준 시점에 대해서는 잘못 알고 있었지만 제대로 된 추론을 제시해주었다. 즉 링컨이 에버렛의 연설을 미리 보았으므로, 우연히 일치하는 내용이나 의도하지 않은 차이점 때문에 당황하지 않을 수 있었다는 점이다.[17]

링컨은 늦게 도착한 커틴을 영접했으며 밤새 이런저런 일들 때문에 혼자 있을 시간이 없었다. 그가 머물고 있던 방의 아래쪽 광장에서는 한 무리의 시민들이 악단의 연주에 맞춰 노래를 부르고 있었다. 사람들은 그에게 연설을 부탁했고 신문에서는 그의 연설을 다음과 같이 보도했다.

시민 여러분, 저는 그저 여러분들의 환대에 감사드리기 위해 이 자리에 섰습니다. 여러분들께서 제가 아주 짧게라도 연설을 할 것이라고 추측하는 건 당연합니다. 하지만 저는 연설을 하기 위해 여러분 앞에 선 것은 아닙니다. 거기에는 몇 가지 중요한 이유가 있습니다.

그 이유들 중에서도 가장 진실한 것은, 제가 연설할 내용이 아무것도 없다는 사실입니다. [웃음] 저와 같은 위치에 있는 사람들은 바보스러운 이야기를 하지 않도록 처신하는 일이 중요하거든요. [누군가가 끼어들어 말했다. 그렇게만 할 수 있다면 좋겠죠!] 잘 아시다시피, 그렇게 할 수 있는 유일한 방법은 아무 말도 하지 않는 것입니다. [웃음] 오늘 밤의 제 상황이 바로 그렇다는 것만 믿어주십시오. 여러분들께 더 이상 연설할 수 없다고 변명하는 것에 대해 널리 양해해주십시오.

이 일화는 링컨이 대통령으로서 즉석연설을 꺼렸다는 사실을 보여준다. 군중 속에서 그 장면을 지켜보았던 존 헤이는 자신의 일기에 이렇게 썼다.

'대통령이 문 앞에 나타나 별 의미 없는 몇 마디의 이야기를 하고선 다시 안으로 들어갔다.'

광장에 모여있던 사람들은 그 옆 하퍼의 저택에 머물고 있던 국무장관 윌리엄 수어드가 세심하게 작성한, 조금 더 긴 연설을 들었다. 훗날 수어드는 그날 저녁 자신이 했던 연설과 그다음 날 연단에서 낭독된 연설들을 함께 모아 출판해줄 것을 의뢰했다. 수어드의 연설이 끝난 후, 링컨은 몇 장의 서류를 챙겨 그를 찾아갔다. 링컨은 첫 번째 취임사를 다듬어주었던 수어드와 함께 자신의 연설을 검토하기 위해 찾아갔던 것 같다. 그러나 그것도 확실한 것은 아니다. 링컨은 그곳에 도착한 후 여러 장의 전보문을 받았으며, 특히 두 사람은 그동안 자주 만날 수 없었던 당내의 정치인들과 함께 만찬에 참석하고 있었기 때문에 대통령으로서 국무장관과 논의해야 할 일들이 많이 있었던 것이다.

링컨의 개인 비서인, 존 헤이와 존 니콜레이는 마을 여기저기에서 벌어지고 있던 술자리를 돌아다니며 정치인들의 이야기를 듣느라 분주했다. 헤이는 펜실베이니아 주 당위원장이 기차에서 대통령과 나누었다는 이야기를 하고 있는 것을 듣게 되었다. 그가 전한 이야기는 자신이 직접 들었던 것과는 전혀 달랐다. 다음 날 헤이는 '서로를 미워하고 경멸하는 이런 펜실베이니아 정치인들이 어쩌면 그토록 진심으로 가까이 지내며 유쾌한 관계를 유지할 수 있는지' 무척 의아해했다.

아침 일찍, 링컨과 수어드는 마차를 타고 전투가 벌어졌던 지역을 둘러보았다. 11시 무렵에는 워드 라몬과 특별한 제복 차림의 보안관들이 각계각층의 고위공직자들에게 말들을 배정해주고 있었다(마차를 이용하면 행사장이 너무나 붐빌 것이기 때문이었다). 행사장까지의 거리는 1.6킬로미터도 채 되지 않았지만 라몬은 참석한 관리들을 예우하기 위해 윌스가 제공한 100마리의 말에 추가로 30마리의 말을 더 이끌고 마을로 들어왔다.

링컨은 말 위에 차분하게 앉아, 대통령보다는 자신들의 위엄을 갖추기에 여념이 없는 주요 인사들을 정렬하느라 진땀을 빼고 있던 보안관들을 꽤 오랫동안 바라보며 생각에 잠겨 있었다(그 광경을 보고 놀라는 사람들도 있었다). 당시 링컨은 죽은 아들을 애도하는 뜻으로 모자에 띠를 두르고 있었다. 또한 목이 긴 흰 장갑을 끼고 있었는데, 그것은 검정색 정장과 대비를 이루어 고삐를 잡고 있던 그의 커다란 손을 더욱 극적으로 보이게 했다. 에버렛이 옥외 행사를 연기해줄 것을 요청했을 때 데이비드 윌스는 사실 날씨에 관해서는 도박을 건 셈이었다. 그러나 결과적으로, 시신들을 옮기기에 더 적합할 것이라 생각했던 행사 당일의 날씨는 맑게 갠 11월의 가을 하늘을 드러내며 장시간 지속될 연설을 듣기에는 더없이 좋았던 것으로 판명되었다.

에버렛은 일찍부터 마차를 타고 마을을 빠져나가 자신의 요구대로 연단 가까이에 설치된 특별한 천막에서 연설을 준비하고 있었다. 69세였던 그는 신장 질환을 앓고 있었으며 3시간 동안 이어질 행사를 전후해 소변을 보아야만 했다. (그가 자신의 고민거리에 대해 너무나 조심스러워했기 때문에 그를 초청한 사람들은 그 사실을 알아차리지 못했으며 단지 천막 안에 혼자 있고

34

싶어 한다는 것으로만 알고 있었다. 그는 결국 사람들의 눈을 제대로 피할 수 있었다.)
에버렛은 대부분의 인사들이 도착한 후에, 제일 마지막으로 연단에 올랐다.

높이 설치된 연단 위의 인사들은 군중으로 둘러싸여 있었다. 행사에 참석할 사람들의 수가 2만 명에 이를 것으로 확인되자, 연단은 매장 작업을 하고 있던 곳에서 멀찍이 떨어진 장소에 설치되었다. 그 무렵, 예정되어 있던 시신의 3분의 1 정도만이 새로운 무덤에 매장되었을 뿐이었다. 무작위로 도착하는 (주별로 소속이 다른) 시신들을 위한 무덤이 준비는 되어 있었지만 한 번에 한 지역씩 마무리하기란 거의 불가능했다. 그러므로 매장 지역은 전체적으로 미완성인 채로 남아있었다. 보안관들은 이리저리 돌아다니는 수천 명의 군중이 작업 지역에 접근하지 못하도록 통제하고 있었다.[18]

에버렛은 평상시처럼, 자기 앞에 마련돼 있는 작은 테이블 위에 두툼한 원고 뭉치를 가지런히 올려놓고 거만한 태도로 그것을 들추어 보지 못하게 했다. 그는 전투가 벌어졌던 지역들의 참상을 자신이 서있는 곳에서 얼마든지 생생하게 보여줄 수 있었다. 그는 반군들의 잔학한 행위를 통렬히 비판함으로써 남부연합군의 일부 시체들이 아직도 매장되지 않고 데블스 덴 계곡의 바위틈과 낙엽에 덮여 있다는 사실을 은연중에 정당화하려 했다. 행사 이틀 전에 에버렛은 그 지역을 둘러보았으며, 시체들이 널려있는 곳도 둘러보았다. 그는 옳든 그르든, 연설을 통해 대학살의 부당함을 정면으로 돌파하려 했다.[19]

에버렛은 전직 국무장관으로서 정부 안팎에서 많은 정보들을 입수할 수 있었고 그는 그것들을 착실하게 모았다. 링컨은 리 장군을 도주하게 만든 미드 장군에 대한 비난을 무마해주려는 에버렛의 언급에 청중들이 어떻게 반응하는지 세심하게 관찰하고 있었다. 거대한 논리의 선전장에서 언급되는 전쟁이라는 배경은 그 장면을 바라보는 사람들에게는 현장성을 지니고 있어 우리가 돌이켜 생각해보기는 힘들다. 전투에 대한 에버렛의 세세한 묘사는 청중들을 현혹시키는 것이었지만, 그럼에도 그 3일간의 전투 전반에 대한 잘 짜여진 소개에는 배울 만한 것이 있었다.

에버렛의 연설은 마치 최근에 일어난 사건을 낱낱이 밝혀내어 들려주는 현재의 TV 다큐드라마 같은 것이었다. 만약 그날 에버렛이 펼쳐보였던 마술이 실패했다면, 우리들은 그 이후의 증언들을 제대로 이해할 수 없게 되었을 것이다. 그 현장의 가장 훌륭한 증인들인 니콜레이와 헤이는 훌륭한 연설문과 극장에 대한 자신들의 직업적인 관심을 바탕으로, 그 당시는 물론 그 이후에도 줄곧 에버렛의 연설을 격찬했다. 그들은 자신들의 자서전 속에서 게티즈버그와 관련된 장에 이르면 그들이 모시고 있던 상관보다 에버렛에게 더 많은 관심을 보였다.

링컨은 에버렛의 웅변술에 대해 극찬을 아끼지 않았다. 또한 그러한 웅변술을 흠모했으며 모방하고자 했다. 그는 헤인Hayne에 대한 웹스터의 화려한 답변을 '미국 웅변술의 가장 위대한 모범'이라고 언급하곤 했다. 링컨은 비록 웹스터의 그 유명한 결론 부분을 에버렛이 수정해주었다는 사실은 모르고 있었던 것으로 보이지만, 그럼에도 그는 에버렛의 연설에서 웹스터의 헌법주의적인 견해를 발견해냈다.[20] 링컨은 훗날 에버렛이 솜씨 좋게 웹스터의 견해에 자신의 새로운 주장을 첨가했다고 정확하게 짚어냈다.

링컨이 자리에서 일어섰을 때, 그의 손에는 축원을 드렸던 목사와 마찬가지로 연설문이 적힌 한두 장의 종이만이 들려있었다.[21] 이날에 대한 이야기들 속에는, 3분에 걸친 링컨의 연설이 2시간에 걸친 에버렛의 연설과 지나칠 정도로 대비되어 나타난다. 심지어는 링컨이 돌발적인 연기를 펼쳐 군중을 당혹스럽게 했으며, 그 때문에 군중이 어떻게 반응해야 할지 모를 정도였다고 주장하기도 한다('벌써 연설이 끝났단 말이야?'). 또한 링컨이 연단에 어느 정도는 머물러 있을 것으로 예상했던 불쌍한 사진사들이 링컨을 촬영하기 위해 느긋하게 준비하고 있었다는 이야기도 신화들 중의 한 가지로 전해오고 있다. 하지만 윌스의 위원회가 인쇄해둔 식순 중 관련된 부분을 살펴보는 것이 더 유용하다.

음악: 버그필드 밴드

축원: T. H. 스톡턴

음악: 해군 군악대

추도 연설: 에드워드 에버렛

음악: B. B. 프렌치가 작곡한 찬가

헌사: 미합중국 대통령

장송가: 행사를 위해 특별히 구성된 합창단

감사 기도: H. L. 바우어

이 식순에 의하면 공식적으로 예정돼 있는 연설은 단 하나밖에 없다.

지금은 〈링컨의 게티즈버그 연설〉로 더 알려져 있지만, 사실은 에버렛의 연설을 게티즈버그 연설이라 부르는 것이 더 정확한 표현이다. 링컨의 헌사는 '짤막한 언급' 정도로 예정돼 있었으며, 이 짤막한 언급은 봉헌식을 정부의 공식적인 행사로 규정하기 위해 만든 순서에 불과했다(요즈음의 일반적인 개막행사에서 볼 수 있는 리본 절단식 정도로 생각하면 된다).

링컨이 스톡턴의 축원보다 더 길게 연설하는 것은 예정에 없던 일이었다(실제로 스톡턴의 기도문은 대통령의 헌사보다 네 배는 더 길었다). 사실, 링컨의 헌사는 바우어나 프렌치(롱펠로와 브라이언트 그리고 휘티어가 꺼려했던 역할을 맡아준 라몬의 친구)의 경우처럼 에버렛의 연설을 보조적으로 뒷받침하는 것이었다. 링컨의 연설문은 프렌치의 찬가와 단어 수가 똑같았으며, 바우어 박사의 기도문보다는 두 배 정도 많은 분량이었다. 《뉴욕 타임스》에 보도된 게티즈버그 행사 관련 기사를 살펴보면 시사하는 바가 있다.

신문에는, 링컨의 연설을 별도의 자리를 차지하고 있던 에버렛의 연설과 함께 배치하지 않고, 그 전날 군중의 요청으로 이루어졌던 다른 두 개의 연설과 함께 배치해두었다.[22] 그 제목은 이렇게 작성되어 있다.

엄청난 수의 참석자들
에드워드 에버렛의 추도 연설
– 링컨 대통령과 수어드 씨 그리고 시모어 주지사의 연설

링컨의 연설은 전날 밤 있었던 시모어 뉴욕 주지사의 연설보다 더 간략

했으며, 당시로서는 행사 당일의 초청 연사인 에버렛의 연설과 함께 배치되기보다는 시모어의 연설과 배치되는 것이 더 자연스러운 일이었다. 링컨이 했던 연설의 길이를 놓고 에버렛의 연설과 대비시켰던 것이 허구적인 결론을 이끌어낸 것이다. 링컨의 연설문은 그것이 이루어낸 성과를 두고 비교하자면 깜짝 놀랄 만큼 간략했다. 그러나 에버렛이 조금 더 짧게 연설을 했거나 연설을 하지 않았다 해도 똑같은 성과를 이끌어냈을 것이라는 가정 역시 진실이다.

그 외의 면모에서도 두 사람은 명확한 차이를 보이고 있었다. 에버렛의 목소리는 부드러웠고 능수능란하게 조절되어 있었지만, 링컨의 목소리는 날카롭다고 느껴질 정도로 높았다. 그리고 그의 켄터키 억양은 몇몇 동부 사람들의 기분을 거슬리게 했다. 그러나 링컨은 힘이 실린 하이 테너의 음색으로 인해 많은 호감을 이끌어냈다. 게티즈버그나 다른 곳에서 있었던 링컨의 연설에 공통적으로 인정받는 요소가 있었다면 그것은 연설이 명확하게 들린다는 점이었다.[23] 대통령을 소재로 한 디즈니랜드의 애니메이션 영화에서 목소리 연기를 하는 월터 휴스턴, 레이먼드 매시, 헨리 폰다와 같은 여러 배우들은 바리톤의 음색을 지니고 있다. 이와 달리 링컨이나 금세기의 루스벨트 대통령은 테너의 목소리였지만 보다 더 남성스럽고 영웅적인 느낌을 주기 위해 바리톤으로 위장하고 있다.

우리가 잊지 말아야 할 것은 링컨이 한때 배우였다는 사실이다. 그는 능숙한 재담꾼이었으며 흉내를 잘 내는 사람이었고 원하는 사람들에게 (간혹 원하지 않는 사람들에게도) 셰익스피어의 작품에서 발췌한 내용으로 몇

39

시간씩이나 연설을 들려주던 사람이었다.[24] 그는 리듬감 있게 연설하는 법과, 의미를 담아 말의 높낮이를 조절하는 법을 체득하고 있었다. 링컨이 셰익스피어를 낭독하는 자리에 여러 번 참관했던 존 헤이는 자기 상관의 게티즈버그 연설에 높은 점수를 주었다. 그는 일기에 다음과 같이 기록했다.

'대통령은 멋지고도 자유로운 형식으로, 평상시보다 훨씬 우아하게 그리 길지 않은 봉헌사를 해냈다.'

링컨의 원고는 매끄럽게 다듬어져 있었고 그의 연설에는 힘이 실려 있었다. 연설은 청중들의 환호로 다섯 번이나 중단됐다. 멀리 떨어져 있는 청중들도 잘 들을 수 있도록 천천히 또박또박 읽어나간 그의 연설은 3분 정도 지속되었다. 청중들이 그 짧은 시간 동안에 벌어진 일을 제대로 이해하지 못했으리라는 건 분명한 사실이며, 우리들은 아직도 그 깜짝 놀랄 만한 사건의 영향력을 가늠하기 위한 연구를 꾸준히 하고 있다. 그러나 정작 링컨 자신은 연설의 성과에 실망했다는 신화, 즉 링컨 자신이 연설문을 제대로 다듬지 못해 '깔끔하지 못할 것'이라는 이야기를 신뢰하기 힘든 인물인 라몬에게 했다는 것은 근거 없는 이야기이다.[25] 그는 자신이 의도했던 대로 연설을 멋지게 해냈으며, 헤이는 자신이 모시는 상관과 중요한 행사에 참석하여 훌륭한 일을 이루어낸 것을 자랑스러워했다.

최소한 링컨은 게티즈버그의 오염된 공기를 정화해줄 언어를 바라던 데이비드 윌스의 기대를 훨씬 뛰어넘었다. 썩어 문드러진 시체들이 만들어내는 참상, 그리고 무어라 정의 내리기 어려운 전쟁이 지닌 피비린내 풍기는 불명예스러운 면모들이 링컨의 수사修辭로 그 모습을 달리해 다가왔던 것이다. 격전지에 널려있던 눈앞의 잔해들은 한 정부가 평등의 신조를 유지해나갈 수 있는지 가늠해보는 실험의 산물로 산화했다. 사흘 동안 저질러진 대살육의 성과는 그 정당성을 입증하는 추상적인 진실에 의해 지적인 의미로 변모했다.

비록 연설 중에 '그' 전투와 '이곳'에서 죽은 사람들에 대해 직접적으로 언급하기는 했지만 링컨은 구체적인 사실들은 언급하지 않았다. 즉, 어떤 병사이며 어느 지역의 어떤 군대였는지 언급하지 않았고 심지어는 어느 쪽 군대였는지조차 언급하지 않았다(남부의 사람들은 '실험'의 한 부분일 뿐, 분노나 비난의 대상으로 거론되어야 할 원수가 아니었던 것이다). 에버렛은 철저하게 자신이 미화하고 있는 사건의 세밀한 묘사에 몰두해 청중들을 사로잡는 데 성공했다. 그러나 링컨은 지엽적인 문제들에 대해서는 한마디도 언급하지 않았다.

그의 연설은 대학살로부터 멀리 떨어진 곳에서 이루어지고 있었다. 그는 당시에 벌어진 전투를 추상의 단계로 끌어올렸으며 그것을 통해 그 전투를 보다 더 큰 가치를 지닌 사건으로 만들어냈다. 그는 '전쟁터'마저도 궁극의 정부 형태를 가늠해보는 장소로 만들어버렸다. 링컨은 윌리엄 손더스보다 더 이상적인 형태로 죽은 자들의 무덤을 배열한 것이다. 생각하기에도 끔찍한 현실은 링컨의 절묘한 언어를 통해 대기 속으로 사라져버렸다.

그렇지만 그것은 복잡다단한 변혁의 시작일 뿐이었다. 링컨은 어느 한 전장에서 얻어낸 성과를 남북전쟁 전체에 적용하려 했다. 그는 헌법과 지역주의, 소유권과 국가를 너저분한 논쟁들로부터 떼어내 추상화시켰다. 그의 연설 속에 게티즈버그가 등장하지 않았던 것처럼 노예제도 역시 전혀 언급되지 않았다. 그의 논의는 특정한 역사적 사건들을 뛰어넘어 더욱더 깊숙한 핵심으로 파고들어갔으며, 정신적인 투쟁을 통해 원형 그대로 획득돼야 할 위대한 이상을 향해 다가갔다. 링컨은 피비린내 나는 전투로부터 초월적인 의미를 새로이 이끌어냈다. 전투가 끝난 직후부터, 남부와 북부는 제각기 게티즈버그 전투의 의미를 자신들에게 유리하게 해석해내려고 안간힘을 썼다. 링컨은 더 큰 의미의 경쟁을 지향했다. 넓은 의미의 '승리한다'는 표현을 사용해 남북전쟁의 군사적 의미를 넘어 이상적 의미를 획득하려 했으며 그것은 성공을 거두었다. 대부분의 미국인들에게 남북전쟁은 링컨이 추구했던 바로 그 의미를 지니고 있었다. 총칼로 수행된 의미를 담론으로 완벽하게 마무리시켰던 것이다.

링컨은 게티즈버그의 험악한 분위기를 진정시켰을 뿐만 아니라 공적인 죄악들과 대물림된 범죄에 오염돼 있던 미국의 역사 그 자체를 정화시켰다. 그는 노예제도를 묵인하는 문서들을 태워버렸던 윌리엄 로이드 개리슨과는 전혀 다른 방법으로 헌법을 정화시켰다. 링컨은 문서를 그 내부에서부터 개조했다. 그는 자신의 의견을 제시하여 합법적인 합의라는 명목으로 완강히 버티고 있던 헌법을 그곳에 씌어 있는 문자에서부터 그 이면의 정신에 이르기까지 미묘하게 변화시키며 그 문서 자체의 부당함을 고발했다. 그리고 그러한 과업을 솜씨 좋게 수행함으로써 증인들이 아무런 의심을 품지 않도록 공개적으로 가장 대담하고도 재빠른 손재주를 펼쳐 보였다. 수많은 군중 속에 섞여 있던 사람들은 한결같이 정신적인 소매치기를 당했다고 할 수 있다.

당시의 군중은 자신들이 품고 있던 이념이라는 짐(가방) 속에 새로운 내용물을 담아 그곳을 떠났다. 그들은 그 자리에 올 때 가지고 왔던 헌법 대신 링컨이 바꾸어놓은 새로운 헌법을 가지고 그곳을 떠났던 것이다. 링컨은 그 사람들의 미래를 영원히 변화시켜줄 새로운 과거를 제공함으로써 혁명 그 자체를 혁명시켰다.

멀찍이 거리를 두고 떨어져 있던 몇몇 사람들은 거대한 속임수가 실연되고 있음을 목격했다. 시카고 《타임스》는 링컨을 향해, 평등에 대한 언급도 없음은 물론 노예제도를 허용하고 있는 헌법 조문을 인용하면서 링컨 자신이 수호하기로 맹세한 그 문서를 스스로 배신하고 있으며 바로 그 기본적인 법을 위해 죽어간 사람들을 비방하고 있다고 지적했다.

> 우리의 장교와 사병들이 게티즈버그에서 목숨을 버린 것은 이 헌법을 지키기 위함이며 또한 그 헌법으로 만들어진 합중국을 지키기 위한 것이다. 그가 어찌하여 감히 그들의 무덤 위에 서서 그들이 그렇게 죽어간 원인을 허위로 떠들어대며 이 정부를 세웠던 정치인들을 모욕할 수 있단 말인가? 그들은 검둥이들이 자신들과 평등하다거나 평등한 특권을 지니고 있다고 선언하기에는 너무나 자존심이 강한 사람들이었다.[26]

스스로를 해칠 정도로 노골적인 보수파인 M. E. 브래드퍼드나 최근의 윌무어 켄들 같이 이러한 격분에 동조하는 사람들은 아직도 링컨이 게티즈버그에서 헌법을 뒤집어엎었다고 공격한다.[27] 그러나 대부분의 보수주의자들은 이제 과거의 헌법에 대한 링컨의 절묘한 공격으로 인해 너무나 신성시되고 문자 그대로 신성불가침이 되어버린 연설을 비난하려 들지 않는다.[28] 그들은 오히려 감성을 자극하는 링컨의 연설에는 눈여겨볼 만한 지적 내용이 결여돼 있다는 것을 수사적인 비평을 빌려 주장하려 한다. 즉, '일련의 생각들이 진부하리만큼 평범하여 그저 일반적인 장례식 추도사에 불과할 뿐'이라는 것이다.[29]

켄들 같은 인사들과 시카고 《타임스》의 편집진들은 이러한 것이 사실이기를 바랐겠지만 그들 자신은 더 많은 것을 알고 있었다. 그들은 링컨이 시도해낸 일의 담대함을 제대로 인식하고 있었다. 켄들은 합중국의 '헌법제정자들이 이루어낸 것들 중에서 완벽하지 못하다고 느껴지는 것들을' 수정함으로써 링컨이 새로운 국가의 설립을 시도한 것이라는 적절한 평가를 했다.

> 에이브러햄 링컨과 남북전쟁 이후에 헌법을 개정한 사람들은 헌법제정자들이 선언했던 '모든 인간은 평등하게 태어났다'는 원칙에 대한 깜짝 놀랄 만한 새로운 해석을 통해 어느 정도 수준까지는 새로운 국가 설립의 조항을 만들려 시도한 것이다.[30]

에드윈 미즈와 그 외의 '원조' 보수주의자들 역시 남북전쟁 개정안(특히 제14차) 이전, 즉 헌법제정자들의 시대로 돌아가고 싶어했다. 그들이 의도했던 작업은 게티즈버그 연설로 창조된 새로운 가치들과 다투어야 하는 것이 아니었다면 상대적으로 쉬웠을 것이다. 게티즈버그 연설의 단순 명쾌한 어구들은 1850년대에 개최된 헌법개정과 관련한 토론에서 링컨이 완성시켰던 것으로 미국인들의 공감을 얻었다. 토론을 통해 링컨은 가장 적확한 언어와 상상력과 신화를 찾아냈으며 게티즈버그에서 그것을 가장 간결한 형태로 구현해냈던 것이다.

그의 '재정립'이라는 수수께끼를 꿰뚫어 보기 위해서는 그토록 매력적인 언어로 이룩한 대성공의 모든 요소들을 면밀히 검토해보아야만 한다. 링컨 자신은 모르고 있었겠지만, 그 전에 수행되었던 문학적 · 지적 · 정치적 노력들이 그의 숙명적인 272 단어들 속에 지적 혁명의 숨결을 불어넣어주었던 것이다.[31]

1장

그리스 문화
부흥 시기의 웅변술

　　　　　● ● ●

제임스 허트는 링컨이 게티즈버그 연설에서 '평범한 장례 연설법'을 활용했다고 말한다.[1] 이미 장례 헌사의 모범으로 삼을 만한 탁월한 연설문이 있었는데, 그것은 링컨의 게티즈버그 연설보다 2,394년 앞선 해에 페리클레스가 작성한 것이었다. 스파르타를 상대로 치렀던 아테네 전쟁의 첫해가 끝나갈 무렵, 페리클레스는 그해에 죽어간 아테네의 전사자들을 추모하는 연설을 했다. 투키디데스가 펠로폰네소스 전쟁사에 수록한 당시의 연설문은 장례 연설 중에서 가장 훌륭한 것으로 정평이 나 있다. 이 연설문은 19세기 초반 미국의 그리스 문화 부흥 시기에 소중한 귀감으로서 수없이 복사되었으며 격찬 속에 끊임없이 인용되었다.

　에드워드 에버렛 역시 게티즈버그에서 이 연설을 적절하게 언급했다. 그는 페리클레스가 언급했던 연례적인 장례 의식을 세세하게 묘사하는 것으로 자신의 연설을 시작했으며, 그것을 북군을 위한 의식과 조목조목 비교해나갔던 것이다. 두 행사는 모두 재매장이라는 공통점이 있었다. 아테네의 병사와 선원들은 전사한 현장에서 화장되었으며 그후 아테네로 이송되어 매해 열리는 군사 기념일에 함께 매장되었다. 전사자들을 매장할 때는 부족별로 구분했으며 부족을 확인할 수 없는 경우에는 특별히 마련된 별도의 장소에 매장했다. 이것은 북군의 전사자들은 각 주별로 매장되었지만 '무명용사'들은 별도의 특별한 장소에 매장되었던 것과 같았다.

그렇지만 재매장 작업이 진행되는 게티즈버그는 여전히 전쟁을 치르고 있던 장소였다. 박식한 에버렛은 이러한 경우와 비교될 수 있는 고대의 사건으로 마라톤 전쟁(B.C. 490)이 있었다는 것을 익히 잘 알고 있었다. 전쟁이 끝난 후 아테네인들은 페르시아인들로부터 그리스를 구해낸 바로 그 장소에 매장되었던 것이다.

당시에는 역사적 사실의 인용이 일반적인 것이었지만, 일부 추종자들에게 민주주의를 꽃피우는 새로운 페리클레스로 존경받던 에버렛에게는 특별한 의미를 지니고 있는 것들이었다. 하버드 대학에서 에버렛의 그리스학 강의를 수강했던 랠프 월도 에머슨은 '아테네의 페리클레스에 비견될 만한 에버렛의 천재성은 당시의 청년들에게 커다란 영향을 끼쳤다'며 열정적으로 자신의 스승을 칭송했다.[2]

미국을 제2의 아테네로 만들자는 생각은 19세기에 나타났다. 이 나라의 설립자들은 처음엔 그리스가 아닌 로마를 국가 모델로 삼았다. 18세기 사람들이 대부분 그랬던 것처럼 그들은 아테네를 민중이 지배했던 국가라고 생각했다. 그리스의 도시국가들 중에서 본받을 만한 나라가 있었다면 그것은 스파르타였다. 스파르타는 잘 짜여진 국가 기강으로 로마공화국 초기의 엄격한 도덕주의자들에게 영향을 끼쳤다. 그리스의 직접민주주의가 아닌 로마의 '혼합정부' 형태가 미국연방의 구성을 논의하는 토론장에서 가장 강한 호소력을 발휘했다.[3] 새로운 시대의 위대한 공화주의자였던 조지 워싱턴은, 쟁기를 버리고 공화국에 봉사한 후 다시 자신의 생업으로 되돌아갔던 로마인 킨키나투스를 본따 줄곧 현대의 킨키나투스라고 불렸다.[4] 제퍼슨은 버지니아 대학 설립을 위한 계획을 세울 때, 로마 건축술의 기준에 모든 것을 맞추려 했다.

그러나 이 모든 것들이 19세기로 접어들면서 급격하게 변모했다. 현대의 그리스가 터키로부터 자유를 쟁취하기 위해 투쟁을 시작했던 것과 때를 맞추어, 그리스 고고학은 사람들의 머릿속에 고대의 민주주의를 일깨워주었다. 로마가 신고전주의 시대에 영향을 끼쳤던 것처럼 그리스 역시 낭만주의 운동에 중요한 역할을 담당했던 것이다.[5] 바이런은 그리스의 해방을 위한 전쟁에 군인으로 참가했다가 전사했으며, 셸리는 《프로메테우스》를 집필했다. 키츠는 그리스 도자기를 소재로 한 열정적인 시를 지었다. 횔덜린과 독일의 낭만주의자들은 그리스를 주제로 한 극본과 시들을 발표했다.[6] 건축물들은 이제 판테온이 아닌 파르테논을 모방하기 시작했다. (1806년에는 파르테논에서 떼어온 고대 그리스의 대리석 조각들이 런던으로 이송되었다.)

조지 워싱턴은 상속받은 자신의 저택을 (제퍼슨이 자신의 저택을 꾸미려 했던 것처럼) 로마 장원 양식으로 완성시켰지만, 링컨은 자신이 구입한 저택에 그리스 양식을 가미했다. 이러한 사실은 변화된 취향을 드러내는 중요한 단서이다. 이것이야말로 링컨과 동시대를 살고 있던 사람들의 시각에서 볼 때 '민주적인' 스타일로 간주되었던 것이다.

토머스 제퍼슨이 보여준 일시적이며 극히 개인적인 로마 양식의 부흥은 개인적인 생각의 산물이었지만, 그리스 양식의 부흥은 대중적인 정서의 산물이었다. 그러한 경향은 미국 사회 전반에 걸쳐 널리 나타났다. 학자들에서부터 교육받지 못한 사람들까지, 수도에서 자그마한 마을까지, 도시에서 시골의 농장에 이르기까지 이러한 경향은 국가적인 독립성을 제공했으며 어느 면에서는 유럽의 건축술로부터 벗어난 것이다. 그리고 미국의 건축가들이 그전까지는 한번도 성취해보지 못한 그런 일이었다. 사실 서구의 역사에서 비록 정서적으로는 공유하더라도, 이처럼 단일 양식을 전체 사회에서 지속적으로 받아들인 적은 한번도 없었다. 그리스 문명의 부흥은 이런 맥락에서 미국에 첫 번째로 나타난 국가적인 건축 양식으로 이해되어어야 할 것이다.[7]

에버렛은 미국에서 그리스 문화가 부흥하는 데에 가장 중심적인 역할을 했다. 하버드 대학은 그에게 고대 그리스 연구를 위한 새로운 교수직을 마련해 주었다. 에버렛은 하버드 대학에서 동급생 중 최고 성적으로 신학전공 코스를 끝냈고, 저명한 브래틀 스트리트 선교단의 일원으로 임명되었는데 그때 그의 나이는 스무 살도 안 되었을 때였다. 놀라운 속도였다. 학자로서 그의 가능성을 높게 평가한 하버드 대학에서는 그를 다시 강의실로 불러들였다. 그러나 하버드 대학에서는 우선 그가 독일에서 연구할 수 있도록 지원했다. 그는 새로운 문헌학의 중심지였던 독일에서 미국인으로서는 처음으로 박사학위를 받았다(1817년 괴팅겐 대학).

에버렛은 외국에 머무는 동안 많은 곳을 여행했으며 괴테에서 바이런에 이르는 낭만주의 시대의 대표적인 인물들과 만났다.[8] 그리고 그리스로 건너가 서구의 민주주의가 처음으로 자유를 획득했던 전쟁터들을 직접 살펴보며 다녔다. 미국으로 돌아올 무렵, 그는 바로 이 땅에 새로운 아테네가 부상할 것이라는 확신을 가지고 있었다.

그는 그리스어의 동사 형식 따위를 가르치는 것으로는 10대들의 관심을 끌기 어렵다는 것을 깨달았다.[9] 남들보다 일찍 설교대에서 성공을 거두었던 에버렛은 고대 웅변가들이 그리스의 시장터나 조그마한 숲, 공공묘지(아고라, 아카데미, 케라메이코스)에서 그랬던 것처럼 더 대중적인 영역에서 업적을 만들어낼 수 있을 것이라는 생각을 품었다.

라파예트가 미국을 방문했던 1825년에 그는 자신의 이러한 소명의식을 더욱 확고히 했다. 라파예트의 귀환은 이 나라에 낭만주의적 분위기를 한껏 드러내는 계기가 되었다. 워싱턴이 장군으로 활약하던 시대의 전사가 바이런의 시대에도 살아남아 등장했던 것이다. 그의 등장은 그리스의 독립을 지지하는 세력의 결집을 촉발시켰으며 이것은 에버렛에게도 타당한 계기가 되었다.[10] 에버렛은 미국에서 문학이 하는 역할에 대해 집중적으로 논했던 케임브리지 대학의 유장한 웅변에서도 라파예트를 거론했다. 그의 연설에 대한 반응은 찰스강 너머의 보스턴에서 라파예트를 위해 거행되었던 대니얼 웹스터의 연설에 대한 반응에 버금가는 것이었다. 에버렛의 독특한 연설은 그를 정계로 진출하게 했다. 그는 의회의원, 매사추세츠 주지사, 주영대사, 상원의원(그 후 하버드 대학의 총장으로도 잠깐 재직했다) 그리고 국무장관까지 역임했다.

그러나 그런 모든 경력 중에서도 에버렛이 가장 만족해하는 부분은 대중강연이었다. 웹스터에게 웅변은 정치가와 입법가 역할에 속한 일종의 곁가지였지만 에버렛의 경우는 달랐다. 그는 실질적으로 자신의 연설에 군중을 불러 모으기 위해서만 공직을 맡았다.

에버렛은 철두철미한 스승이었다. 그는 교실을 연단으로 바꾸었다. 그리고 학생들은 그의 뒤를 따라 드넓은 세계로 진출했다. 제자였던 에머슨은 대중강연을 자신만의 독특한 예술 행위로 삼았다. 1825년 에버렛이 미국의 문학이라는 주제로 연사 활동을 시작한 것처럼 에머슨도 1837년에 현대의 학자라는 주제로 강연 활동을 시작했다. 에버렛은 에머슨과 그 외의 초월주의자들에게 모범이 되었다. 그것은 에버렛이 민주주의적 이상을 대중화한 사람이기 이전에 분명한 학자였기 때문이다. 에버렛의 강의실에서 배운 것들이 에머슨의 삶에 새로운 방향을 제시했던 것이다.

1820년이 되도록 독일의 학자들은 문학비평을 제대로 일구어내지 못하고 있었다. 그러나 에드워드 에버렛은 5년간의 유럽 생활을 마치고 케임브리지 대학으로 풍부한 결과물들을 가지고 돌아왔다. 그가 보여준 결과물은 그전까지 그 누구도 보여주지 못한 자연적인 우아함과 화려한 수사학을 바탕으로 소개되고 추천되었다. 그는 우리들에게 처음으로 [프리드리히 아우구스트] 볼프의 호메로스식 저술 이론을 [하인리히] 하이네의 비평과 함께 소개해주었다. 배움의 경이로운 경험은 해설자의 숙련된 기술과 천재성 덕분에 훼손되는 것이 전혀 없었다. 그리고 아직 제대로 지식을 갖추지 못한 학부 학생들은 하버드의 강의

실에서 자신들 앞에 새로운 아침이 열리고 있음을 알아차릴 수 있었다.[11]

언어학자 볼프에 관한 에머슨의 언급은 뉴잉글랜드의 정통파 칼뱅주의자들에게는 불길한 것이었다. 볼프는 호메로스의 다양한 저작물들을 추적함으로써 '영웅시대'의 주요한 저술들에 대해서도 유사한 접근을 하도록 부추겼으며, 그렇게 하여 모세가 모세 5경의 실제 저작자인지에 대한 의문을 제기하도록 했다.[12]

에머슨과 시어도어 파커 같은 초월주의자들은 '철저한 비평주의'의 수용을 위해 기독교의 교리를 변형시키거나 포기하려 했다.[13] 에머슨이 언급했던 또 다른 이름은 서정시인인 하이네인데, 호메로스의 다른 일면을 제시했던 그 역시 낭만주의 시대의 중요한 인물이었다. 순수하고 자연적인 작가로 인식되어 있는 호메로스는 베르길리우스와 같은 세련된 로마의 시인과 연관을 맺고 있었으며, 그것은 대략적으로 말하자면 워즈워스와 알렉산더 포프의 관계와 흡사하다.[14]

에버렛의 막강한 권위에 힘입어 역사학자 조지 밴크로프트를 포함한 많은 사람들이 독일의 학문을 배우기 위해 괴팅겐으로 떠났으며, 후일 링컨은 밴크로프트의 진보에 대한 강의를 본받았다. 밴크로프트는 성서를 번역하기 위해 괴팅겐에서 고대언어를 공부하려 했지만 '철저한 비평'을 기꺼이 배우려는 학생들이 전혀 없을 것을 우려했다. 그는 베를린으로 옮겨가 철학자인 프리드리히 슐라이어마허로부터 초월주의 철학을 사사했다.[15] 그러나 밴크로프트의 주된 관심사는 그리스 역사였다.

미국으로 돌아온 후 그는 자신이 독일의 김나지움에서 연구했던 교육개혁가 J. H. 페스탈로치의 방법론을 구현하기 위한 예비학교를 설립했다. 그는 학생들을 가르치면서 괴팅겐 시절의 교수였던 아르놀트 H. L. 헤렌의 몇몇 저서들을 번역했다. 그중에는 하버드 대학에서 교재로 사용했던 역사서 《고대 그리스Ancient Greece》도 포함되어 있다.[16]

페리클레스 시대를 찬미한 헤렌의 저서는 낭만주의 시대의 사료편찬이 아테네를 무질서하다고 바라보는 시각에서 얼마나 멀리 떨어져 있는지를 여실히 보여준다. 뱅크로프트는 영국의 빅토리아 시대에 페리클레스의 아테네를 칭송하던 역사의 물결에 앞장서 있었다. 공화제 이론의 시각에서 결함이 있는 체제로 취급되었던 직접민주주의는 의회개혁운동을 통해 드러난 효율성을 바탕으로 조지 그로트와 같은 영국 역사학자들에 의해 다시 부흥을 맞이했다.[17]

미국 국민들 사이에서도 공화제만이 아닌 정부를 향한 운동이 일어났으며 이것은 그리스라는 상징을 향한 열망으로 촉발되었다. 뱅크로프트는 아테네식 민주주의로 형성된 역사적 방법들을 미국의 발전에 적용하면서 잭소니언 민주주의자가 되었다. 월터 새비지 랜더는 자신의 저서 《페리클레스와 아스파시아Pericles and Aspasia》의 두 번째 책을 대통령인 앤드루 잭슨에게 헌정했을 때, 미국에서 어떤 일들이 진행되고 있는지를 인식하고 있었다.[18]

에버렛이 유명하게 된 것은 바로 당대에 유행하던 낭만주의적 헬레니즘을 대변했기 때문이었다. 이것이 게티즈버그 묘지가 봉헌될 때 사람들의 관심을 자연스레 에버렛으로 향하게 한 요인이었다. 그것은 바로 그전 시기에 뉴잉글랜드의 연사들이 대중을 상대로 한 토론과 가르침이라는 그리스 방식을 모방했던 요인과도 같은 것이었다. 페리 밀러는 당대의 철학 학계에서 에버렛의 영향력이 가장 컸다고 묘사하고 있다.

> 초월주의에 관한 그 어떤 설명도 1820년대에 에버렛이 펼쳐보인 마법과 같은 웅변술에 대한 고찰이 포함되지 않고서는 제대로 이해될 수 없을 것이다. 만약, 특히 에머슨을 비롯한 그들 모두가 웅변술이 최상의 예술적 표현에 속한다는 믿음을 받아들이게 되었다면 그들은 웹스터나 클레이 같은 위대한 변론가들은 물론, 특히 그들의 요구에 딱 들어맞는 에버렛에게 설득된 것이다. 마침내 유럽의 문화가 제공하는 모든 것을 터득했음을 증명한 뉴잉글랜드의 학자가 나타난 것이다. 그는 버크와 피트 그리고 셰리든과 견줄 수 있는 스타일을 바탕으로, 미국이 소중하게 여기는 모든 것을 자신만의 언어로 표현해낼 수 있었다.[19]

에버렛으로부터 받은 영향에 대해 기꺼이 고마움을 표현했던 에머슨은 에버렛의 다변적인 연설이 드러내 보여주는 것보다 더 난해한 고전주의의 말뚝에 대중연설의 고삐를 단단히 묶는 법을 익혔다. 에머슨은 고전 수사법을 현대적으로 사용하는 데 한발 더 나아간 수준을 선보였으며, 그것은 게티즈버그 연설의 방향으로 한 발짝 내디딘 것이었다. 에머슨은 대조법과 잠언 그리고 활기찬 박자를 지닌 힘찬 리듬을 사용했다.

에머슨이 링컨의 게티즈버그 연설을 자신의 은사인 에버렛의 연설보다 더 상찬했던 것은 당연했다.

'기록으로 남겨진 그 어떤 것도 링컨의 게티즈버그 연설을 쉽사리 능가할 수는 없을 것이다.'[20]

그러나 에머슨이 제시한 현대 민주주의적 연설의 전형을 구현함에 있어, 에버렛은 링컨의 대중적인 웅변이 생겨날 수 있는 최적의 조건을 일구어내는 데 도움을 주었다. 에버렛의 고전적 양식은 확연한 대비를 드러내줌으로써 링컨의 연설을 돋보이게 하는 선구적인 역할을 했다.

게티즈버그 연설의 첫머리에서 언급했던 에버렛의 고전적 양식을 과거에 대한 단순한 동경으로 여겨서는 안 된다. 에버렛은 언제나 고전의 맹목적 숭상을 반대해왔다. 콩코드 전투(1825)에 관한 연설에서 그는 이렇게 말했다.

앞으로도 영원히 우리는 마라톤과 테르모필레 전쟁에 대해 이러니저러니 하며 말을 바꾸어야만 하는가? 또한 애국적 미덕의 위대한 전범들을 찾기 위해 명확하지도 않은 그리스와 라틴의 문헌 속으로 되돌아가야만 하는가? …… 우리는 침공당한 그리스의 1만 전사들이 마라톤에서 보여준 그 영웅적인 행위에 경외감을 품는다. 그러나 우리는 그 전사들의 10분의 1이 노예였음을 잊어서는 안 된다. 그들은 자유를 얻기 위해 주인의 작업장과 문설주에서 풀려난 노예들이었던 것이다. 이러한 사례들을 근거로 고대역사 읽기에 대한 관심을 없애버리려는 것은 아니다. 이 사례들은 오히려 그것이 드러내주는 독특한 대비에 의해 우리의 관심을 더 증폭시킬 것이다. 그러나 만약 우리가 경계로 삼아야 할 것이 있다면, 그것은 부디 애국심의 중대한 실천적인 교훈들을 자신의 조국에서 추구하라는 것이다. 즉 우리의 선조들이 극중 인물로 출연하는 우리 자신의 나라라는 극장에서 공을 세우고 희생하며 애국심을 배우도록 가르치라는 것이다.[21]

그러나 에버렛은 독일의 '고등비평'을 신봉하는 추종자들과 마찬가지로, 일련의 커다란 주제들은 오직 역사의 과정 속에서만 규명될 수 있으며 또 그 주제들을 파악하고 발전시키기 위해서는 시대에 대한 장기적인 안목이 필요하다는 생각을 견지했다. 초월주의는 고대 예술작품에 암시되어 있는 숭고한 목표(이상)들의 점진적인 실현을 지향하고 있다. 에버렛은 자유와 민주주의 그리고 웅변의 '성소聖所'들을 숭상함으로써 숭고한 목표(이상)들에 대한 대중적 자각이 살아날 수 있을 것이라고 생각했다.

에버렛은 1833년, 벙커힐 전투를 기념하는 연설에서 자유를 지키려 했던 신성한 현장을 보존하는 과업을 시간에만 맡겨두지 말고 오히려 기념비를 완성시키기 위한 기금을 모아야 한다고 보스턴 시민들에게 강력히 촉구했다. 그는 '산기슭과 바다 사이에 나있는 좁은 통로[테르모필레]를 찾기 위해 얼마나 헛된 노력을 해야만 했던가? 그것은 이미 사라져버리고 없었다'라는 말로 자신의 주장을 뒷받침했다.[22]

그는 게티즈버그 연설에서, 자신이 펜실베이니아의 전적지를 추적하던 과정을 마라톤을 돌아보던 학창 시절에 비유했다. 마라톤에서 했던 경험이 독립전쟁의 전적지들을 미국 민주주의의 '발상지'로 찬양하도록 만들었던 것이다. 에버렛은 미국의 유서 깊은 명소인 그 전적지들은 우리들에게 '역사이자 시이며 웅변의 재료'가 되어준 '전쟁터이면서 초기 정착지'라고 했다.[23] 1850년대에 마운트 버넌을 사원으로 복원시키기 위한 캠페인을 펼쳤던 그는 수많은 청중들을 모아놓고 워싱턴의 업적을 칭송하는 연설을 통해 9만 달러의 기금을 모았다.

에버렛은 그리스를 연구하는 학자로서 국장國葬연설(에피타피오스 로고스, 보통 에피타피오스로 줄여서 말한다. 복수형은 에피타피오이)이 페리클레스의 연설 이전에 이미 확립되어 있던 장르임을 알고 있었다. 페리클레스의 연설 형식은 지금까지 남아있는 국장연설 장르의 6가지 예문에서 그 자취를 찾아볼 수 있다.[24] 고대 그리스의 민주주의 도시국가에서 행했던 연설 중에서도 가장 오래된 페리클레스의 연설은 그 후에 등장한 대중 웅변술의 어조와 스타일을 확립시켰다.[25] 그것은 주제와 가치관의 연속성을 유지함으로써 아테네인들의 동질감을 확립시켜주는 것이었다. 니콜 로로Nicole Loraux는 자신의 탁월한 의식儀式 연구에서, 아테네는 이러한 행위의 공유를 통해 '새로이 만들어진' 것이라고까지 주장했다.

실제로 아테네인들은 5세기 말에서 [4세기 후반의] 클레이데무스 시대 직전까지 모든 장례 연설에서 반복되어 언급되던 '아테네인들에 의한 아테네의 역사'에 공공연하게 만족해했다. 폴리스가 행한 일련의 용맹한 공적들은 시민 영웅주의의 영원한 특질과 서로 교체될 수 있는 것이었으며 그 상징이기도 했다. 이렇듯 반복되는 구전 역사는 기록

보관소와 문서의 역할을 수행했다.[26]

에버렛은 동시대에 일어난 정치적 순교에 대한 찬사를 마무리할 때 이러한 역사적인 이상을 염두에 두고 있었다. 그는 미국 일반 대중들의 기억 속에 남을 역사적인 기념물의 창조를 시도했던 프랜시스 파크먼, 윌리엄 프레스콧, 조지 밴크로프트와 같은 전문적인 역사가들이 활동하기 전에 살았던 사람이다. 그렇기 때문에 자신의 자료들을 편찬하는 데 더욱더 철저했다. 예를 들어 당시에 널리 인정받고 있던 폴 리비어의 여행기에 나타난 오류들을 렉싱턴과 콩코드 연설을 통해 정정하기도 했다. 게티즈버그와 관련된 방대한 양의 자료를 발표할 때는, 근년에 일어난 이 사건을 얼마나 세심하게 연구했는지 드러내기 위해 부록으로 주해를 달아놓기도 했다.

본문에 언급되어 있는 정보의 출처들 외에도, 미드 소장은 나를 위해 자신의 보좌관인 시어도어 라이먼 대령이 작성한 3일간의 작전 비망록을 (공식 보고서를 발표하기 전에) 제공하는 배려를 해주었다. 또한 라이먼 대령으로부터 당시의 작전 행동과 관련된 별도의 주요 통신문들도 받아보았다. 총사령관인 할렉 소장으로부터는 전투와 관련된 매우 소중한 문서들을 제공받았다. 프레더릭스버그 개전 이후부터 매일매일의 부대 이동 상황에 대한 필사본을 부관 참모의 사무실로부터 제공받았으며 이 상세한 보고서는 전체 작전 행동의 밑그림을 작성하는 데 커다란 도움을 주었다. 존 B. 바첼더 대령에게도 많은 도움을 받았는데, 그는 당시 3일간의 전투가 벌어졌던 그 지역을 묘사한 아름답고도 세밀한 그림을 설명해주었다(그는 그것을 판화로 새기려 하고 있었다). 이러한 여러 가지 출처에서 알게 된 정보들을 바탕으로 (3일간의 전투를 해명하려는 의도로 작성된) 리 장군의 1863년 7월 31일 자 공식 보고서와 《리치몬드 인콰이어러》에 소개된 7월 22일 자 기사 그리고 《블랙우즈 매거진》 9월호에 영국군 대령임이 분명한 어느 장교가 기고한 '게티즈버그 전투와 펜실베이니아 전투 행동'에 관한 기사를 비교해보았다.

이러한 꼼꼼함과 방대한 작업에 대한 헌신이 바로 니콜레이와 헤이가 에버렛의 게티즈버그 연설에 경탄했던 점이었다.

에드워드 에버렛은 자신의 명성과 그날의 특별한 행사에 걸맞은 연설을 들려주었다. …… 2시간 내내 그는 자신의 보기 드문 예술적 재능으로 청중들의 영혼을 사로잡았다 해도 과언이 아니다. …… 만약 그 자리에 도덕적 훈련과 문학적 소양, 정치 관련 연구업적, 공직 수행 경험, 정당 활동, 역사비평 분야에서의 오랜 경험, 대중연설의 완숙함, 내전의 원인과 논리적인 근거와 예측 가능한 결과에 대한 공정한 추론 등을 감당해낼 능력을 갖춘 미국인이 있었다면 그는 바로 에드워드 에버렛일 것이다. …… 그의 연설은 자신의 연구 내용물이 담고 있는 사상가로서의 냉철한 관념을 구현한 것이었으며, 그 연단 위에서 진지한 정치가로서의 권위를 널리 드러낸 것이었다.[27]

보스턴《저널》은 1863년 11월 20일 자 기사를 통해 에버렛의 역사적인 열망을 충분히 인정해주었다.

> 게티즈버그에서 종료된 전투 상황에 대한 상세한 묘사는 마치 매콜리나 프레스콧이 작성한 가장 훌륭한 서술들처럼 읽힌다. 에버렛 씨는 그러한 묘사를 위한 자료를 모으는 데 엄청난 공을 들였으며, 권위 있는 공식 문서들을 섭렵했다. 그의 글은 우리 세대가 읽을 수 있는 특권을 갖게 된, 당시의 전투 상황에 관한 가장 훌륭한 역사서라 할 수 있을 것이다.[28]

그러나 에버렛은 단순한 정확함 이상의 것을 열망했다. 밴크로프트를 비롯한 당대의 낭만주의 역사가들과 마찬가지로, 그는 사실을 알리는 것과 동시에 사람들의 머릿속에 영감을 불어넣는 전통을 창조해내기를 원했던 것이다. 아테네 웅변가들과 극작가들처럼 그는 한 국민의 정치적 일체감을 만들어내는 데 상징이 갖는 위력을 익히 잘 알고 있었다. 게티즈버그에 모인 군중은 어림잡아 1만 5천명이었는데, 우연의 일치지만 아테네의 디오니소스 극장에 모였던 군중의 수와 같았다. 그리스의 비극시인이자 극작가인 아이스킬로스는《에우메니데스》에서 아테네의 역사적 진보를 설명하기 위해 영웅 신화들을 변형시켰다.

> 이렇듯 아이스킬로스가 아레오파고스의 셈나이[아테네인]와 오레스테스의 뒤를 따랐던 에리니에스를 동일시함으로써 깜짝 놀랄 만한 혁

신을 이루어내고 있는 것 같다. 청중들이 그 생각을 수용하게 된다면, 그들의 이해를 근본적으로 바꾸어놓게 될 것이다.[29]

에버렛이 웅변을 향한 최상의 노력을 통해 그리스의 에피타피오스나 그리스 연극이 이루어낸 것과 같은 영향력을 이룩하려 했다고 평하는 것이 그의 야심을 과대평가하는 일은 아닐 것이다. 아이스킬로스가 아테네인들에게 아테네의 이상을 이해시키기 위해 신을 이용했듯이, 그는 미국인들에게 미국을 이해시키기 위해 그리스의 이상을 이용하려 했다. 그의 열정이 얼마나 드높았는지를 감안한다면 그가 실패했다 해도 그것은 전혀 불명예스러운 일이 아니었다. 놀라운 일이 있다면 에버렛이 실패한 그 장소에서 링컨이 성공을 거두었다는 사실이다.

링컨은 부담스러운 그 행사에서 에버렛이 이루어놓은 뛰어난 업적으로부터 아무것도 가져오지 않았다. 사실, 그의 문체에 대한 감각은 그리스 복고풍 저택을 장식할 때 보여주었던 감식안보다 훨씬 더 훌륭했지만 페리클레스가 거두었던 효과를 노렸던 것도 아니었다. 그러나 링컨의 연설은 이제 적어도 당대의 아테네인들이 행했던 연설들만큼이나 유명해졌다. 그것은 링컨이 연구하는 학자가 아닌 예술가였기 때문이다. 에버렛을 비롯한 학자들이 추구했던 고전주의는 시대의 조류에 밀려나는 것처럼 보였다. 그러나 그들의 고전적인 예술품들은 다가올 미래의 표준을 마련해주었으며, 그로 인해 모든 계층들의 노력이 가능해졌다.[30]

투키디데스 시대에 페리클레스의 연설은 하나의 표준으로서 기준점을 확립했지만, 링컨의 연설은 자국어로 작성된 마크 트웨인의 훌륭한 작품과 그 격을 함께할 수 있는, 미국을 위한 정치적 산문을 만들어냈다. 링컨은 에버렛과는 달리 고어투의 표현을 사용하지 않았으며 페리클레스 역시 그랬다. 페리클레스는 전 세대의 사람들이 자신의 세대보다 더 많은 것을 이룩해냈다는 식의 생각은 받아들이지 않았다.[31] 페리클레스와 링컨이 연설했던 것은 바로 지금 이 순간의 문제였던 것이다.

링컨은 스스로 계발한 예술적 재능을 바탕으로 고전 예술에서 요구되는 압축, 본질의 파악, 균형, 이상형, 상황 속에 존재하는 심원한 양극단에 관한 자각(시민들의 죽음을 통해 생겨난 도시의 삶) 등을 이해하고 있었다.

먼저 압축의 문제를 예로 들어보자. 에버렛은 그의 유장한 연설을 통해 역사적 사건, 헌법과 관련된 논쟁, 적에 대한 비난, 그리스인과의 비교 등등의 다양한 주제들을 거론했다. 이 사실은 그리스인들을 칭송하면서 그들을 모방하는 것에는 실패했음을 의미한다. 그의 연설은 아테네에서 있었던 그 어떤 에피타피오스(고인에 대한 칭송 - 역주)보다 훨씬 더 장황했다. 그들의 문학작품 속에 간직되어 있는 (그리고 그 안에 수놓인) 그리스의 웅변조차도 20분 이내에 충분히 암송될 수 있는 분량이었다. 고르기아스(고대 그리스의 소피스트이자 웅변가 - 역주)의 경우 실질적으로 링컨의 연설보다 전혀 길지 않았으며 표준적인 암송 시간은 15분 미만이었던 것으로 보인다.[32] 그것은 링컨의 '한마디 언급'보다 다섯 배나 긴 것이지만, 에버렛의 이리저리 뻗어가는 웅변에 비하면 불과 8분의 1의 길이였다.

간결함은 단순히 길이만의 문제는 아니다. 그리스의 웅변에서처럼 어떤 것을 이상화하는 링컨의 기술에는 특별한 것들의 묘사가 억제되어 있었다. 이러한 억제가 미학적인 역설을 창조했으며, 그것에 감정이 개입되지 않았음에도 미묘한 감동을 자아냈다. 그리스 웅변가들은 도시 국가의 규정에 따라 답변할 때를 제외하고는 자기 자신을 언급하지 않았다. 그들은 링컨이 그랬던 것처럼, 언제나 모든 시민을 지칭하는 '우리'라는 복수형을 사용했다.[33] 또한 죽은 자들을 일일이 호명하지 않았다.[34] 전사자들은 일반적으로 단순히 '이들(사람들)'이라 불렸다. 이것은 링컨이 '그들이 여기서 했던 일' 또는 '이들 전사자들'이라고 지칭했던 경우와 같다.[35] 로로가 설명한 것처럼, 에피타피오스는 '특정한 개인들을 무시한 웅변'이었다.[36] 즉, 열정을 쉽게 배출하지 않는 억제를 통해 오히려 열정을 더욱 깊게 드러내는 것이다.

그리스 웅변에서 사용된 산문 형식은 매장 의식 중 추모곡 이후에 긴장감을 주기 위해 의도된 것이었으며, 링컨의 긴장감 넘치는 연설은 직전에 있었던 B. B 프렌치의 찬미가나 연설 후의 '만가'와 대조를 이룬다.[37] 플라톤은 에피타피오스에서 시인들의 수사를 제거한 꾸밈없는 언어를 사용했다고 말한다.[38] 산문 형식 그 자체는 정치적 삶으로 회귀하는 것이며, 가족 단위의 애도보다 더 커다란 사회적 목적으로 전이하는 것을 뜻한다. 연설의 끝 부분은 장례식에 모인 사람들을 해산시키며 그들을 질책하는 듯한 분위기를 띤다. '그대들의 개인적인 탄식은 끝났으니, 떠나라.'[39] 죽은 자들이 우리에게 남긴 과업은 즉시 착수되어야 하는 것이다. 그것은 링컨이 '우리 앞에 남겨진 그 위대한 임무'라고 칭했던 것과 같다. 밀턴은 그리스의 합창을 모방한 자신의 작품 속에서 죽음에 대한 이러한 태도의 훈련을 이해했다.

여기에 눈물을 흘릴 아무런 일도 없으며, 울부짖을 일도 없다.
가슴을 치거나 나약해질 일도 없으며 또한 경멸하거나
헐뜯고 비난할 일도 없다. 오직 만족스럽고 정당한 일만 있을 뿐
너무나 고귀한 죽음 속에서 마음을 가라앉히는 일만이 남아있다.[40]

개인의 슬픔을 더 큰 의미 속에 담으려는 노력을 각각의 웅변자들은 '만족스럽고 정당한' 것으로 표현한다. 링컨은 '우리가 이것을 이룩해야만 한다는 것은 알맞고 마땅한 일이다'라고 말하면서 무의식적으로 이러한 것을 모방했다.[41]

　링컨의 연설에서는 특정한 이름들이 전혀 언급되지 않았다. 전투지나 그 자신이 봉헌하고 있는 공동묘지의 이름조차 언급되지 않았다. '이 땅'은 '그 명제'가 '여기 죽은 자들'에 의해 입증될 수 있음을 시험하는 장소일 뿐이다.

지금 우리는 거대한 내전에 휩싸여 있으며, 그렇게 잉태되고 봉헌된 어떤 나라가 과연 오랫동안 존재할 수 있을지를 시험받고 있습니다. 우리는 그 전쟁의 커다란 터전 위에서 마주쳤습니다. 우리는 그 전쟁터의 일부분을 봉헌하기 위해 이곳에 온 것입니다.

어떤 거대한 내전, 어떤 위대한 전쟁터, 어떤 한 부분, 어떤 나라에서처럼 일반 관사이거나 일반화하는 표현을 통해 이 전투를 더 거대한 과정의 한 부분으로 만들고 있다. 자유를 향한 그 실험은 경건하다. 그 과정의 각 부분들은 서로 대체될 수 있기 때문에 아주 넓은 시각으로 조망될 수 있다. 이와 비슷한 상황에 처하게 된 국가라면 어느 국가라도 겪을 수 있는 사건이기 때문에, 이 전쟁터의 한 부분에 관심을 갖는 것일 뿐이다.

연설의 말미에 언급했듯이, 그 '미완의 과업'과 '우리들에게 남겨진 그 임무'는 전 세계에 펼쳐질 자유의 앞날에 영향을 끼칠 것이다. 전체를 조망할 때 세세하고 구체적인 사항들을 배제함으로써 그곳에서 일어난 사건은 일종의 이상적인 유형으로 자리매김하게 된다.

에버렛은 줄곧 헬레니즘 신봉자로서 교육을 받았지만 그의 정신은 사실 고전주의적이지 않았다. 그는 태연하게 낭만주의 시대를 대변해왔다. 에버렛의 초기 연설들은 매우 다채로웠으며 또 동적이었다. 흙 속에 묻힌 전사자들마저도 그곳에 안주하지 못하고 감정을 주체하지 못할 것 같았다.[42] 에버렛은 전투가 벌어졌던 지역을 바라보며 '끓어오르는 혈관, 불타오르는 용기, 거의 미쳐버린 두뇌 등 홀로 그날의 공포와 마주하고 있었을' 연기 자욱한 광경을 회상시킨다.[43]

에버렛은 크리스핀(로마의 전설적 순교자 - 역주) 축일에 벌어진 전쟁이 후대의 사람들에게 기념되기를 바랐던 헨리 5세처럼, 특별한 영웅들의 이름을 자주 거명했다. 그래서 에버렛은 렉싱턴에서 셰익스피어의 구절들을 되풀이해 읊조렸던 것이다.

그 신성한 기억은 여러분과 같은 시민에 의해, 아버지로부터 아들들에게로 전해져야 합니다. 그 모든 전율스러운 사건들은 집 안에서 쓰이는 일상적인 단어들만큼 친숙해질 때까지 전해져야 합니다. 1775년 4월 19일에 있었던 그 피비린내 나는 공포를 제거해버린 용감한 사람들의 이름이 전해져야 합니다. 우리 주변의 가까운 친구들의 이름만큼이나 잘 알려져야만 합니다.[44]

그리고 나서 에버렛은 '파커, 먼로, 해들리, 해링턴 사람들, 머지, 브라운,' 베드퍼드와 엑서터, 워윅, 탤벗 등과 같은 이름들을 호명하는 것으로 연설을 마무리했다.[45]

전쟁터에 관한 에버렛의 연설과는 대조적으로, 링컨의 연설에는 아테네 건축 양식의 프리즈(조각으로 장식된 작은 벽 - 역주)가 보여주는 듯한 순결한 특성이 담겨있다. 링컨 사상의 특징은 아테네 거장들의 사상이 그랬던 것처럼 전형적인 것과 특별한 요소의 균형을 잡는 능력에서 드러난다. 더 나아가, 링컨에겐 상이한 대안들을 구별해내는 과정에서 안정적으로 드러나는 논리적 판단력이 있었다. 고전적인 웅변가들이 그랬던 것처럼 그의 사상은 대조법 쪽에 기울어 있었다.[46] 그는 연설을 위해 준비한 원고에서 대조적인 낱말들은 언제나 특별히 강조해두었다.

노예제 반대자들이 노예제의 확산을 막으려 하고 또한 노예제가 궁극적으로 소멸될 것이라는 믿음을 대중들의 마음속에 강화하려는 것처럼, 노예제 옹호자들은 노예제가 남부나 북부, 신생 주와 기존의 주를 포함한 미국의 모든 주에서 합법적인 제도가 될 때까지 밀고 나갈 것입니다.

거의 모든 문장에 사용되는 대립적인 불변화사인 men과 de만큼 그리스 문학을 특징짓는 것은 없다. men과 de는 '한편으로는on the one hand'과 '다른 한편으로는on the other'을 거칠게 표현하지 않는다. 오히려, (있는 그 대로의) 생각(men)을 언뜻 일견하는 것만으로도 (다음에 올) 대조 대상의 선 명함을 미리 알아차릴 수 있도록 해주며, 두 번째 불변화사(de)는 첫 번 째 불변화사와 '대구를 이루는 반의어' 역할을 한다.[47]

트루먼 대통령은 '또 다른 정책 대안'을 피하기 위해 '한 가지 정책만 을 펴는' 경제학자를 요구하곤 했다. 만약 아테네에서 활동했다면 그는 실패한 지도자가 되었을 것이다. 언어학적인 관점에서 보자면 아테네에 는 한 가지만을 의미하는(반의어가 없는) 그리스어는 없었기 때문이다. 양 면적인 특성을 지니고 있는 그리스 산문의 조합 방식은 현재까지 남아 있는 모든 에피타피오이에 분명히 나타나고 있다. 아테네인들은 대립적 인 불변화사들의 적극적인 사용뿐 아니라 광범위한 대조법을 통해 자신 들의 의견을 표출했는데, 예를 들면 다음과 같다.

1. 하나와 다수 페리클레스는 수많은 전사자들이 단 한 명뿐인 웅변 가의 재주에 의존해야만 한다는 사실을 안타까워한다.[48] 이와는 반대 로, 살아있는 많은 사람들은 그들을 위해 죽어간 소수의 혜택을 받고 있다.[49]

69

2. 빛과 어둠 죽은 자는 어둠 속으로 들어가지만, 산 자에게 태양이 필요하듯 죽은 자들의 탁월한 업적이 필요하다.[50]

3. 죽음과 불멸 병사들의 삶은 짧게 끝났지만, 그들의 명성은 영원히 살아있을 것이다.[51]

4. 아테네인과 타 민족 아테네인들의 죽음은 타 민족들과는 다르다. 아테네인들은 독특한 통치법을 바탕으로 전혀 다른 방식의 삶을 영위하기 때문이다.[52]

5. 언어와 행동 빈약한 언어로 영웅들의 위대한 행동을 적절히 표현해내기란 어렵다. 이와는 반대로, 행동으로 이루어낸 그들의 명성은 그들을 칭송하는 사람들의 언어로 만들어진다.[53]

6. 스승과 제자 그리스인들은 지적인 열망으로 인해 경험을 일종의 교육paideia으로 간주한다. 교육을 통해 학생mathētēs은 결국 선생 didaskalos이 된다. 그러므로 케라메이코스Kerameikos에서 죽어간 영웅들은 도시와 도시의 가치들politeia을 배움으로써 그들의 고귀함eugeneia을 높였다. 그들은 죽음으로써 사람들이 살 수 있도록 가르쳤으며, 모든 문명화된 세계를 위해 그들의 도시를 훈련장paideia으로 삼았다.[54]

7. 늙음과 청춘 노인과 젊은이 모두 삶의 절정에 이르러 죽음을 맞이하는 고귀한 인간akmē이 되기를 바란다. 자식을 땅에 묻는 부모는 자연의 순리를 거스르는 것이지만, 다음 세대를 위해 생명을 얻는 자들의 초자연적인 행위에 의해 위로받는다.[55] 이런 상황들 속에서 드러나는 죽음의 신비는 일리소스의 석판 묘비(B.C. 330)에 새겨진 조각을 통해 음미해볼 수 있다. 그 조각의 프리즈에는 외투를 입은 신비스런 아버지와

난장이처럼 작고 무기력한 아들이 신의 형상을 한 주검 앞에서 애도하고 있는 모습이 새겨져있다. 그 죽은 자의 형상이 헤라클레스의 모습과 유사하다는 것은 그가 노인과 젊은 아들의 흐릿한 삶을 초월하고 있음을 암시한다. 죽은 그가 살아 있는 이들보다 더 생생하게 보이는 것이다.[56]

8. **남성과 여성** 페리클레스는 영웅의 아내들을 위해 연설했지만, 대부분의 웅변가들은 단지 부모와 아들들만을 언급했다. (일리소스 조각상에 여자는 전혀 없다.) 이것은 전투라는 남성의 세계를 강조할 뿐만 아니라, 도시와 양육하는 장소로서의 대지인 어머니의 우월함을 역설한다. 애국적인 신화들 속에서 아테네인들은 '대지 그 자체에서 탄생했던' 것으로 나타난다.[57]

9. **선택과 결정** 도시의 존속을 위한 죽음의 필요성은 영웅들에 의한 자유로운 죽음의 선택과 대비되며 균형을 이룬다.[58]

10. **과거와 현재** 개국 선조들의 신화적인 공훈은 과거로부터 장점을 끌어내는 변증법을 통해 현재의 영웅들이 이룩한 공훈과 대비되어 균형을 이룬다.[59]

11. **삶과 죽음** 삶과 죽음은 그 외의 모든 대조들의 근간이 되는 가장 뚜렷한 것이다. 죽음으로부터 생겨난 삶은 신비이며, 그 신비로 인해 도시국가는 최상의 상태에서 소멸하면서 생존하게 된다. 웅변 속의 모든 요소들은 이러한 주장에 대한 탐구를 지향하고 있으며 생존자들에게 이것을 설명하는 것이다.[60]

물론, 링컨이 이러한 모든 양극단을 고려했던 것은 아니며 비록 고려했다 하더라도 그것의 대부분을 포함시킬 시간도 없었다. 그러나 레인 쿠퍼는 게티즈버그 연설에 대해 다음과 같이 적절히 표현했다.

> 생각과 표현 사이에 존재하는 균형은 눈과 귀로 쉽게 탐지될 수 있다. 그때와 지금, 탄생과 죽음, 산 자와 죽은 자 등의 대비에서 볼 수 있는 것처럼 대조법을 사용했음은 분명하다.[61]

사실 링컨의 생각은 위에서 언급된 것들 중 몇 가지 관점에 근접해 있다. 예를 들어, 세 번째 항목의 경우 죽음이라는 운명을 불멸과 함께 제시하면서 '이곳에 자신의 목숨을 바친 사람들'과 앞으로 계속 존속할(이 땅에서 사라지지 않을) 정부 조직을 대조시킨다. 네 번째 항목의 경우, 링컨은 어떤 명제로부터 탄생했다는 점을 들어 미국을 다른 국가들과 구분한다. 다섯 번째 항목의 경우, 말logos과 행위ergon를 고르기아스조차 감탄할 만한 방식으로 대조시킨다.

> 세상은 그다지 주목하지 않을 것이며
> 또한 오래도록 기억하지도 않을 것입니다
> 여기서 우리가 말하는 것을
> 그러나 결코 잊지 않을 것입니다
> 여기서 그들이 행한 것을.

The world will little note,

nor long remember

what we say here,

but it can never forget

what they did here.

링컨이 자신의 (그리고 에버렛의) 언급이 지닌 의미를 병사들의 죽음과 대조하며 스스로 깎아내린 것은, 사라지지 않을 명성을 확실히 해줄 언어의 필요성을 강조했던 아테네 웅변가들의 대조법 중 두 번째 항목을 소홀히 하는 것처럼 보인다. 그러나 세상이 기억할 것이라는 생각 속에 그 의미가 함축되어 있다. 어느 한때에 내뱉은 몇몇 언어들은 수없이 회자될 것이며, 말로 표현되기에는 부적절하지만 영웅적인 행위에 바치는 찬사로서 언어는 꼭 필요하게 되는 것이다.

여섯 번째 항목인 교육의 역할을 하는 정치적 삶과 죽음에 대해 링컨은 게티즈버그 전투를 어떤 명제에 바쳐진 한 국가가 스스로를 보존할 수 있는지 가늠해보는 실험이라는 자기 나름의 해석을 제시한다. 여덟 번째 항목에 대해서는 전투에 참가했던 간호사들에 대한 에버렛의 언급에 경탄을 보내면서도 자신의 연설 속에서는 여성들에 대해 아무런 언급도 하지 않음으로써 건조한 실험적 태도를 견지한다. 그는 더 냉철하고 혹독하게 시험 중인 당면 과제를 봉헌하면서 기존의 방법과는 다르게 실행하고 있는 것이다. 자유로운 선택이라는 아홉 번째 항목의 경우 링컨은 전사자들이 '그들의 생명을 바쳤던 것이며' 단순히 생명을 잃은 것이 아니라고 말한다. 그들은 '국가가 살아날 수 있도록' 하겠다는 하나의 목적을 위해 그렇게 행동했던 것이라고 말한다.

열 번째 항목에 대해서는 어떠한 경우에도 국가의 영웅적인 과업에 후손epigoni들을 배제하지 않으면서 현재와 과거를, 게티즈버그에서 죽은 자와 살아있는 자와 선조들을, 새로이 태어난 세대와 선조들이 '탄생시킨 것'을 동등하게 자리매김한다. '아직 남아있는 숭고한 임무'와 '끝나지 않은 과업'은 이 실험을 완성시킬 것이며 자유가 소멸되지 않도록 해줄 것이다.

아테네인들의 연설에서처럼 링컨의 연설에서 주된 대조는 삶과 죽음에서 나타난다. 플라톤은 에피타피오스가 목적하는 주요한 두 가지 임무는 죽은 자를 칭송하고extol 산 자를 분발exhort시키는 것이라고 밝혔다. '죽은 자를 칭송하고laud 살아남은 자를 이끈다lead'와 같은 표현에서처럼 어원이 같은 단어들을 사용하여 압운을 맞추었다.[62]

장례 연설에는 두 가지 주요 영역이 있는데, 그것은 죽은 자를 위한 칭송epainesis과 산 자에게 주는 충고parainesis이다. 다양한 장소에서 다양한 주제들이 이 두 개의 커다란 영역 내에서 일어날 수 있지만, 존 지올코브스키가 면밀하게 추적한 바에서 나타나듯 '선호하는' 위치가 있다.[63] 그러므로 에피타피오스의 일반적 형태에 대한 밑그림을 다음과 같이 그려볼 수 있다.

죽은 자를 위한 칭송

logos/ergon: 연설문은 영웅들의 행위에 부합하도록 하며 산 자

	의 언어로써 죽은 자의 명성이 영원하도록 한다.
dikaion:	그 행사가 지닌 슬픔에도 불구하고 의식은 마땅한 것이다.
progonoi:	영웅들은 위대한 선조들의 고귀함eugeneia을 지니고 있다.
autochthones:	모든 영웅들은 아테네 지역의 가계를 공유한다.
aretē:	선조들의 공훈은 영웅들의 위업에서 보여준 용기에 의해 조화를 이루고 있다.

산 자에게 주는 충고

paramythētikon:	죽은 자가 명예를 얻는 것으로 산 자는 위로받아야 한다.
protreptikon:	산 자는 죽은 자의 훌륭함을 드러내야 한다.

그리스 저자들은 이러한 주제를 각각의 경우에 확장하거나 축약하고 생략함으로써 발전시켰다. 또한 대부분의 요소들은 그 순서가 변경되거나 강조점이 달라지기는 하지만 연설 속에 반영되어 드러난다. 그것은 기계적인 공식으로 반영되는 것이 아니라 조화를 이룬 통찰력으로 나타난다. 링컨의 연설이 경이로운 것은 그 통찰력이 그리스의 연설들과 비슷한 경지에 도달해 있다는 점이다. 그가 다루었던 주제와 유사한 것들을 고전작품들에서 찾아볼 수 있다.

플라톤의 작품 속에 있는 '이 사람들이 우리의 육신뿐만 아니라 자유도 낳았다'라는 부분과 데모스테네스의 작품 속에 있는 '죽은 이 사람들의 용기가 모든 그리스인들이 지닌 삶의 원리이다'라는 부분, 그리고 히페리데스의 작품 속에 나타나는 '현세의 삶을 떠남으로써 그들이 첫 번째 삶보다 나은 새로운 탄생을 경험했다고 봐야 하지 않겠는가?'라고 한 부분 등이 그 예이다.[64]

죽은 자를 위한 칭송

progonoi   Four score and seven years ago, our fathers

87년 전, 우리의 선조들은

autochthones   brought forth on this continent a new nation,

이 대륙에 새로운 나라를 세웠습니다.

politeia   conceived in liberty

자유 속에 잉태되고

and dedicated to the proposition

that all men are created equal.

모든 사람은 평등하게 태어났다는 명제에 바쳐진.

paideia   Now we are engaged in a great civil war, testing

이제 우리는 위대한 내전에 참가해 시험하고 있습니다.

whether that nation, or any nation so conceived

and so dedicated,

그렇게 잉태되고 그렇게 바쳐진 그 나라 또는 어떤

나라가

can long endure.

오래도록 지속할 수 있을지를.

We are met on a great battle-field of that war.

우리는 그 전쟁의 커다란 전쟁터에서 만났습니다.

We have come to dedicate a portion of that field,

as a final resting place for those

우리는 그 전쟁터의 일부분을

최후의 안식처로 바치기 위해 왔습니다.

aretē who here gave their lives that that nation might

live.

국가가 살아갈 수 있도록 여기에 자신의 생명을

바친 사람들을 위해.

dikaion It is altogether fitting and proper

that we should do this.

우리가 이렇게 해야 하는 것은 적절하고 마땅한

일입니다.

But, in a larger sense, we cannot dedicate —

그러나 더 큰 의미에서 우리는 바칠 수도 없습니다.

we cannot consecrate — we cannot hallow — this

ground.

신성하게 할 수도 없습니다. 거룩하게 할 수도 없

습니다. 이 땅을.

The brave men, living and dead,

who struggled here,

이곳에서 분투했던,

살아있거나 죽어간 용감한 사람들이

have consecrated it,

그것을 신성하게 했으며,

far above our poor power to add or detract.

우리의 힘으로는 그것을 더할 수도 뺄 수도 없습니다.

logos/ergon   The world will litte note,

세상은 그다지 주목하지 않을 것이며

nor long remember, what we say here,

또한 오래도록 기억하지 않을 것입니다.

여기서 우리가 말하는 것을.

but it can never forget what they did here.

하지만 결코 잊지 않을 것입니다.

여기서 그들이 행한 것을.

산 자에게 주는 충고

protreptikon   It is for the living, rather,

이것은 오히려 살아있는 자들의 일입니다.

to be dedicated to the unfinished work

그 끝나지 않은 과업에 헌신하는 것이야말로.

which they who fought here

have thus far so nobly advanced.

여기서 싸운 이들이 여기까지 이토록 고결하게 진

전시킨 그 일에.

It is rather for us to be here dedicated

이것이 오히려 우리가 여기에서 헌신해야 하는 일

입니다.

to the great task remaining before us −

우리 앞에 남겨진 그 위대한 임무에.

paramythētikon　that from these honored dead

이 명예로운 전사자들로부터

we take increased devotion

떠맡아 우리가 더 헌신하는 것이야말로.

to that cause for which they gave

the last full measure of devotion−

그들이 그 마지막까지 온전히 헌신한 대의에

that we here highly resolve that these dead

shall not have died in vain−

여기서 우리가 굳게 결의하는 것이야말로.

이 전사자들이 헛되이 죽지 않도록

that this nation, under God,

shall have a new birth of freedom—

이 나라가 신의 가호 아래 새로운 자유를 탄생시키
는 것이야말로.

and that government of the people,

by the people, for the people

그리고 국민의, 국민에 의한, 국민을 위한 정부가

shall not perish from the earth.

지상에서 사라지지 않게 하는 것이야말로.

연설 전체에 작용하는 기본 요소는 삶과 죽음이다. 다양한 배경을 지
닌 대부분의 평자들은 모두 이 사실에 동의한다. 시인 로버트 로웰은
'면밀하고도 지속적인 탄생 이미지들 — 탄생시킨brought forth, 잉태된
conceived, 창조된created, 자유의 새로운 탄생a new birth of freedom — 의
사용'을 지적했다.[65] 고전학자 레인 쿠퍼는 다음과 같이 밝혔다. '서론과
본론, 결론이 탄생과 죽음, 재탄생이라는 연속적인 개념으로 함께 엮여
있다.'[66] 문예비평가 제임스 허트는 '연설문에서 탄생 – 죽음 – 재탄생
이라는 이미저리의 명료한 구조적 양식'을 발견해낸다.[67]

게티즈버그 전투의 생존자들은 그들의 선조들이 이 대륙의 토지에
생명의 씨앗을 뿌렸던 것처럼 죽음으로부터 삶을 이끌어낸다. 생존자들
은 전사자들이 '모든 것을 다 바쳐 온전히 헌신'했음에도 '더욱더 증대된
헌신'을 떠맡는다. 그 증대된 헌신은 생존자들이 그전에 느꼈던 헌신을
넘어서는 것일 뿐만 아니라 전사자들이 제공해준 궁극적인 그 어떤 것

을 넘어서는 것이다. 전사자들은 오직 살아있는 자들만이 완수해낼 수 있는 '남아있는' 임무를 물려주었다. 죽은 자들은 나라를 구했을 뿐만 아니라 그 나라가 완수해야 할 진로를 한 걸음 더 진전시킨 것이다. 그들의 죽음은 앞에 놓인 그 임무를 위한 교훈이었던 것이다. 그 교훈은 다음과 같은 사람들이 만든 것이었다.

> 국가가 살 수 있도록
> 여기 목숨을 바친 사람들
>
> who here gave their lives
> that that nation might live

또한 그 국가가 독자적으로 살아갈 수 있도록 해주었을 뿐만 아니라 전 세계의 국민을 위한, 국민에 의한, 국민의 정부라는 실험을 완수할 수 있도록 하는 것이었다. 죽음 속의 삶life-in-death은 죽음을 통한 삶life-through-death으로 만들어지고, 그리하여 이 대륙에 나타난 그 기적적인 탄생은 영웅들이 잠들어 있는 이 신성한 땅에 기적적으로 죽음이 아닌 삶을 이끌어주는 것이다.

존재의 가장 커다란 대조는 역사의 한 순간에 초점이 맞춰져 있으며, 만약 우리가 게티즈버그라는 실험 장소에서 이 사건에 내재된 실체를 해독해낼 수 있다면 죽음과 삶은 그 궁극적인 의미를 상실하게 될 것이다. 게티즈버그 언설은 모든 위대한 예술이 성취했던 바를 실행하고 있다. 키츠의 작품 〈그리스 항아리〉처럼, 그 연설은 '영원함이 그러하듯 생각 너머에서 우리들을 자극하고 있다.'

2장

게티즈버그와
죽음의 문화

●　●　●

에드워드 에버렛은 미국 전쟁터의 사제였을 뿐만 아니라 미국 공동묘지의 전문가였다. 그는 19세기의 주요한 문화 공공시설로 자리 잡은 케임브리지의 공동묘지 마운트 오번의 건립에 참여했다.

전쟁과 매장 작업에 관한 에버렛의 관심 속에는 고대 그리스를 향한 일시적인 열광이라는 요소가 공통적으로 자리 잡고 있었다. 마운트 오번에서 일기 시작한 전원묘지 운동이 아테네의 케라메이코스를 그 모델로 삼았던 것은 고대 그리스의 매장지들이 도시에서 멀찍이 떨어진 시골의 아카데미 근처 조그마한 숲에 위치해 있었기 때문이다. 마운트 오번의 봉헌식에서 대법관이었던 스토리는 다음과 같이 연설했다.

그리스인은 망자들의 거주지를 장식하는 데에 그 절묘한 예술적 자원들을 마음껏 쏟아부었습니다. 그들은 도시 구역 내에 매장하는 것을 억제했습니다. 그 대신 개울물이 졸졸 흐르고 상큼한 샘물이 솟아나는, 철학과 자연의 연구자들이 좋아하는 휴양지 근방의 그늘진 작은 숲에 유골을 안치했습니다. 그리고 그 장소들을 아름다운 그리스어로 우아하게 명명하여 '영원히 쉬는 곳cemeteries'이라고 불렀습니다.[1]

84

데이비드 찰스 슬론은, 1831년 마운트 오번에서 시작된 전원묘지 운동에서부터 그리스어 코이메테리온koimētērion(잠자는 곳)에서 파생된 '세미테리cemetery(잠들어 있는 곳)'라는 용어를 널리 사용하게 되었다고 밝혔다.[2]

도시 경계 외곽으로 매장지를 이전하게 된 것은 전적으로 위생상의 문제 때문인 것으로 알려져왔다. 즉, 교회 묘지와 도시 내에 위치한 묘지가 현대화된 도시계획에 방해 요소가 되었기 때문이라는 것이다. 그러나 19세기 죽음의 문화를 연구했던 필립 아리에스의 추종자들은 관념적인 요인들이 훨씬 더 강하게 작용했다고 밝히고 있다.[3] 교회 묘지에 드리워진 신학적 음울함으로부터의 탈피, 자연으로의 회귀, 소멸과 생성을 동일시하는 범신론적 사상과 같은 태도에서 그리스적인 사고방식을 발견할 수 있다는 것이다. 초월주의자들은 세미테리가 '인생의 배움터'로서 열광적인 지지를 받는 데 중요한 역할을 했다고 주장한다. 초월주의자인 랠프 월도 에머슨은 뉴잉글랜드에 있는 또 다른 주요 전원묘지인 콩코드의 슬리피 할로Sleepy Hollow의 봉헌식에서 연설을 했다.

스토리 대법관의 봉헌 연설에는 이러한 모든 요소들이 포함돼 있다. 무엇보다 눈길을 끄는 것은 뉴잉글랜드의 편협한 청교도적 신학으로부터 이탈한 것이다.

우리는 왜 가까운 친구들의 유해를 혐오스런 지하 납골당이나 교회의 암울한 지하 독방에 놓아두어야 하는가? 그곳은 새로운 손님이 지정된 방을 찾아가는 동안 창백하고 흐릿한 양초가 '끔찍한 공포를 흩뿌

릴' 뿐 사람의 발소리라곤 전혀 들을 수 없는 곳이거늘!⁴

과거의 묘역은 삶에서 동떨어진 채, '그저 침입자로부터 보호하기 위한 담으로 가로막혀' 주변과 소통이 단절된 협소한 영역이었다. 반면에 새로운 세미테리는 죽음에서 삶의 의미를 찾는 한 방편으로서 자연을 벗 삼으려는 자들의 발길이 잦은 장소인 것이다. 낭만적인 연상 이론은 사람들로 하여금 죽음에 대한 새로운 자각을 갖게 했다.

> 우리들이 알고 있는 바와 같이 인간은 모여 살며 서로 자극을 주고받는 존재입니다. 정곡을 찌르는 진실은 이성적으로 용납되어야 할 뿐 아니라 가시적이며 느낄 수 있는 실질적인 형태로 구체화되어 있어야 합니다. 진실은 보이는 것만큼 느낄 수 있어야 합니다. 진실은 타인에게 확신을 심어주어야 하는 것만큼이나 마음을 따스하게 만들 수 있어야 합니다.⁵

그림처럼 아름다운 전원에 모여 사는 것을 통해 자연적인 죽음과 재탄생이라는, 마음을 다스려주는 진리를 서서히 배우게 되는 것이다.

> 여기 이곳에는 우뚝 솟은 떡갈나무와 멋들어진 나뭇가지를 하늘 높이 뻗어 올린 너도밤나무, 바스락대는 소나무, (매년 가을이면 파리한 잎사귀를 떨구며 우리들의 지난날을 상징적으로 보여주는) 한껏 가지를 늘어뜨린 버드나무가 있습니다. 어린 새싹을 끊임없이 틔워내며, 죽음이라는

한겨울의 일진광풍도 미덕의 싹들만큼은 죽일 수 없음을 일러주는 상록수가 있습니다.[6]

페리클레스가 말했듯이 죽은 자들의 거처는 산 자들의 학교가 되어야만 하는 것이다(paideia).

올바르게 선택해 적절히 가꾸기만 한다면, 우리의 세미테리들은 종교와 인간의 본분이라는 최상의 고결한 목적에 공헌하는 장소가 될 것이다. 또한 어느 누구도 듣기를 거부할 수 없으며 살아있는 모든 사람들이 들어야만 할 교훈들을 전파하는 곳이 될 것이다. 그곳에선 인간이 입술을 통해 내뱉은 그 어떤 말보다 더 설득력 있고 더욱 오래 지속될 진실, 명상의 침묵 속에서 길어 올린 진실을 느끼고 또 배우게 될 것이다.[7]

스토리가 예측했던 것처럼 마운트 오번은 실제로 많은 사람들이 휴식을 위해 찾는 명소가 되었으며 (케라메이코스가 아테네 외곽의 아카데미와 연계되어 있었던 것처럼) 보스턴 외곽에 위치한 문화 교육장으로서 인근의 하버드 캠퍼스와 함께 어느 정도는 학교의 역할도 했다. 하버드 대학의 총장으로 재직할 때 에드워드 에버렛은 중요한 귀빈들이 찾아오면 마운트 오번을 자세히 살펴볼 수 있도록 안내하곤 했다. 1849년에 에멀라인 워틀리 부인을 영접했을 때는 대학 교정보다 먼저 마운트 오번을 안내해 주었으며, 워틀리 부인은 훗날 하버드 캠퍼스보다는 오히려 세미테리에 대해 더 자세하고도 열정적인 글을 남겼다.

> 약 40헥타르 정도 되는 땅에 깔끔하게 구획되어 있는 묘역들은 다양
> 한 나무들로 무성했으며, 아름다운 장식용 관목들과 매혹적인 꽃밭으
> 로 치장돼 있었다. 다양한 이름으로 명명해놓은 멋진 물길은 여러 통
> 로들과 사잇길을 구분해주고 있었다. 그 통로들의 명칭은 일반적으로
> 그곳 주변에 널려 있는 백합이나 포플러, 삼나무, 오랑캐꽃, 아메리
> 카 담쟁이넝쿨 등과 같은 나무와 꽃들의 이름을 따서 붙여놓았다. 그
> 곳은 진정 죽은 자들을 위한 아름다운 도시였다. 아름다운 목소리를
> 뽐내듯 즐겁게 재잘거리는 새들의 지저귐은 엄숙하지만 사랑스러운
> 이곳 영혼들의 안식처를 유지할 수 있게 하는 음악소리였다. 마운트
> 오번에서 바라다보이는 탁 트인 경관은 훌륭했다. 경내에는 우아하고
> 도 매우 잘 조성된 기념물들이 여기저기에 있었다.[8]

디킨스도 해마다 3만 명가량이나 방문하는 이 국가적인 보물을 직접 살
펴보았다.[9] 제임스 러셀 로웰은 보스턴 사람들에게는 귀빈을 환대하는
방법이 두 가지 있는데, 그것은 공식 만찬을 여는 것과 마운트 오번으
로 드라이브를 떠나는 것이라고 했다.[10]

아직도 많은 사람들에게 미국의 문화 수도로 주목받고 있는 마운트
오번은 동부에서 시작하여 중서부에 이르기까지 널리 숭배되고 모방되
었다. 링컨이 당선되기 1년 전인 1859년, 그가 출생한 주에서는 윌리엄
손더스가 설계한 시카고 전원묘지 로즈힐Rose Hill이 문을 열었다. 그다

음 해에는 하버드 졸업생이 설계한 그레이스랜드Graceland가 문을 열었으며,[11] 더 중요한 사실은 링컨의 고향마을인 스프링필드도 매우 의식적이고 짜임새 있는 방법으로 전원묘지 운동에 참여했다는 점이다. 링컨의 동료들인 그 도시의 설립자들은 이러한 시민들의 모험적인 운동에 참여하고 있었다. 1860년 5월 24일 오크 리지 공동묘지의 개장을 맞이해 학교들은 휴교를 했으며 모든 시민들은 참석을 권유받았다. 신문은 공동묘지 위원회가 발표한 공지사항을 기사로 실어주었다.

> 시민 여러분, 24일 오후에 모두 이 엄숙한 행사에 참석해주실 것을 부탁드립니다. 상점이든 가정이든 잠시 일과를 미뤄주십시오. 신사, 숙녀 여러분들의 편의를 위해 광장의 북쪽과 서쪽에 탈것을 마련해두었으며, 무료로 이용하실 수 있습니다.

공식 연설은 제임스 C. 콩클링James C. Conkling 전 시장이 했는데, 그는 이 무렵 열성적으로 대통령 선거운동을 하고 있던 링컨의 친구이자 이웃이었다. 콩클링은 스토리가 제막식 연설의 전형을 세운 이후, 이 같은 연설에서 예상되는 모든 견해를 피력했다.

> 얼마나 장엄하고 또 감명 깊은 장면입니까! 우리는 지금 분주한 일상에서 벗어나 무심하지만 맑디 맑은 순수한 하늘 아래 자연의 차분한 아름다움과 사랑스러움으로 둘러싸인 이곳에서 죽은 자의 도시를 봉헌합니다. 이 성스러운 경내가 차분하고 신성한 영혼의 감정들과 조

화를 이루고 있으니 이 얼마나 자연스러운 일입니까. 정신을 헌신으로 고취시키고 사상이 지상으로부터 하늘에 이를 수 있도록 고안된 상징과 귀감들이 모두 여기에 있으니 얼마나 자연스러운 일입니까. 주변의 모든 것들이 더욱더 애착심을 품도록 하고 마음을 정화시켜 더욱 고결하고 더욱 성스러운 존재가 되도록 준비하고 있으니 이 얼마나 자연스러운 일입니까.

콩클링은 오크 리지를 전원묘지 운동의 앞선 선례들과 의미심장하게 연계했다. 그것은 오크 리지가 페르 라세즈, 마운트 오번, 그린우드, 로럴힐의 세미테리를 비롯한 유명한 묘지들에서 발견할 수 있는 것처럼, 예술과 조화를 이루는 자연환경을 두루 갖추고 있었기 때문이다.

오크 리지에 아들 에디의 묘를 이장시켰던 링컨은, 오크 리지에 대한 자긍심으로 가득한 콩클링의 연설 현장에 참석했음이 분명하다. 그날의 연설자이자 링컨의 친구이며 당시 선거운동의 협력자였던 콩클링뿐 아니라 콩클링의 부인 또한 메리 링컨과 아주 가깝고도 오랜 친구였다. 링컨이 암살당한 후 스프링필드 시가 링컨을 위한 독립적인 기념관으로 지하 납골당을 계획했을 때, 링컨 여사가 보여주었던 강력한 반발의 이면엔 이러한 인연이 있었던 것이다. 링컨 여사는 오크 리지 묘지에 안치할 수 없다면, 다른 도시에 매장할 것이라며 으름장을 놓았다. 콩클링이 다음과 같은 연설을 했을 때, 그녀도 (아마 콩클링의 부인과 함께 앉아) 그 자리에 참석해 있었을 것이다.

아버지와 아들이, 어머니와 딸이, 형제와 자매가, 남편과 아내가……
나란히 여기에 안치될 것입니다. 수많은 마사와 메리가 여기 이곳에
있는 사랑스런 동생의 무덤을 찾아와 눈물을 흘릴 것입니다.

또한 위원회는 묘지의 초대장에 다음과 같이 묘사했다.

이곳은 한적하고 아름다운 은신처이며 어쩌면 우리 모두의 마지막 휴
식처가 될 것입니다. 그러므로 우리들을 위해 예정돼 있는 미래를 축
성한다는 엄숙한 마음가짐으로 24일 예배에 참석합시다.

그리하여 전원묘지에서 가장 유명한 연설을 했던 링컨은 똑같이 전원묘
지에 안치되었다. 그리고 게티즈버그를 설계했던 전원 건축가인 윌리엄
손더스가 링컨의 묘역을 조경하기 위해 적시에 스프링필드에 도착했다.
　마운트 오번은 이러한 공동묘지들에 필요한 제막 의식 — 고위성직
자들의 행진, 개막 기도, 행사를 위한 송시, 공식 연설, 제막식 인사말,
폐막 기도, 퇴장시의 찬송가 — 을 확립시켰다. 그것은 게티즈버그에서
지켰던 형식이었으며, 링컨도 스프링필드 개막식을 통해 익히 알고 있
던 것이었다. 위원회는 제막 의식의 형식을 다음과 같이 공포했다.

예배는 음악과 기도, 연설, 그 장소를 매장지로 지정한다는 공식 선
언, 사도의 감사 기도로 구성된다.

오크 리지 관청의 서류철에 보관돼 있는 콩클링의 연설과 마찬가지로, 책자로 출간된 스토리와 에머슨의 연설문들은 이런 종류의 행사에서 활용될 수 있는 참고문헌의 역할을 한다. 그렇기 때문에 게티즈버그에서 에버렛이 연설을 시작하기 위해 자연초사_{nature-invocation}(연설 서두에 자연의 풍광을 읊조리는 말 – 역주)라는 형식을 끌어들여 사용했던 것은 놀라운 일이 아니다.

> 이토록 장엄한 하늘 아래 서서, 저무는 한 해의 노고로부터 놓여나 휴식을 취하고 있는 이 너른 들녘과, 우리 앞에 어슴푸레한 자태로 우뚝 서있는 거대한 앨러게니산맥과, 우리의 발아래 펼쳐져 있는 형제들의 무덤을 굽어보며, 보잘것없는 인간의 목소리로 신과 자연의 웅변적인 침묵을 깨뜨리려 하는 이 순간, 저는 머뭇거리지 않을 수 없습니다.

연단 위에 있던 윌리엄 손더스는 분명, 인류 평등주의에 관한 링컨의 언급만큼이나 이러한 초사에 흡족해 했을 것이다. 스코틀랜드의 원예학자는 명상을 불러일으키기 위해 이 공동묘지를 입안했던 것이다. 다른 전원묘지 운동 주창자들과 마찬가지로 그는 숭고함을 주제로 한 버크_{Burke}의 논문에서 차용해 온 용어를 사용했다.

> 널리 사용되고 있는 '세미테리'라는 표현은 꾸밈없는 웅장함을 의미하는 것이어야 한다. 소박함은, 어떤 풍경 속에서 편안한 조화를 통해

하나의 사물에서 또 다른 사물로 서서히 이끌어주는 미의 요소로서 급격한 대비와 의외의 돌출을 피하게 해준다. 이 경우에 웅장함은 신성함과 긴밀한 관련이 있다. 신성함은 숭고함의 한 속성이다. 풍광의 숭고함은 경계의 연속성과 소박하고 평범한 사물들의 반복으로 정의될 수 있다. '숭고하다'라는 이 형용 어구는 개울의 빈약한 흐름을 형용할 때가 아니라 넓은 바다에 모여있는 물을 형용할 때 사용하는 것이다.

웅장함을 나타내기 위해서는 교묘함과 잡다한 부분들의 표현을 삼가야 한다. 더 나아가 난삽한 표현이나 장식으로 뒤죽박죽이 되지 않도록 해야만 한다. 수목과 관목의 배열은 궁극적으로 전체적인 풍경의 조성에 커다란 영향을 끼치는 요소이다. 광활한 잔디밭은 탁 트인 조망을 제공하며 기념물과 그 외에 특별히 눈여겨보아야 할 것들을 볼 수 있게 해준다.

설계에서 제시된 것 이상으로 나무를 심어 잔디밭을 줄이는 것은 배치의 전반적인 효과를 파괴하게 될 것이며 전체적인 풍광을 복잡다단하게 엉키도록 만들 것이다. 나무들이 성장하고 가지를 뻗어나갈 때, 탁 트인 잔디밭으로 조성된 차분한 아름다움은 해를 더해갈수록 더욱 두드러진 풍경이 될 것이다. 이런 특색을 살린 설계를 완성하기 위해서는 시간이 필요하다. 그러므로 이러한 요소들의 궁극적인 조화는 즉각적이며 일시적인 관심 때문에 훼손되거나 희생되어서는 안 된다.[12]

에버렛은 세미테리를 감수성의 훈련장, 즉 파이데이아paideia로서 기능하도록 해야 한다는 생각을 강하게 지니고 있었다. 그는 심지어 세미테리의 유지를 위해 어린이들의 참여를 통한 교훈적 교류를 제안하기도 했다.

> 묘역을 잘 정돈된 상태로 유지할 수 있도록 공동묘지 관리단체를 구성하는 것이 게티즈버그의 젊은이들에게 바람직하지 않겠는가. 적절한 울타리와 나무 그리고 산책로들이 그곳에 있어야만 한다.[13]

그는 마운트 오번 이사회의 일원으로 활동했던 경험을 근거로 윌스에게 게티즈버그의 시설을 문화적으로 활용할 수 있도록 조언했다.

그러므로 게티즈버그의 봉헌식은, 일반적으로 죽음에 매료되어 공동묘지에 특별한 관심을 가졌던 19세기 문화의 한 일면이라는 맥락에서 살펴보아야 한다. 우리는 그 의식을, 단순히 즉각적이며 어쩔 수 없이 연상하게 되는 남북전쟁과 군사적인 의식이라는 맥락 속에서만 바라보려는 경향이 있다. 그러나 이러한 관점은 죽은 자들을 보살피기 위해 자연의 새로운 일부분을 헌납하는 것으로 되풀이되어 나타나는 의식에 대한 더 크고 더욱 오래 지속되어온 반응 양식을 완전하게 설명해낼 수 없다.

현대의 청중들에게는 에버렛이 젊은이들을 매장지로 끌어내고 싶어 했다는 것이 이상하게 여겨질 수도 있을 것이다. 그러나 무덤가에서 시름에 잠겨 있는 어린이들은, 빅토리아풍의 응접실에 전시되어 있던 대중적인 추도화에서 찾아볼 수 있는 것처럼, 그 세기의 문화적 표현법의 소중한 일부이다. 마크 트웨인은 죽음을 전문으로 다루는 소녀인 에멀라인 그랜저포드(죽은 이들을 위해 그림을 그리거나 시를 지어주었다 – 역주)를 통해 그러한 경향을 조롱했다.

> 어떤 남자나 여자 혹은 아기가 죽게 되면 그때마다 그녀는 자신의 '공물'이 싸늘하게 식어버리기 전에 도착했다. 그녀는 시신을 공물이라 불렀다. 이웃 주민들은 처음에는 의사, 그다음에는 에멀라인 그리고 나서 장의사를 부른다고 했다. 단 한 번, 장의사가 에멀라인보다 앞서 왔을 때 그녀는 죽은 사람의 이름을 위한 송가에서 머뭇거렸는데, 그 이름은 휘슬러였다.[14]

에멀라인이 어린 나이에 죽자, 그녀와 마찬가지로 어린 나이에 죽음을 맞이한 앳된 또 한 명의 죽음 전문가에 의해 그림으로 남겨졌다. 이러한 전체적인 흐름은 디킨스의 리틀 넬 또는 폴 돔비의 죽음 앞에서 흐느끼던 취향에 대한 풍자 또는 자식들의 죽음 앞에서 미국의 여류시인들과 함께 흐느끼던 취향에 대한 풍자로 읽힐 수 있다.

트웨인은 에멀라인 그랜저포드의 부모가 그녀의 방을 추모를 위한 사당으로 보존했던 사실을 희화화했지만, 그 역시 자신의 딸이 죽었을 때 그와 같은 일을 했다.[15] 또한 디킨스도 자신의 소설 속에서는 어린아이들을 장례식에 활용했지만, 장례 행사에서 아이들을 애도자로 활용하려는 경향을 《올리버 트위스트》에서 풍자적으로 다루었다. 슬픔을 강하게 느끼기보다는 슬픔을 연장시키고 다독거리려는 결정적인 태도는 의아한 것이었다. 에머슨은 다 썩어버린 아들의 시신을 파내어 그 앞에서 사색에 잠겼다.[16] 스토리 판사는 마운트 오번에서 제막 연설을 했을 때까지도 자신의 열 살 난 딸의 죽음을 애도하고 있었던 것으로 알려졌다. 딸의 죽음으로 인해 그의 연설은 자기 자신은 물론 청중들에게 더욱 깊은 감동을 불러일으켰다.[17]

이러한 19세기의 일반적 현상인 유년 시절과 죽음의 강한 연관은 높은 유아사망률 때문인 것으로 해석된다. 그렇지만 유아사망률이 당시만큼 높거나 혹은 더 높았던 시기에도 장례 의식에 그만큼 매달리지는 않았다. 빈도가 잦아지면 예민하게도 만들지만 무감각하게 만들기도 한다. 어린이와 죽음 그리고 J. 힐리스 밀러가 디킨스의 소설에서 밝혀냈던 치유력을 지닌 전원 간에는 더욱 내밀한 연결고리가 있다.[18] 대부분의 낭만주의자들과 특히 초월주의자들이 소년기를 경계경험의 일종으로 인식했다는 것이 그러한 경향의 주된 요인으로 보인다. 꿈, 공상, 최면술, 영성주의, 출생, 죽음 등에 대한 관심이 이러한 경계인식에 공유되어 있다.

유년 시절은 그 전후의 시기들을 잇는 경계시간으로 간주되었다. 어린이는 워즈워스 식의 찬란한 기억들을 이끌며 인생의 문지방을 넘어, 사춘기에 이르러 (환멸과 함께) 순수의 상징적인 죽음 앞에 직면해 있다. 순진무구함은 현명하게 무지한 불안정한 상태로서 빅토리아 시대의 작가들에게 맹목적인 숭배의 대상이 되었다. 냉소적인 마크 트웨인조차도 잔 다르크나 그 자신의 삶 속에 은거해 있는 어린 '천사들'에 대해 감상적인 태도를 갖고 있었다.[19] 존 러스킨, 루이스 캐럴, 헨리 애덤스와 같은 빅토리아 시대의 작가들은 신비로운 비밀을 지니고 있는 어린 소녀들을 상대로 예언자로서의 역할을 하며 가르치기를 즐겼다.[20] 유년 시절은 청춘과 노년, 순진무구함과 경험 많음, 연약함과 보호 사이의 경계에 위치하고 있는 것이다.

전원묘지를 마음속에 품게 만들었던 자연에 관한 사색은 초월주의자들에게는 입문에 해당하는 경험이었다. 하늘과 땅이 마주 닿는 지평선은 어두운 숲 속에서 하늘을 비추고 있는 연못처럼 이상과 현실의 상호작용을 의미했다. 이러한 연못 위에 올라서서 에머슨은 자신이 정신의 하늘을 가로질러 가고 있음을 느꼈다. '우리는 믿기 어려운 [물의] 아름다움에 파고들어, 그림 같은 물에 두 손을 담그고, 우리의 두 눈을 이들 빛과 형태 속에서 씻어낸다.'[21]

자연의 경계선들limina은 자신들이 초월하기를 원했던, 지식과 시간과 역사에 드리워진 위대한 한계들을 보았던 사람들의 마음을 끌었다. '모든 풍경 중에서 경이로운 지점은 하늘과 땅이 만나는 그곳이다.'[22] 황혼, 꿈, 백일몽, 우울, 조짐들과 같은 경계경험은 지식을 모호하게 만드는 것이 아니라 더 강렬하게 만드는 것이다. '가장자리margin'는 들녘, 호수, 꽃잎, 구름에 대해 사용되더라도 긴장감이 넘치는 언어였다. 황무지의 끝은 문명과 '처녀처럼 순결한 자연'에 모두 의미를 부여해주었다.

대부분의 낭만적인 발전들이 그랬던 것처럼 루소는 자연과의 교류를 또 다른 세계를 향한 통로로서 개척했다. 그는 《고독한 방랑자의 몽상 Musings of a Lonely Rambler》에서 자기 자신과 충돌하는 사물들 사이의 불일치를 어떻게 해소했는가를 진술했다. 그는 세상 속으로 흘러들어갔으며 세계는 그의 내면으로 흘러들어왔다. 그는 이것을 사고를 당해 쓰러졌다가 의식을 회복하면서 느꼈던 행복감에 비유했다. 그러한 자기 자신의 '초월경험'을 다시 발견하기 위해 루소는 자기 최면의 기술들을 연습했다. 율동적인 걸음걸이, 즉 '갑작스런 움직임이나 아무런 방해가 없는 규칙적이며 부드러운 움직임' 또는 '흘러오고 흘러가며 불어나거나 멈추지도 않고 연속적인 소리를 내는' 파도에 대한 사색 등은 바다의 움직임만큼이나 부드럽고 암시적인 내면의 움직임을 만들어냈다.

마운트 오번의 '장엄하지만 사랑스런 그늘'에서 연속적으로 들려오는 새들의 지저귐을 묘사한 모틀리 부인의 글을 보면 전원묘지 운동에서 루소의 추종자들이 자연에서 발견해낸 최면의 힘을 얼마나 간절히 열망했는지가 드러난다. 연속과 반복이 숭고함을 서서히 느끼도록 해줄 것이라는 말은 오랫동안 기억될 것이다.

반쯤은 꿈을 꾸는 듯한 상태를 계시적인 것으로 권장함에 따라 낭만주의자들은 우울의 최고조에 이를 수 있게 되었다. 한때는 신체 질환으로 또한 신학적으로도 위험한 태도로 여겨졌던 우울은 이제 천재의 표징이 되었다. 그것은 우울의 화신으로서 햄릿에 집착했던 19세기의 상황을 설명해준다. 러스킨은 초월주의 운동에 참여하고 있던 화가들, 즉 미국의 '루미니스트luminist(빛을 다루는 화가들 - 역주)'들에게 그늘은 빈 공간이거나 단순한 어둠이 아니라 더욱더 풍부한 색조가 들어차 있는 공간이라고 가르쳤다. 그늘은 우울처럼 삶을 (부정하는 대신) 심화시켜준다.[23] 우울한 태도의 권장을 교육적인 것으로 여겼기 때문에 어린아이들을 장례식과 공동묘지에 보냈던 것이다.

공동묘지는 19세기에 경계성을 나타내는 최고의 장소였다. 그것은 삶과 죽음, 현세와 영원, 과거와 미래 사이의 경계지역이었다. 더 나아가 스토리 판사는 하버드와 보스턴이라는 두 풍경 사이에 자리 잡은 마운트 오번의 위치에서 상징적인 의미를 발견하기도 했다. 사람들은 일상적인 생활의 공간에서 빠져나와 장벽을 허물고 그것들을 건너다보았다. '우리는 바로 이곳 두 세계의 경계에 서있다.'[24]

일상생활의 번잡함에서 멀리 떨어져 있는 그 공간은 사람들에게 위대한 경계지역을 생각하게 한다. '우리에게 무덤이란 그저 영원으로부터 현재를, 하늘로부터 땅을 나누는 얇은 장벽에 불과한 것이 아니겠는가?'[25] 에머슨이 모든 지평선에서 보았던 것은, 신비함에 제대로 동조되지 않은 사람들은 죽음과 자연에 결부되어 있는 두려운 실존을 경험할 수밖에 없다는 것이다. 만약 자연의 순환이 자연스러운 최면술의 역할을 한다면, 죽은 자들과 가까이 있다는 감각은 강신술의 한 형태일 것이다. 스토리는 그것을 다음과 같이 표현했다.

'우리는 세상으로 돌아가 죽은 자와의 교류를 통해 우리 자신이 더 순수해지고 더 나아지고 더 현명해짐을 느끼게 된다.'[26]

에머슨 또한 슬리피 할로의 제막식에서 묘지를 거의 강신술의 회합 장소로 표현했다.

'우리는 죽은 자의 몸을 이곳으로 옮겨왔지만 달아나버린 영혼은 어떻게 잡아챌 것인가?'[27]

에머슨은 묘지로부터 연유됐을 사색을 완성시키며 슬리피 할로에서

했던 연설을 불멸에 관한 논문으로 발전시켰다.[28]

바로 이러한 것들이 1860년대에 있었던 묘지 봉헌식에 참석한 사람들의 경향이었다. (에머슨의 슬리피 할로 연설은 1855년에 있었다.) 링컨도 당대의 사람들과 같은 태도를 견지하고 있었던 것일까?

링컨은 분명히 그러한 태도를 지니고 있었으며, 풍자 만화의 대상이 될 정도로 음울한 분위기를 띠고 있었다. 헌돈은 '걸음을 옮길 때마다 그에게서는 우울이 뚝뚝 떨어졌다'라고 묘사했으며[29] 더 나아가 이러한 특징이 링컨의 동시대 사람들에게는 매력적으로 받아들여졌다고까지 말한다.

'그의 음울한 외모는 동료들을 감화시켰으며 연민을 불러일으켰다. 이것은 그가 이룩한 커다란 성공의 한 가지 수단이기도 했다.'

햄릿과 같은 태도는 은연중에 사려 깊음을 연상시키기도 한다. 링컨이 보여준 우울이 가식이었다고 말하려는 것은 아니다. 오히려 그는 젊었을 때 '우울증'으로 인한 발작으로 자살 직전에까지 이르렀다고 실토할 정도로 위험한 상태에 빠져 있기도 했다. 그럼에도 불구하고 최신 유행을 따르는 링컨의 음울한 초기 시들에 잘 드러나 있듯이 우울은 당시에 널리 퍼져 있던 문화적인 분위기였다.

죽음에 관한 그의 시들은 포Poe보다는 에멀라인 그랜저포드의 작품에 더 가깝다. 그러나 그의 시들은 링컨이 우울을 서로 상이한 내적인 상태와 외부 세계 사이를 추억이 중재해주고 있는 경계 상태로서 얼마나 명확히 인식하고 있었는가를 보여준다.

오, 추억이여! 그대는

이승과 천국 사이의 중도 세계.

썩었던 것들도, 잃었던 사랑스런 사람들도

꿈 같은 그림자 속에서 나타나는.[30]

링컨은 햄릿의 대사를 흉내내면서까지 젊은 햄릿처럼 죽음과 광기에 관한 명상을 펼쳐 보인다. (광기 어린 오필리아의 멜로디 같은) 미쳐버린 젊은 햄릿의 노래를 상기하며 링컨은 이렇게 읊조린다.

심신의 고통을 마시고 아무도 모르게 떠나노라

소리 없이 고요하게

떠오르는 태양의 신이

동쪽 언덕에 빛의 무늬를 드리우기 전에.

《햄릿》 1장 1절에 나오는, 새벽이 '저 높은 동쪽 언덕 너머'로 마치 신처럼 다가온다고 하는 부분과 비교되는 구절이다.

당시 링컨은 1862년에 죽은 아들로 인해 심리적인 고통이 매우 극심할 때였다. 링컨은 주변 사람들에게 낭독해주기 위해 고른 셰익스피어의 작품 《존 왕》 3장 3절의 '나는 나의 아들을 다시 볼 것이다'라는 구절에 이르러 청중들 앞에서 고뇌에 찬 흐느낌을 터뜨리기도 했다.[31] 행사에 참석했던 사람들 중에는 링컨이 게티즈버그에서 전사한 병사들을 추도하고 있었지만, 그의 모자에 둘려져 있던 검정띠를 보며 죽은 아들을 추모하는 것이라 이해하는 사람들도 있었다. 마치 죽은 딸을 기리는 스토리 대법관의 슬픔이 마운트 오번 연설과 관련이 있었던 것처럼.

마크 트웨인의 부인이 그랬던 것처럼 링컨의 부인이 영매를 통해 아들과 만나고자 했을 때, 링컨은 백악관에서 열리는 이러한 강령술 모임을 막으려 하지 않았다.[32] 그 자신도 역시 꿈이나 징조, 조짐 등에 대해 조심하는 편이었으며 어떤 암시를 잘 받는 자신의 부인에게 (게티즈버그 전투가 일어나기 전달에) 하나 남은 아들을 잘 보살피도록 부탁하는 편지를 보내기도 했다.

'태드의 총을 치워놓는 것이 좋겠소. 그 아이에 관한 불길한 꿈을 꾸었다오.'

헌돈은 링컨이 좋지 않은 조짐에 대해 미신적인 태도를 지니고 있었다고 한다.[33] 죽음은 '그의 우울이 품 안에 품고 있는' 것이었다. 링컨은 시대의 일부였으며, 죽음의 문화에 익숙한 사람이었다. 그는 자신의 연설에 귀 기울일 많은 사람들만큼이나 전원묘지에 대한 이러한 모든 시대적인 공감을 충분히 염두에 두고서 게티즈버그로 향했던 것이다. 그가 감정을 억누르며 전사한 젊은이들을 기리는 연설을 했을 때, 젊은 날에 지었던 침울한 시편의 이면에 남아있던 충동들은 예술에 의해 누그러졌던 것일 뿐 정신 속에서 완전히 없어진 것은 아니었다.

제1장의 게티즈버그 연설에서 사용된 대조들은 수사학적인 대조법으로 간주되었다. '계절의 순환 속에서 죽음과 대지로부터 다시 피어오르는 생명'과 같은, 전원묘지에서 처러진 의식이라는 맥락 속의 그 대조들은 자연을 통한 명상에서 얻어진 것들이었다. 에머슨은 슬리피 할로

연설에서 자연환경에 입각한, 매장으로 약속되는 (개인의 불멸이 아닌) 인류의 영속성을 발견했다.

링컨은 에버렛과는 달리 어느 한 병사를 추모하지 않았다. 그는 오히려 이 대륙에서 이루어지는 한 국가의 탄생과, 죽음이라는 시련에 의한 시험과, 새로운 자유의 탄생으로 시선을 돌렸다. 그는 어느 한 병사의 부모가 감내하는 슬픔에는 동참하지 않았다. 연설 속에 등장하는 '우리의 선조'는 국가의 건설자들이며, (인간이 평등하다는) 명제를 시험에 들게 한 원칙의 해설자들이었다. 어머니는 전혀 언급되지 않았다. 그에게 어머니는 단지 그 나라를 태어나게 한 대륙만을 의미할 뿐이다.

이러한 관점에서 우리는 링컨의 연설이 아테네의 에피타피오이와 얼마나 닮았는지 살펴보았다. 그리스의 연설에서도 역시 선조들progonoi의 전통은 언급되지만, 대지 그 자체의 모성이 더욱 강조되며 아테네 시민을 '흙에서 태어난autochthones' 것으로 간주한다. 이것은 지역에 대한 애국적인 애착심과 국가주의적 종교의 공통된 주제이다.[34] 이러한 생각이 '처녀처럼 순결한 대륙' 위에 미국이 건립되었다는 진부한 표현을 낳았던 것이며 이것은 거짓된 은유(대륙을 '처녀'로 만들기 위해 아메리카 대륙의 원주민들은 무시되었고 또 제거되었다)임에도 끈질기게 유지되고 있다. 그것은 아메리카 신화의 너무도 깊은 곳에 자리 잡고 있는 부분이기도 하다. 시어도어 파커와 같은 자유분방한 반국수주의자조차도 미국의 지적인 새로움을 강조하기 위해 이러한 '깨끗한 시작'을 신봉하고 있었다.

정부 수립의 근간이 된 사상의 진보를 살펴보고 그 사상을 제도로 만들기 위한 시도들을 연구함으로써 미국 대중의 성장을 연구하는 것은 흥미로운 일이다. 미국은 그 역사의 명쾌한 근원을 추적할 수 있는 위대한 국가들 중 하나이다. 미국의 연대기에는 전설적인 시기도 없으며 신화적인 시간들도 전혀 없다.[35]

파커에게도 역시 미국은 전례가 없는 하나의 명제로서 탄생되었던 것이다. 조지 밴크로프트는 자신의 역사 서사시에서 동일한 신화를 토로하고 있다. '자유민 외에 유럽에서 건너온 것은 아무것도 없었다.'[36] 즉 남성적인 사상이 은둔해 있던 미대륙으로 건너와 그녀를 수태시켰던 것이다. 시어도어 파커는 이렇게 표현했다.

'대서양과 태평양의 뒤편 먼 곳에 감추어져 있던 동정녀 미국이 이제서야 인류와 결혼했다.'[37]

그렇게 됨으로 해서 민주주의 사상은 하늘에 의해 잉태된 것이었다. '새로운 그 사상은 성공을 거두기 위해 바다를 건너와야만 했다.'[38] 창세기 1장에 의하면 신은 대지의 탄생을 위해 바다를 건넌다. 링컨의 용어 사용법에는 누가복음 1장 35절에 신이 동정녀 위에 '드리웠으며' 그리하여 그녀의 '첫아들이 태어났다'라는 식의 표현이 더욱더 중요하게 다가왔다.

잉태와 재탄생 같은 다산성을 상징하는 링컨의 언어는 그 성서적인 내용으로 인해 청중들로부터 특별한 반향을 얻어냈다. 돈 페런바처Don Fehrenbacher는 링컨이 개회사에서 사용했던 언어의 형식에 대해, 1861년 갤루셔 그로Galusha Grow가 하원 연설에서 '80년 [그리고 5년] 전에……

Fourscore [and five] years ago......'라는 표현을 사용했던 것까지 언급하며 그럴듯하게 그 근원을 추적해간다.[39] 그러나 이러한 표현법은 대부분 시편 90절에서 인간에게 할당된 '80년 그리고 10년four score and ten years'이라는 표현을 모방해 따른 것일 뿐이다.

대자연에 대한 초월주의자들의 예찬은 병을 치유하는 대자연의 순수성에 집중되어 있으며, '어머니 대지Mother Earth'로 회귀하자는 사상은 전원묘지와 관련된 의식에서 활용되었다. 마운트 오번의 봉헌식에 바친 송시에는 다음과 같은 부분이 있다.

어머니 대지여, 여기 당신의 품 안에
당신이 주셨던 것을 평화로이 다시 거두시고,
신이시여, 하늘의 뜻으로 태어난 모든 것을
평화로이 천상으로 다시 불러들이소서![40]

이것은 그 자신을 양육해준 대지에 관한 링컨의 초기 시와 흡사하다.

내 뼈를 있게 한, 양식이 자라는
바로 그곳을 바라본다.
오래된 들판, 그대 위를 거니는 이 오묘함
내가 바로 그대의 일부임을 느낀다.

니콜 로로가 그리스의 토착민 신화를 빌려 주장했던 것처럼, 죽은 자들이 돌아가는 대지를 사랑스런 어머니로 보려는 감정을 여성차별주의자가 영웅들의 실제 어머니를 배제하려는 것이라 할 수는 없다.[41] 링컨이 여성차별주의자였다는 것은 줄곧 강하게 주장되어왔지만 비록 그것이 사실일지라도 전원묘지에서 치러지는 추도식의 관례는 모성을 지닌 대자연을 이상화하는 한 방식으로서 '어머니 대지'를 앞세웠던 것이다.[42]

링컨의 연설 속에서 '선조들the fathers'은 더 분명하게 존중되고 있다. 그렇지만 현대의 학자들은 링컨이 부단히 국가 건립자들을 끌어내는 데에는 꾸미거나 진실하지 못한 태도가 있음을 밝혀냈다. 사실, 그는 스티븐 더글러스와 토론을 벌일 때 고집스럽게 거듭하며 그들을 언급하기도 했다.[43] 그렇지만 현재까지 발표된 수많은 논문들은 링컨이 '선조들'에 대해 적대적이었음을 주장하고 있다. 이러한 것이 게티즈버그 연설에 관한 최근의 몇몇 연구에 영향을 끼쳤다.[44]

에드먼드 윌슨은 1838년에 스프링필드의 '청년문화회관'에서 있었던 링컨의 연설을 분석하면서 이러한 면모에 대한 연구를 시작했다.[45] 링컨은 그 연설에서 '폭민정치mobocracy'를 공격하면서 법과 질서를 존중하는 '정치적 종교'를 제안했다. 비록 '선조들'이 이룩해낸 것을 그들의 상속자들이 따를 수 없다 해도 법의 원천으로서 존중되어야만 한다는 것이다.

선조들의 야심은 이제껏 기껏해야 불확실한 것쯤으로 여겨졌던, 이른바 한 민족의 자치 능력이라는 진실한 명제를 실제적으로 이 세상 앞에 펼쳐 보이겠다는 것이었습니다. 만일 성공을 거둔다면 그들은 불멸의 존재가 될 것이며 그들의 이름이 읍과 도시, 강과 산으로 퍼져 나가 사람들이 그들을 언제까지나 칭송하고 기릴 것입니다.

만일 실패한다면 그들은 덧없는 시간 속에서 잠시 악한이나 바보 미치광이로 불리다가 잊혀져갈 것입니다. 하지만 그들은 성공했습니다. 그 실험은 성공적이었습니다. 그 성취로 인해 수천의 사람들이 불멸의 이름을 얻게 되었습니다. 그러나 사냥감은 잡혔습니다. 목적했던 사냥감이 잡히고 나면 추적의 기쁨은 끝나고 만다는 것도 사실입니다.

영광스런 이 들녘의 추수와 수확은 이미 끝났습니다. 그러나 새로운 수확자들이 생겨날 것이며 그들 또한 수확을 거두기 위한 들녘을 찾아내려 할 것입니다. 그것은 세계의 역사가 우리에게 가르쳐준 것이며, 우리들 중에 야심과 재능을 지닌 사람들이 지속적으로 나타날 것이라는 점을 의미합니다.

그러한 사람들이 지속적으로 나타나고 새로운 들녘을 찾을 때, 그들은 당연히 이전의 사람들이 이룩했던 것만큼이나 자신들의 통치 열정이 만족되기를 바랄 것입니다. 그렇다면 그들이 과연 다른 사람이 설립한 건축물을 유지하고 지원하는 정도에서 만족할 수 있을까 하는 의문이 생깁니다. 분명히 그렇게 될 수는 없을 것입니다. 자신들에게 부과된 과업을 감당해내기에 충분한 자격을 갖춘 올곧고 위대한 사람들이 나타나겠지만 그들의 야심이 의원직이나 주지사나 대통령의 자리 이상의 것을 전혀 열망하지 않는다면, 그들은 용맹한 사자나 독수리의 가문에 속하는 사람들은 아닐 것입니다. 그 정도의 자리가 알렉산더나 카이사르, 나폴레옹 같은 사람들을 만족시킬 수 있을 것이라 생각하십니까? 결코 아닐 것입니다! 위대한 천재는 남이 먼저 밟고 지나간 길은 가치가 없다고 생각합니다. 그들은 아직 탐험되지 않은 곳을 찾고자 할 것입니다. 그들에게는 다른 사람의 업적을 기리기 위해 건립된 기념비를 증축하는 일이 그다지 영광스런 일이 아닐 것입니다.

그 어떤 우두머리에게라도, 그에게 봉사하는 것이 영광스런 일이라는 것을 인정하지 않을 것입니다. 제아무리 혁혁한 업적을 남겼다 하더라도 선임자가 걸어간 길을 좇아가지 않을 것입니다. 남과 구별되는 탁월함을 위해 목말라 하고 불타오르고, 만일 가능하다면 노예를 해방시키거나 자유를 노예화시키는 정도의 희생을 무릅쓰고서라도 그것을 얻으려 할 것입니다. 그렇다면 고귀한 천재성을 지녔으며 또 그것을 끝까지 밀고 나갈 수 있을 만큼 넘치는 야심을 겸비한 어떤 사람이 언젠가는 우리들 중에서 나타나리라고 예상하는 것이 터무니없는 일이겠습니까? 이러한 사람이 나타나게 된다면, 전반적으로 이성적이며 정부와 법에 충실한 사람들은 그의 음모를 성공적으로 좌절시키기 위해 서로 힘을 합쳐야만 할 것입니다.

윌슨은 '링컨은 그 자신이 사람들을 향해 경계할 것을 요구하고 있는 바로 그 역할 속에 자신을 투사시켰음이 분명하다'고 주장한다. 즉 카이사르와 같은 인물이 되기를 열망하는, 하늘 높이 솟아오르는 독수리와 같은 역할을 맡고 싶어 했다는 것이다. 윌슨의 주장에 대해 가장 먼저 반박했던 해리 자파는, 링컨이 자신을 카이사르와 같은 권력 찬탈자로 상정하고 있었던 것은 아니며 오히려 그러한 인물에 저항하는 영웅적인 인물로 자리매김하고 있었다고 밝혔다.[46]

그러나 한 무리의 정신분석 전기작가들은 자파의 의견에 동의하면서도 자파가 '선조'에 대한 링컨의 오이디푸스적인 적개심을 기술하는 또 다른 방식을 찾아냈을 뿐이라고 주장했다. 그 적개심은 상상 속에 존재하는 '사악한 형evil brother'에게로 옮겨졌으며 그를 살해함으로써 아버지와의 갈등을 해소시킬 수 있게 되었다는 것이다. 조지 포기는 링컨의 진로에 끼어들게 된 스티븐 더글러스가 바로 링컨의 상상 속 인물이며 링컨은 더글러스가 피어스와 뷰캐넌, 태니와 음모를 꾸몄다고 몰아감으로써 그를 '살해했던 것'이라고 주장한다.[47]

드와이트 앤더슨은 이와 같은 위험을 상기시키는 것이 '아버지 살해하기'라는 자신의 게임에서 조지 워싱턴을 물리치는 링컨의 방식이었음을 시사했다.[48] 찰스 스트로지어는 링컨의 정체성에 관한 윌슨의 직설적인 평가에 대해 아버지에 의한 거세에 대항하는 '야심찬 아들aspiring son'이라는 표현으로 화답했다.[49] 링컨의 청년문화회관 연설은 이제 정신분석 전기물의 성과로 링컨의 개인적인 삶뿐만 아니라 그의 정치적인 이상과 강조점을 알 수 있는 열쇠가 되었다.

링컨에게 조지 워싱턴은 모방하면서 동시에 도전하여 마침내는 제례적 신격화에 의해 성인의 경지에까지 이른 상상 속의 아버지가 되어 있음이 분명하다. 만약 링컨이 워싱턴을 상대로 상징적인 승리를 성취하면서 범하게 된 어떤 범죄가 뱅쿼Banquo(셰익스피어의 《맥베스》에 등장하는 인물 - 역주)의 유령처럼 따라다니며 괴롭힌다 해도, 그 승리는 링컨이 미합중국에서 정치적 권위를 다시 확립하는 데에 심리적 토대를 마련해주는 것이 된다.[50]

청년문화회관 연설에 관한 토머스 슈워츠의 시각은 그다지 열광적이지 않다. 스프링필드의 청년문화회관은 미래의 지도자들에게 연설법을 훈련하기 위한 문화 클럽이었다. 그곳에서 거행되는 연설의 제목과 주제는 관례에 따라 설정되는 경향이 있었다. 예를 들어, 1835년의 연사는 '폭민정치'에 탄핵을 표명하는 연설을 했다.[51] 링컨의 연설 내용은 온전히 그 자신의 선택이 아니었으며, 그것은 1월의 연설이 있기 전해의 11월과 12월에 진행 중이었던 토론의 일부였던 것이다.[52] 웅변가들의 사회에서는 야심만만한 반역자에 대한 키케로 식의 탄핵이 수사적 토포스topos(일상적인 표현 - 역주)였으며 그러한 것은 링컨의 문화에 스며들어 있던 것으로 특히 폭군에 대한 셰익스피어 식의 탄핵으로부터 유래한 것이었다.

링컨의 생애에서 청년문화회관 연설이 갖는 중요성은 그의 정신세계보다는 오히려 그의 문학적 발전과 더 많은 관련이 있다. 더 온건한 학자들이 지적하는 것처럼, 당시 연설에서 드러나는 정치적인 관점은 잭슨당원들의 찬탈에 대한 휘그당의 탄핵과, '앤드루 왕'과 그의 고압적인 방식에 대한 탄핵처럼 보편적인 것이었다.[53] 수사적인 영웅주의는 링컨 자신의 내적 욕구로 드러난 것이 아니었다. 그것은 선조들의 연약한 후손epigoni이 절대 아닌 칼훈과 웹스터 그리고 클레이가 활약했던 이른바 웅변의 황금시대인 그 시기에 유행하던 대중연설 방식이었다.

정신분석 전기작가들은 링컨이 선조들에게 품었을 것이라 추정되는 적개심은 그의 개인적 곤경뿐만이 아니라, '영웅시대 이후' 시대의 일반적인 좌절감을 표현하는 것이라고 함으로써 빠져나갈 여지를 남겨두었다. 그러한 좌절감은 혁명세대가 사라져가는 것을 정신적 변경frontier의 종언, 즉 이제 더 이상 영웅은 나타나지 않을 것이라고 느낌으로써 나타나는 것이다.[54] 이러한 생각을 드러낸 표현은 아주 많다. 그러나 미국의 '명백한 운명Manifest Destiny'에 대해 한목소리로 자축하는 커다란 울림은 디킨스와 토크빌과 같은 방문객들에게 깊은 인상을 심어주었다.

국내에서 활동 중이던 트웨인 같은 논객조차 너무나 많은 미국인들이 자신들 스스로를 구시대의 기사도적인 영웅으로 상상하는 '월터 경 질환'을 앓고 있다고 생각했다. 남부의 월터 스콧류의 거만함은 북부 잭슨당의 행태와 잘 어울렸다. 존 제이 채프먼은 이러한 현상을 '미국식 허풍의 시대'라고 명명했다.[55] 멕시코 전쟁의 영웅들과 그들을 지지했던 사람들은 부적절하다는 느낌을 명백하게 갖지 못하고 있었다.

링컨은 일회적 행사인 청년문화회관 연설에서보다 정치 인생의 정점에서 개선 작업과 진지한 성찰을 거쳐 더욱 성숙한 연설을 고안해낸 훌륭한 문화평론가였다. 그리고 이후의 연설에서 가장 많이 비판을 받았던 것은 신생 아메리카의 오만한 자기만족이었지 열등감은 아니었다. 링컨 시대의 미국인들이 자신들을 위대한 선조의 보잘것없는 후손으로 여겼던 것은 그들이 느꼈던 여러 가지 정서 중의 하나였을 뿐이다. 미국인들은 자신들 가운데에 분명 영웅이 있음을 느끼고 있었다. 에머슨은 에드워드 에버렛을 우상화했다. 비록 그에 대한 찬양은 이내 수그러들었지만 대니얼 웹스터를 향한 에버렛의 우상화는 결코 수그러들지 않았다. 초월주의자들은 살아있는 영웅을 많이 섬기고 있었으며, 이러한 현상은 영웅 숭배 주창자인 토머스 칼라일로부터 비롯된 것이었다.

그렇다면 링컨이 자신의 시대에 영웅주의를 사라지게 했다는 것 때문에 선조들에게 원망을 품었음이 분명하다고 말하는 것은 적절치 않다. '시대정신'에는 여러 가지 다양한 면모들이 있다. 링컨이 이 시대정신을 바탕으로 이루어낸 것은 어느 한 연설에 사용한 단어들만으로 평가받을 것이 아니라 그 자신만의 독특한 언어들을 통해 평가받아야 한다. 정신분석 전기작가들에게 자신들이 펼친 논제를 증명할 만한 내용들을 청년문화회관 연설 외에서 찾아보도록 요구한다면, 그들에게는 제시할 만한 것이 거의 없을 것이다.

자신의 취임식장으로 가던 도중 링컨은 뉴저지 의회에서 자신이 한 젊은이로서 메이슨 웜스가 쓴 워싱턴의 생애를 어떻게 읽었는지 설명하면서, 그 이야기로부터 뉴저지의 전쟁터들을 알게 되었다고 했다. 평생동안 웜스의 전기를 연구했던 마커스 컨리프는 웜스에 대한 단 한 번의 언급이 대단히 의례적이었다는 것을 지적했다. 그럼에도 정신분석 전기작가들은 그러한 언급을 조지 워싱턴에 대한 저항이라는 웅대한 정신적 드라마를 구성하기 위해 이용해왔다.[56]

사실 이것은 링컨이 어린 시절에 읽었던 특정한 책에 대해 언급한 매우 드문 사례 중의 하나이다. 그러나 어떤 특출한 정신적인 욕구를 드러내기 위해서라기보다는 당시의 상황에 맞추어 그 책을 특별히 언급했던 것으로 보인다. 대중집회에서 워싱턴을 칭송하는 것은 그 자체로서 고려되어야 할 만한 고백적 가치가 거의 없다. 그가 이끌어낸 요점은 '선조'의 성격에 집중되어 있는 것이 아니라 자유의 이상에 고무되어 델라웨어 강을 건넜던, 그의 병사들이 품었던 영웅주의에 대한 관심이었던 것이다.

워싱턴의 실제 생애는 링컨에게는 별 흥미가 없었던 것으로 보인다. 사실 그는 대부분의 전기물을 따분하게 생각했다.[57] 워싱턴에 관한 그의 언급은 당시의 정치인들에게서 기대할 수 있을 만한 것에도 못 미칠 정도였다. 예를 들어, 에버렛이 장시간에 걸친 강연에서 줄곧 국가의 아버지들을 찬양했던 것과는 확연히 대조된다. 링컨이 워싱턴을 가장 인상적으로 언급했던 것은 그가 포크 대통령의 성실성을 공격했을 때였다.

'그가 지금 워싱턴이 앉았던 곳에 앉아 있음을 기억하게 해야 합니다. 그렇게 함으로써 워싱턴이 그랬던 것처럼 그도 정직하게 대답하도록 만들어야 합니다.'

워싱턴에 대한 또 다른 언급은 링컨 자신이 '워싱턴이 앉았던 곳에 앉으러' 가는 도중에 있었다. 정신분석 전기작가들은 스프링필드 시민들에게 작별 인사로 건넸던 이 문장에서 수많은 것들을 만들어냈다.

'이제 저는 떠납니다. 언제 돌아올 수 있을지 혹은 돌아올 수나 있을지도 모르는 채, 워싱턴에게 부과되었던 것보다 훨씬 더 막중한 과업을 안고서 떠납니다.'

자신의 과업이 국가를 건립한 선조들의 과업과 비교되고 있다고 미리 상정한 경쟁의식은 마침내 링컨으로 하여금 '워싱턴을 넘어선 승리'라고 표현하도록 한다.[58] 그러나 미국인이 미국인과 싸워야 할 것이라는 전망은, 연합하여 식민지 제국에 맞서 싸웠던 전쟁보다 더 심각한 난제로 대두되어 있었던 것이다. 링컨이 냉정한 현실에 대해 진술하며, 눈앞에 닥쳐온 고난의 시기에 대해 사람들을 긴장시키기 위한 목적으로 다소 과장이 필요한 곳에서 모호한 심리학적인 이유들을 찾는 이유는 무엇일까? 링컨의 생각은 워싱턴에게 사로잡혀 있지 않았다. 워싱턴에게 사로잡혀 있는 사람들은 바로 정신분석 전기작가들이다.

실제로 워싱턴에 대한 환상에 미혹되어 있는 정신분석 전기작가들은 '선조들'에 대한 링컨의 태도를 가늠할 가장 중요한 지표를 알아채지 못하고 있다. 링컨이 선조들을 언급할 때 그것은 대부분 독립선언문의 저자들을 지칭하는 것이었다. 그리고 당연하게도 이러한 맥락 속에서 가장 탁월한 선조는 제퍼슨이었다. 정신분석 전기작가들은 제퍼슨을 완전히 간과해버렸는데 그것은 링컨이, 미국이 봉헌된 명제를 선언했던 이 '국부'에 대해서는 아무런 적개심을 보이지 않았기 때문이었다. 자유 속에 잉태된 새로운 국가를 태어나게 하는 행위는 링컨에게 언제나 지적인 행위였다.

헌돈에 따르면 링컨은 누군가를 칭송하는 데 다소 인색했다. 그러나 제퍼슨에 대해서만큼은 '우리 나라의 역사에서 과거와 현재 그리고 미래의 가장 위대한 정치가'라며 무조건적인 칭송을 보냈다. 그리고 제퍼슨이 이 나라의 국부가 된 것은 바로 그가 국가의 이상이라는 골격을 만든 사람이기 때문이었다.

제퍼슨이 견지한 원칙들은 자유로운 사회에 대한 정의定義이며 원리였다. 모든 사람들이 제퍼슨을 공경한다. 그는 어느 한 국민의 국가적 독립을 위한 투쟁의 구체적인 압력 속에서도 냉정함과 혜안을 지니고 단순한 혁명문서 속에 모든 사람과 모든 시대에 적용될 수 있는 추상적 진리를 담아내는 능력을 지닌 사람이었다. 그 진리가 상하지 않도록 향유를 뿌려 오래 기억하게 함으로써 오늘은 물론 다가올 미래에 다시 나타날 폭정과 압제의 전조들을 꾸짖고 막아내도록 해야 할 것이다.

델라웨어 강을 건넌 워싱턴의 병사들도 제퍼슨이 제시한 이상에 고무되어 있었다. 윔스 목사의 이야기와 함께 시작된 뉴저지 의회 발언은 즉시 선조들의 위대함을 드러내는 본론으로 옮겨갔다.

비록 당시에 나는 소년이었지만, 그들이 얻기 위해 투쟁했던 것에는 보통 이상의 소중한 무엇인가가 틀림없이 있을 것이라고 생각했습니다. 나는 그들이 얻고자 투쟁했던 그것을 간절히 얻고 싶었습니다. 그것은 국가의 독립보다 소중한 것이었으며, 다가올 모든 시대와 전 세계의 모든 사람들에게 위대한 약속을 건네주는 것이었습니다. 지금 나는 이 국가와 헌법 그리고 국민의 자유가 그들의 투쟁을 가능케 했던 본래의 사상과 조화를 이루며 영원히 보존되기를 간절히 열망하고 있습니다.

'선조들'에 대한 링컨의 태도는 그 용어의 사용에 대한, 이러한 기초적인 사실을 파악하지 못하고서는 제대로 논의될 수 없다. 즉, 그에게 선조들은 언제나 국가의 사상을 낳은 사람들이었다. 국가건설자들은 그 사상의 바탕 위에 국가를 건립했다. 국가를 위해 투쟁했던 사람들은 그 사상을 지키기 위해 싸웠다. 헌법을 초안한 사람들은 최대한 그 사상을 구현시킬 수 있도록 노력했다. 선조들의 후손이라면 그 사상을 받아들이고 영속시키려 할 때에만 진정한 후손이 되는 것이다. 그 사상이 결코 퇴색하지 않기 때문에 선조들은 언제나 시대와 함께한다. 새로운 미국인들이 태어날 때마다 그 사상은 언제나 생기를 불어넣어준다. 미국인은 지적으로 자생적이며, 그 사상의 계보 외에는 아무런 계보도 가지고 있지 않다. 1858년 7월 4일의 연설에서 링컨은 미국에는 최초로 독립선언서에 서명하고 기안했던 사람들의 직계 후손들이 있지만, 그들만이 그 선조들의 유산을 독점적으로 소유할 권리는 없다고 선언했다.

우리들 중에는 선조들로부터 혈통을 이어받은 사람들 외에도 아마 반쯤은 전혀 그들의 후손이 아닌 사람들이 있습니다. 그들은 독일과 아일랜드, 프랑스, 스칸디나비아 반도 등의 유럽에서 온 사람들입니다. 그들은 자신이 직접 유럽에서 건너왔거나 그들의 조상이 이 땅으로 건너와 정착함으로써 모든 문제에 대해 우리들과 동등하다는 것을 알게 된 사람들입니다.

116

만약 그들이 그 시대와 자신의 관계를 혈연적인 면에서 찾기 위해 역사를 거슬러 올라가 추적하려 한다면 그러한 관계는 전혀 없음을 알게 될 것입니다. 혈연적으로는 그들이 그 영광스러웠던 신시대로 거슬러 올라갈 수도 없으며 그들 스스로가 우리의 일부임을 느끼지도 못하게 될 것입니다. 그러나 그들이 독립선언문을 통해 찾으려 한다면 당시의 사람들이 '우리는 모든 인간은 평등하게 태어났다는 진리가 자명한 것이라 믿습니다'라고 말하고 있음을 알게 될 것입니다. 그것을 통해 그들은 그 당시에 배운 이러한 도덕적 정서가 선조들과 자신의 관계를 증명해주고 있음을, 그것이 자신들이 지니고 있는 모든 도덕적 원칙의 원천임을, 그들 자신이 독립선언문을 작성했던 이들의 진정한 후손이라고 주장할 권리가 있음을 느끼게 될 것이며 그럼으로써 그들은 진정한 후손이 되는 것입니다. 그것은 바로 독립선언서에 설치되어 있는 전선電線으로서 애국적인 사람들과 자유를 사랑하는 사람들의 가슴을 연결해주며, 전 세계 사람들의 가슴속에 자유를 향한 사랑이 존재하는 한 그러한 애국적인 가슴들을 연결해줄 것입니다.

국가 독립을 이루어냈을 때까지도 그 혁명은 완결되지 않았기 때문에 사람들은 혁명을 받치고 있던 사상을 여전히 충족되지 못한 약속으로 직면하고 있었다. '이제 이 국가에서 제퍼슨의 원칙들이 전복되지 않도록 지켜내는 일은 어린아이들의 놀이가 아니다.' '새로운 국가'에서 선조들은 그 사상의 수호자로서 미래의 발전을 위해 젊은이들에게 그렇게 역설했던 것이다. 《죽음에 관한 고찰Thanatopsis》에서 브라이언트가 명명했듯이 그들은 '이제 막 생겨난 세상의 족장'들이었으며, 파크먼의 '어린' 대륙에 존재하는 거대한 나무와도 같은 존재들이었다. 국가건설자들이 품고 있던 미래상은 워즈워스가 자신의 송시에서 '어린이의 주변을 비추는 하늘의 섬광'이라 표현했던 그것과 흡사하다. 이러한 이상은 새롭기 때문에 생생하다. 그러나 그것은 성숙한 어른들의 세계에서 얻기 위해 노력해야만 하는 것이기도 하다.

링컨이 1838년의 연설에서 '유일한 과업은 선조들이 성취해낸 것을 보존하고 물려주는 것'이라 했던 가정은 더 이상 게티즈버그 연설에서는 나타나지 않는다. 그들은 자신들이 공언했던 정치적 평등을 이루어내지 못했다. 그들은 노예제도를 종식시키지 못했다. 그들은 민주정치를 안정시키지 못했으며 지속시키지도 못했다. 그들은 그렇게 할 수가 없었던 것이다. 현실 속에서 그들의 이상은 한꺼번에 즉시 이루어지는 것이 아니었다. '나는 독립선언문이 이 세상 모든 사람들의 조건을 점진적으로 향상시키겠다는 의도를 품고 있다고 생각했다.'

선조들은, 모든 사람들이 그 당시에 실제로 그러한 평등을 누리고 있었다거나, 모든 사람들에게 즉각적으로 평등을 누릴 수 있게 하려고 했다는 식의 너무나도 명백한 거짓을 주장하려 하지는 않았던 것입니다. 그들에게는 그러한 혜택을 제공할 힘이 없었습니다. 그들은 단순히 권리를 선언했던 것이며, 그렇게 함으로써 상황이 허락되는 한 가장 빠른 시간 내에 그 권리가 실행될 수 있으리라 생각했던 것입니다.

게티즈버그 연설의 생각과 언어가 매우 추상적이었던 것은 링컨이 미국이 견지하는 주장을 지적인 것으로 여겼기 때문이었다. 그렇지만 링컨의 논법이 추상적이고 개괄적이며 지적인 것이었다면, 그가 보여준 이미지는 본질적이면서 가족적인 것이었다. 이것은 전원묘지가 지니고 있는 평상적인 이미지들로부터 가져온 것으로서, 자연이 지닌 다산성과 죽은 자들에게 생명을 되돌려주는 땅의 속성과 관련이 있다. 스톡턴 목사는 게티즈버그 기도에서 '나뭇잎이 사라진다 해도 나무는 살아있는 것처럼, 비록 그들의 육신은 사라졌다 해도 우리의 영웅들은 죽은 것이 아닙니다'라고 했다.

에머슨이 묘지 제막식 연설에서 언급했듯이 사상마저도 이러한 환경에서는 다산성을 띤다. 자연으로부터 이상적인 관념들을 받아들이는 인간의 능력을 통해 인간은 그 기질 자체가 이상적이라는 것을 입증하고 있다. '모든 위인은 자신의 능력이라는 가능성에 확고하게 자리 잡고 있는 영원을 찾아낸다.'[59]

어떤 사상으로부터 탄생한 국가는 그 사상이 생명을 주는 것임을 알게 된다. 그리고 그 사상을 다시 주입하려는 모든 시도들은 그 사상과 그 사상의 지지자들을 다시 살아나게 한다. 이것은 바로 '새로운 탄생'으로서, 무엇보다도 먼저 인간은 평등하다는 명제 속에서 태어난 사람들에게는 언제나 유용한 것이다. 연설문의 마지막 문장 속에 나타난 '자유의 새로운 탄생'이라는 표현은 우리들을 첫 문장의 기적적인 탄생으로 다시 데려가주며, 또한 이러한 이미지의 이면에는 '다시 태어난'(요한복음 3장 3절~7절) 사람들이라는 성서적 개념 역시 드러난다. 또 다른 곳에서 링컨은 신학적·영적 갱생의 이미지를 더 분명하게 나타낸다.

> 우리 공화주의자들의 옷은 흙이 묻어 더러워지고, 먼지 속에 질질 끌리고 있습니다. 그것을 다시 깨끗하게 만듭시다. 그것을 뒤집어 하얗게 만듭시다. 피가 아니라면, 혁명의 정신으로 그렇게 만듭시다.

독립선언문은 영적 재탄생의 도구로서 복음서를 대체했다. 피가 아닌 그 정신이 혁명의 사상이었으며, 단순한 일시적 전투와 연대기적인 결과가 그 사상은 아닌 것이다. 연설 끝 부분에 표현된 '남아있는 그 위대한 임무'는 선조들의 위대한 업적보다 열등한 것이 아니다. 그것은 동일한 과업으로서 그들이 항상 행하고 있는 것이며 모든 투사들을 국가의 영원한 이상인 영웅으로 만들고 있는 것이다. 연설문의 그 마지막 문장을 통해 링컨은 더 응축적인 형식으로, 자신이 1854년의 캔자스-네브래스카 조약 연설에서 언급했던 바를 말하고 있는 것이다.

> 독립선언문을 다시 채택합시다. 그리하여 그것과 조화를 이루는 조례와 정책을 다시 채택합시다. 북측과 남측이, 모든 미국인들이, 자유를 사랑하는 전 세계인들이 그 위대한 과업[게티즈버그 연설의 '그 미완의 과업']에 동참하도록 합시다. 우리가 그렇게 한다면, 우리는 연방정부를 구할 뿐만 아니라 그것을 영원히 구할 가치가 있는 것으로 만들고 또 보존하게 될 것입니다. 그렇게 구함으로써 우리 뒤에 올 자유롭고 행복한 수백만의 사람들이 전 세계에서 일어나 언제까지나 우리들을

축복받은 사람들이라 부를 것입니다.

게티즈버그 연설의 서두보다는 그 마지막 문장에서 누가복음에 쓰인 예수의 기적적인 탄생에 관한 이야기를 더 공공연하게 끌어다 활용하고 있다('이제부터는 모든 세대들이 우리를 복되다 할 것이다'). 바로 그 속에 이 연설의 더욱더 위대한 힘이 있다. 연설은 병사들의 민주적인 매장에 적합한 고전적인 수사법, 전원묘지의 봉헌식에서 예상될 수 있는 탄생과 재탄생의 낭만적인 이미저리, 선택받은 국가의 헌신과 고난 그리고 부활을 묘사하기 위한 성서적인 어휘, 애도가 삶에 소용되도록 하는 '죽음의 문화'와 같이 언어적인 힘을 지닌 수많은 원료들을 끌어다 쓰는 능력에 의해 응축적이고 더욱 강력해진다. 그 행사가 의미하는 가혹한 시련 속에서 링컨은 전쟁의 의미를, 국가가 지닌 목적의 의미를, 남아있는 과업의 의미를, 직설적이지만 마술적인 연설을 통해 추출해낸 것이다.

시카고 《타임스》가 게티즈버그 연설에 조급히 분노했던 것은 놀라운 일이 아니다. 링컨은 자신의 주장을 펼치면서 한편으로는 마법의 주문을 건넨다. 반론을 펼쳐본들 마법 앞에서 무슨 소용이 있겠는가?

3장

초월주의 선언

앞에서 지적했던 것처럼 링컨의 연설에는 몇 가지 사안들이 빠져 있었다. 사람들이 듣고자 기대했던 많은 부분들에 대해 침묵했기 때문에 연설이 짧아진 것이라 주장하는 사람도 있다. 게티즈버그 연설에 정작 게티즈버그에 대한 언급은 없다. 노예제도에 대해서도 그렇거니와 더 놀라운 것은 미합중국 자체에 대해서도 거론하지 않고 있다. (남부도 물론 언급하지 않는다.) 1863년의 노예해방령과 관련한 주요 내용도 언급하고 있지 않으며, 더욱이 옹호는 물론 변호도 하지 않고 있다. 연설에서 언급된 '위대한 과업'은 노예해방이 아니라 자치의 보전이었다.

오늘날 우리는 자치를 이야기할 때 백인뿐 아니라 당연히 흑인들까지 포함한 자치라고 생각하지만, 게티즈버그에서 연설을 할 당시까지도 링컨은 아프리카 출신 미국인들의 선거권에 대해서는 전혀 주창하지 않았다. 예술적이며 웅변적이기도 한 게티즈버그 연설은 당대의 역사적 공간에서 가장 까다롭다고 여겨지는 문제들에 대해 직접적으로 다루지 않고 있다.

주요 사안에 대해 교묘히 회피하고 침묵했던 것 때문에 링컨은 살아 있는 동안 줄곧 비난을 받았다. 특히 노예제도에 대한 그의 태도는 모호하여 그 입장을 알아차리기 힘들었다. 이러한 태도는 당대의 사람들을 혼란스럽게했으며, 그의 태도를 연구한 후대의 몇몇 사람들은 분노하기도 했다. 링컨의 동료 윌리엄 헌돈이 존경했던 보스턴의 목사 시어도어 파커는, 스티븐 더글러스와 격론을 펼쳤던 1853년의 상원의원 경선에서 링컨이 원칙적이기보다는 영악하다는 것을 알아차렸다.

《트리뷴》의 기사를 근거로 판단해보자면, 나는 오타와[일리노이 주]에서 열린 토론에서는 더글러스가 가장 잘했다고 생각한다. 그는 노예제도의 가장 중요한 사안들에 대한 링컨의 태도를 의심했으며, 그러한 의심의 핵심에 다가서는 가장 근본적인 질문들을 국민들 앞에서 제기했던 것이다. 그러나 링컨은 그 문제에 정면으로 대응하지 않았다. 대신 '그는 문제가 되고 있는 [노예제도를 반대하는] 결의들과는 아무런 관계가 없다'며 기술적으로 얼버무렸다. 링컨의 말처럼 그 자신은 관계가 없으며 또 그 질문들이 날조된 것이라 생각할 수도 있다. 하지만 그것이 여전히 노예제도와 관련된 지극히 중요한 질문들이었음에도 링컨은 교묘하게 회피했다. 그러한 언행은 자유를 쟁취하기 위한 전투에서 취할 태도가 아니다.[1]

1860년 대통령 선거에서 파커는 노예제도 반대에 링컨보다 더 솔직했다는 이유로 윌리엄 수어드를 지지했다.[2] 그러나 수어드는 바로 그 솔직함 때문에 공화당 대통령 후보 지명에서 탈락했다. 링컨은 더 조심스러웠고 우회적이었다. 대통령 후보로 지명되기 전에 그가 유보적인 태도를 견지했던 이유는 명백하다. 하지만 게티즈버그 연설에서조차도 거론하지 않은 것에 대해서는 해명되어야 할 여지가 남아있기는 하다.

링컨의 정치적 기반인 일리노이 주는 후일 웨스트버지니아 주가 된 전체 지역보다 훨씬 남쪽인 지점(남부도시 카이로)에까지 이르렀으며 또한 켄터키 주와 버지니아 주에 속한 대부분의 지역보다 훨씬 남쪽으로 뻗어나간다. 링컨이 더글러스와 토론을 벌이기 10년 전이었던 1848년, 일리노이 주에서는 널리 퍼진 '흑인 공포증'으로 자유를 얻은 흑인들이 주 내로 이주해오지 못하도록 하는 수정법안을 투표에 붙였다.[3] 흑인 전입금지에 관한 주 전체의 투표율은 70%였지만 남부와 몇몇 중부의 카운티(주 다음의 행정구역 – 역주)에서는 90% 이상이 찬성했다. 링컨은 자신이 속해 있는 주의 인종적 지도地圖를 익히 알고 있었으며, 그때그때의 청중들에 따라 노예제도에 대해 어떻게 말해야 하는지를 가늠하고 있었다.

> 링컨은 일리노이 주 북부에서는 반노예제도적인 정서를 눈에 띌 만큼 더 많이 수용하는 연설을 했다. 그러나 중부와 남부 지역으로 이동함에 따라 그의 표현 방식은 그곳 주민들의 보수적인 태도에 더 호응하는 것으로 드러났다.[4]

이러한 교묘한 태도는 1940년대의 리처드 호프스태터마저도 곤혹스럽게 했다.

시카고에서 연설한 사람이 진짜 링컨인지 찰스턴에서 연설한 사람이 진짜 링컨인지를 확인하는 것은 쉽지 않다. 어쩌면 그 사람은 연설을 하는 그때마다 자신의 발언 하나하나를 굳건히 믿고 있었을 것이다. 그리고 분명 그의 정신세계 역시 분열된 의회와 같았을 것이다.[5]

그러나 더글러스를 상대로 좋은 결과를 이끌어내지 못했을 뿐 아니라 전혀 방어적이지 않았던 일리노이 주 찰스턴 연설에서는 혼란스러운 모습이 보이지 않는다. 링컨은 그가 쓴 이전의 어떤 글보다도 더 명확하고 균형 잡힌 산문으로 자신의 장점을 드러내 보여준다.

그렇다면 나는 이렇게 말하겠습니다.
나는 지금은 물론
과거에도 마찬가지로
백인과 흑인의
사회적 · 정치적 평등을
이끌어내는 것에 대해
찬성했던 적이 없습니다.
나는 지금은 물론
과거에도 마찬가지로
흑인들을 유권자나 배심원으로 삼는 일이나
그들에게 공직을 가질 수 있는 권한을 주는 일 혹은
그들이 백인과 결혼하는 것에 대해서도

찬성했던 적이 없습니다.

그리고 그에 덧붙여 말하자면

백인과 흑인 사이에는

물리적인 차이가 있으며

그런 차이 때문에 두 인종은 앞으로도 영원히

정치적 · 사회적으로 평등한 조건 속에서 함께 사는 것이 억제될 것이며

그렇게 함께 살 수 없기 때문에

비록 함께 남아있게 된다 하더라도

우월하고 열등한 지위는 있어야 하며

그리고 나는

그 어느 누구보다도

백인에게 주어진

우월한 지위를 유지하도록 하는 것에 찬성합니다.

현재의 상황에 대해 언급하자면

백인이 우월한 지위를 가질 것이라고 해서

흑인에게 주어지는 모든 것이 부정되어야 한다고

생각하지는 않습니다.

내가 흑인 여자를

노예로 원하지 않는다고 해서

내가 반드시 흑인 여자를

부인으로 선택해야 한다는 것은

이해할 수 없습니다.

이러한 어법은 당시에 링컨이 다른 장소에서 언급하던 내용들과 불일치하는 것을 피하기 위해 조심스럽게 연구되고 있다. 이 시기 '두 명의 링컨' 사이에서 드러나는 모순에 대해 이야기할 때 호프스태터는 그릇된 쟁점을 좇고 있는 것이다. 어느 경우에는 노예제도를 반대하고 어느 경우에는 노예제도의 철폐를 주장하는 등, 링컨의 태도는 장소마다 조금씩 차이를 보인다. 찰스턴에서 그가 범한 과실은 그가 취한 입장에 원인이 있다기보다는 오히려 다음과 같은 언급에서 보듯, 청중들의 인종주의를 부추기려 했던 의도에 그 원인이 있다.

> 내가 알고 있는 것을 말하자면, 나는 흑인 여자를 그냥 그대로 둘 수 있다는 것입니다. 내 나이는 이제 50세에 이르렀으며 그동안 흑인 여자를 노예나 부인으로 삼아본 적이 없습니다. 그러므로 내가 보기엔, 우리들이 흑인을 노예나 부인으로 삼지 않고 사는 것도 분명 가능한 일인 것 같습니다. 더 나아가 내가 아는 한, 난 아직 그 어느 누구도 백인과 흑인이 사회적으로나 정치적으로 완벽하게 평등해야 한다는 것에 찬성하는 사람을 만나보질 못했습니다. 내가 들어본 것 중에 너무 자주 들어서 정확하게 기억하고 있는 아주 특별한 이야기가 있는데, 그것은 바로 자신의 아이들이 물라토(백인과 흑인의 혼혈 - 역주)라는 것을 인정했던 더글러스의 옛 친구인 리처드 존슨 대령의 이야기입니다.
>
> [웃음]
>
> (이 주제를 상세하게 파고들고 싶지 않기 때문에) 한 가지만 더 덧붙이자면,

그러한 일을 금지하는 법이 없다고 해도 나는 물론 나의 친구들이 흑인과 결혼할 것이라는 우려를 전혀 해본 적이 없다는 것입니다.

[웃음]

그러나 더글러스 판사나 그의 친구들은 그것을 금지하는 법이 없으면 그들이 흑인과 결혼할지도 모른다고 심각하게 걱정하고 있는 것 같기에,

[웃음의 도가니]

그에게 아주아주 진지하게 맹세하는바, 나는 백인과 흑인의 결혼을 금지하는 이 주의 법을 끝까지 지지할 것입니다.

[이어지는 웃음과 박수]

한 가지를 더 덧붙여 말하자면, 나는 백인과 흑인의 사회적·정치적 관계를 변경시킬 수 있는 곳은 미합중국의 의회가 아닌 주 의회 말고는 어디에도 없다는 것을 알고 있습니다. 나는 나 자신에게 그러한 일이 닥쳐올지도 모른다는 걱정을 전혀 하고 있지는 않지만, 더글러스 판사께서는 그러한 위험이 급속도로 다가오고 있다는 사실 때문에 줄곧 공포에 휩싸여 있는 것 같아서 그러한 일을 막을 수 있는 최선의 방책을 권해드립니다. 즉, 이제 마음 편하게 주 의회에 머무르시면서 그러한 법령을 지키도록 노력하시라는 것입니다. [소란스런 웃음과 박수]

더글러스의 근거 없는 강박관념이 가져온 결과들을 장황하게 늘어놓으면서 링컨은 일종의 논리적 환상에 탐닉했다. 링컨은 흑인의 평등이라

는 문제에 지나치게 관심을 보이는 동료를 걱정하는 척했고, 더글러스가 흑인 여성에 대해 민감하다는 것을 걱정하는 척했으며, 그러한 충동을 막아내기 위해 법적인 보호를 지속할 필요가 있다며 걱정하는 척했다. 청중들이 익히 예측하고 있는 방향으로 자연스럽게 흘러가고는 있었지만, 청중들의 옆구리를 슬쩍슬쩍 찌르면서 한껏 흥취를 돋우며 이어지는 유장한 마지막 문장은 즉흥 풍자의 백미라 할 수 있다. 그러나 슬프게도 그것은 선동이기도 한 것이다. 노예제 철폐주의자들과 일정한 거리를 둘 것을 강하게 주장하던 링컨의 일리노이 주 정치 고문인 데이비드 데이비스는 찰스턴 연설에 매우 흡족해했다.[6]

링컨은 일리노이 주에서 노예제 철폐주의자의 입장을 드러내는 것은 별로 신통한 일이 아니라는 것을 알고 있었다. 심지어 수어드가 보여준 한층 '더 유연한' 입장마저도 정치적으로는 너무 위험한 행동이었음이 밝혀졌던 것이다. 그는 이제 갓 나래를 펼치기 시작한 공화당의 기본적인 단위들을 함께 아우를 수 있는 공동 기반의 확립을 원했다. 헌돈에 의하면, 링컨은 변호사 시절에도 주안점(핵심)의 확립이라는 문제에 지나칠 정도로 집중했기 때문에 부수적인 일들에 대해서는 거의 모두 양보했다고 한다. 법정에서 링컨과 마주쳤던 변호사 레너드 스웨트는 링컨의 방식을 다음과 같이 표현했다.

재판에 임했을 때, 링컨은 대부분의 변호사들이 반대하고 나설 일에 대해서도 이러저러한 면은 받아들이는 것이 정당하다고 '생각한다'고 말했습니다. 그리고 가끔은 반대편 변호인이 링컨 자신이 진실이라고 알고 있는 것을 제대로 증명해내지 못할 때에도, 그 진실이 대수롭지 않게 받아들여지는 것이 옳은 일일 수도 있을 것이라 '생각한다'고 말했습니다. 법정에서 자신이 어떤 반대 의견을 제시했을 때 그에 대한 답변을 듣고 나면 '글쎄요, 내가 잘못 판단한 것이 분명한 것 같군요'라고 말했지요. 그런데 만약 반대편 변호인이 링컨에 대해 제대로 파악하지도 못한 채 이런 식으로 재판이 4분의 3 정도 진행되었다면, 그는 이내 자신이 그리스인들을 너무 늦게 두려워했다는 사실을 깨닫게 되고 자신이 패배했다는 것을 알아차리게 됩니다.

소송사건 재판에서 그는 냉정한 독사처럼 현명합니다. 나는 그에게 두들겨 맞아 워낙 많은 상처를 입었기 때문에 그가 비둘기만큼이나 해롭지 않은 사람이라는 것을 보증할 수 없습니다. 모든 일이 다 끝나고 났을 때에야 상대방은 링컨이 고분고분하게 내어주었던 것들은 그저 그가 가질 수 없거나 지켜낼 수 없는 것들뿐이었음을 알아차리기 시작하는 겁니다. 여섯 가지를 내주고 일곱 번째 것에 대해 논쟁을 벌이는 방식으로, 그는 목적하는 것에 전혀 도움이 되지 않는 모든 것들은 다 건네줘버립니다. 링컨을 단순한 사람으로 판단했다가 급히 정신을 차렸을 때는 이미 도랑에 드러누워 있는 자신을 발견하게 되는 것입니다.[7]

링컨이 당대의 편견을 나름대로 받아들였다고 해서, 논쟁의 대상조차 되지 않을 사안들에 대해 동의하고 있었던 것은 아니다. 이견을 보이고 있던 문제의 핵심에 다가서기 위해 적의를 누그러뜨리고 호러스 그릴리에게 양보하는 것에서 링컨의 태도를 엿볼 수 있다.

이제 막 뉴욕 《트리뷴》지에서 나에 대해 본격적으로 언급하신 당신의 열아홉 번째 기사를 읽었습니다. 만약 그 기사 속에 내가 알고 있는 어떤 사실에 대한 잘못된 언급이나 추측이 있다 하더라도, 지금 여기에서 그것을 논박하지는 않겠습니다. 만약 그 기사 속에 잘못 도출된 결론이 있음을 확신하고 있다 해도, 지금 여기에서 그것들에 대해 논쟁하지는 않을 것입니다. 만약 그 기사 속에 성마르고 독단적인 어조가 분명하게 드러난다고 해도, 언제나 정의로운 가슴을 지니고 있으리라 믿고 있는 옛 친구를 존중하여 그것들에 대해서는 대응하지 않겠습니다.

링컨은 분명 자신의 인격에 대한 여러 가지 비방들을 받아들일 수 없었다. 그러나 그러한 것들은 그가 '지금 여기'에서 실용적으로 따지고 들 만한 문제들은 아니었다. 그와 마찬가지 태도로 링컨은 흑인이 백인에 비해 지적으로 열등하다는 것에 대해서는 알 수 없다는 불가지론을 선호했으며, 흑인을 사회적으로 열등한 상태로 유지시켜야 한다는 생각을 견지하고 있었다.

조지 프레더릭슨이 지적했던 것처럼, 흑인이 지적으로 열등하다는 것에 대해 확실성보다는 불가지론을 표명하는 것이 당시로서는 '자유주의적'인 입장으로 받아들여졌으며, 링컨을 비롯한 그 어느 누구도 (흑백인종의) 사회적 혼합이라는 문제에 대해서는 아무런 역할도 할 수 없었다.[8] 링컨은 이러한 정서와 관련되어 있고 또 그 당시로는 해결할 수도 없었던 문제들과 정치적 평등의 문제가 한 묶음으로 다루어지게 되는 것을 꺼려했다. 그에게, 제대로 확립시키기는 어려웠지만 실현 가능한 최소한의 것, 즉 그 핵심은 무엇이었을까?

그것은 최소한, 인간을 자산으로 취급하는 것은 부적절하다는 것이다. 링컨은 그 결과들을 하나하나 명쾌하게 밝혀나감으로써 그러한 태도를 부조리한 것으로 만들어나갔다.

> 만일 네브래스카 사람들이 자신의 영토에서 노예를 취하고 소유하는 것이 신성한 권리라면, 그들이 가장 값싸게 노예를 살 수 있는 곳에서 노예들을 사들이는 것 또한 신성한 그들의 권리일 것입니다. 그리고 아프리카 연안에서 노예를 사는 것이 가장 저렴할 것입니다. …… 그곳에서는 노예상들이 붉은 면수건 한 장 값으로 노예 한 명을 삽니다. 그 가격은 아주 싼 것입니다.

사람들은 왜 그러한 수지맞는 거래를 이용하지 않는 것일까? 만약 그러한 거래를 시도하게 되면 해적들처럼 교수형을 당할 것이기 때문이다. 그럼에도, 만일 노예가 다른 것들과 마찬가지로 재산의 일종이라면,

> 이 수지맞는 무역에 종사하는 사람들을 교수형에 처하는 것은 자치의 신성한 권리를 박탈하는 것입니다! …… 어느 누구도 야생마, 야생물소, 야생곰을 잡아 판다고 그 사람들을 교수형에 처해야 한다고는 생

각하지 않을 것입니다.

국제 정서에 맞추어 연방정부는 노예무역을 금지시켰을 뿐만 아니라 국내의 노예상인들은 남부에서조차 존경받지 못하고 있었다.

여러분은 그를 친구로 인정하지 않을 뿐더러 더 나아가 정직한 사람으로도 인정하지 않습니다. 여러분의 아이들이 그의 아이들과 놀아주지 않을 수도 있습니다. …… 왜 이러한 일들이 일어나고 있는 것입니까? 여러분은 옥수수나 가축을 팔거나 담배를 파는 사람들을 그렇게 대하지는 않습니다.

그리고 도대체 자산을 '해방시킨다'는 것이 무슨 말인가? 사람들은 스스로의 힘으로 살아가기 위해 소유하고 있던 집과 말과 가재도구들을 '해방시키지'는 않는다. 그러나 링컨이 살던 시대의 미국에는 거의 50만 명에 달하는 해방된 흑인들이 있었다.

어찌하여 이처럼 엄청난 양의 자산이 소유주도 없이 돌아다니게 되었단 말입니까? 주인 없는 말과 가축들이 자유롭게 돌아다니는 것은 있을 수 없는 일입니다.

링컨은 대법관인 태니가 드레드 스콧 소송에서 '노예들은 다른 가재도구들처럼 동산動産'이라는 판결을 내리기 3년 전인 1854년에 위와 같이 자신의 의견을 밝혔다. 하지만 그 부조리한 판결이 법이 되었다. 그러므로 링컨이 인권에 대한 최소한의 인식을 위해서라도 싸워야겠다고 생각하게 된 것은 당연한 일이었다.

만약 어떤 흑인이 타인의 자산이 아니라 스스로를 책임지는 인간이라면, 자신의 노동으로 얻게 된 생산물에 대한 권리를 지녀야 하는 것이다.

> 나는 여러 가지 면에서 흑인들이 나와 동등하지 않다는 더글러스 판사의 의견에 동의합니다. 그들과 나는 분명 피부색이 다르며, 어쩌면 도덕이나 지적인 천부의 자질도 다를 것입니다. 하지만 자신의 손으로 획득한 빵을 다른 어느 누구의 허락 없이도 먹을 권리가 있다는 점에서 그들은 나와 동등하며, 또 더글러스 판사와 동등하며, 다른 모든 사람들과 동등합니다.

링컨은 언제나처럼 뼈 있는 내용의 성경 구절을 활용하고 있다. 인류를 향한 예외 없는 구절인 '그대의 얼굴에 땀을 흘리고 나서야 빵을 먹을 수 있게 되리라'(창세기 3장 19절)는 적어도 흑인들의 입장에서는 냉소적인 권리인 것이다.

링컨은 한 가지 편견에 대항하기 위해 또 다른 편견을 활용하려 했다. 미국인들은 성경에서 인용된 것이라면 우선적으로 호의를 보이는 성향이 있다. 또한 군주제에 반대하는 심리적인 경향도 있다. 링컨은 스스로 땀 흘려 일하고 나서야 빵을 먹을 수 있다는 그 성경 구절을 반군주제라는 미국적인 성향 속에 끼워 넣었다.

> 이것이 바로 더글러스 판사나 나와 같은 사람들이 침묵할 때 이 나라
> 에서 앞으로도 계속될 논쟁입니다. 그것은 좋건 나쁘건 온 세계에서
> 벌어지고 있는 두 가지 원칙 사이의 영원한 투쟁입니다. 아주 오랜
> 옛날부터 대립해온 그 두 가지 원칙은 앞으로도 계속 충돌하게 될 것
> 입니다. 그 두 가지 원칙 중 한 가지는 인류에게 주어진 공통의 권리
> 이며 그와 대립하는 다른 한 가지는 신으로부터 부여된 왕권입니다.
> 왕권은 어떤 형태로 발전하든 한결같은 원칙을 지니고 있을 뿐입니
> 다. 왕권에 내재된 정신은 언제나 똑같습니다. 즉, '너는 일하고 노력
> 하여 빵을 벌어라. 그러면 그 빵은 내가 먹을 것이다'라는 것입니다.
> [큰 박수] 국민 위에 걸터앉아 국민의 노동을 착취해 먹고살겠다는 왕
> 의 입을 통해 표현되든지, 아니면 다른 인종을 노예화시키는 것에 대
> 해 변명을 늘어놓는 어떤 인종의 입을 통해 표현되든지 그것은 전혀
> 다를 바 없는 폭압적인 원칙으로 만들어진 체제입니다.

최소한 이 두 가지 면으로만 판단해보아도 노예제는 그릇된 제도인 것
이다. 인간이 인간을 소유할 수는 없으며 인간은 인간 위에 군림하는
왕의 위치에 있어서는 안 된다. 마크 트웨인 역시 허크와 짐의 관계를
더 긴밀하게 설정하기 위해 허크의 뗏목에 거짓 왕권을 끼워 넣어 노예
에 관한 후자의 편견을 활용했다. 왕과 왕세자는 '고귀한 사람들'에게
음식을 바칠 때 반드시 무릎을 꿇도록 만들어놓은 '국민들'에게 굴욕적

인 노동까지 요구한다. 역설적인 것은, 이미 노예가 되어 있는 그 사람이 제일 먼저 반역을 꾀하는 사람이라는 것이다.

허크와 짐은 '왕권'으로부터 벗어나 공동의 자유를 열망하는 동맹관계를 맺는다. 바로 이런 상황에서 허크는 짐의 벙어리 딸에 관한 이야기를 듣게 되고 처음으로 놀랄 만한 공감을 표현한다.

'백인들이 자기 종족들을 사랑하는 것만큼이나 그도 자신의 종족을 사랑한다는 것을 확실하게 믿는다.'[9]

그러고 나서 허세가들에게 굽실거리는 사람들을 보게 되었을 때, 허크는 아이러니하게도 독자들은 간파하고 있었지만 스스로는 알아차리지 못한 채 '글쎄, 만일 내가 그따위 짓을 한다면 나는 깜둥이다'라는 말을 내뱉는다.[10]

링컨과 트웨인 두 사람 다 정면에 구축돼 있는 편견의 방어벽을 슬쩍 피해나가는 법을 알고 있었으며, 또한 완고한 고집쟁이들과 타협할 수 있는 우회로를 찾아냈던 것이다. 이것을 보면 독립선언서가 링컨에게는 전략적인 차원에서 매우 쓸모가 있었음을 알 수 있다. 그 위대한 문서는 일반적으로 반군주제적인 내용을 담고 있다고 인식되어 있었으며, 독자들이 그렇게 받아들이는 한 도전받지 않을 수 있었다. 또한 인간은 평등하다는 관점에서 조지 3세를 기소했던 것이기 때문에, 독립선언문은 미국인들로 하여금 왕정보다는 노예제를 더 싫어하는 입장을 지니게 했다. 왕들은 백성을 기필코 소유하겠다고 주장하지는 않기 때문이다. 가능한 한 온건하게 독립선언문의 주장들을 살펴본다 해도 그것은 전혀 노예제와 어울리지 않는다.

더글러스 판사만큼이나 나 또한 내가 속한 종족이 [사회적으로] 우월한 지위를 갖고 있다는 것에 동조합니다. 내가 그 반대의 상황을 거론했던 적은 한번도 없습니다. 그럼에도 독립선언문에 열거된 모든 자연적인 권리들, 출생과 자유와 행복을 추구할 권리 등이 흑인에게 주어지지 못할 이유는 전혀 없다고 믿습니다. [큰 환호] 나는 흑인도 백인이 누리고 있는 것만큼의 권리들을 누릴 자격이 있다고 믿습니다.

나는 그 저명한 문서[독립선언문]를 작성했던 사람들이 모든 인간을 포함시키려 했던 것이지 모든 인간이 모든 면에서 평등하다고 선언하려 했던 건 아니라고 생각합니다. 그들은 모든 사람이 피부색, 크기, 지적 능력, 도덕적 발전이나 사회적 능력에 차이가 없다고 말하려 했던 것이 아닙니다. 그들은 어떤 면에서 모든 사람들이 평등하게 태어났다는 것에 대해 매우 훌륭하고 명확한 정의를 내려놓았습니다. 즉, '생명과 자유 그리고 행복의 추구와 같은 양도할 수 없는 확실한 권리들'에 대해 평등하다는 것입니다. 이것이 바로 그들이 말했던 것이며, 그들이 의미했던 것입니다.

당시의 미국인들은 독립선언문에 대해서는 (우호적인 편견이라 할) 경건한 태도를 지니고 있었다. 반면 그럼에도 그들 중의 많은 사람들이 노예제에 대해 우호적인 편견을 지니고 있었다. 링컨은 매우 독창적인 방법을 동원하여 미국인들이 서로 다른 두 가지의 편견 중 한 가지는 포기해야 한다는 것을 줄기차게 역설했다. 반목하는 두 가지의 편견을 인식하면서 그것을 하나의 정신 안에 공존시키는 것은 불가능한 일이다.

스티븐 더글러스는 자신이 그러한 선택을 꼭 해야 할 필요는 없다고 주장했다. 토머스 제퍼슨도 마찬가지였다. 선언문의 작성자인 그 자신도 노예를 계속 소유했던 것이다. 더 나아가 헌법에서는 노예제를 묵인하고 있었으며, 현실에 적용되는 법은 선언문이 아닌 헌법이었던 것이다.

논쟁이 여기에까지 이르렀을 때, 링컨은 영구히 지속되어야 할 이상을 담고 있는 선언문과 그 이상을 초기 단계에 임시적으로 구현하고, 실험하며, 지향해나가기 위해 제정된 헌법을 명확히 구분했다. 링컨은 차마 언급하기 부끄럽다는 듯이 애매하게 작성된 노예제에 관련된 표현에서 헌법이 지니고 있는 임시성을 찾아냈다. 노예제와 관련된 표현들은 노예제 자체를 변칙적으로 다루겠다는 의도를 위해 애매모호한 용어로 묘사되어 있었던 것이다.

헌법을 구상하고 채택할 때 그들은 법조문 전반에 걸쳐 '노예'나 '노예제'라는 단어는 언급하는 것조차 꺼려했습니다. 도망친 노예를 되찾는 것을 규정한 조항에서 노예는 '봉사와 노역을 위해 억류된 사람'으로 표현되었습니다. 20년 동안 아프리카 노예무역을 허용한다는 조항에서, 그 무역에 대해서는 '현재 국내에 존재하고 있는 그런 사람들의 이주 및 수입은 받아들이기에 타당하다고 생각한다'라고 표현되어 있습니다. 노예제를 넌지시 암시하고 있는 조항은 이것들뿐입니다. 노예제는 그렇게 감추어져 있습니다. 그것은 마치 병에 걸려 고통받고 있는 사람이 종양이나 암을 감추고 있는 것과 같습니다. 그 사람은 너무 많은 출혈로 죽음에 이르게 될 것이 두려워 그 종양을 잘라내지 못하고 있는 것입니다. 그럼에도 적절한 때가 되면 결국 환부를 도려내는 수술을 해야 할 것이라고 생각하고 있습니다.

노예제와 관련하여 우리의 헌법제정자들이 할 수 있었던 일은 그 이상도 그 이하도 아니었습니다. 하지만 이것만이 전부는 아닙니다. 헌법에 의해 구성된 최초의 국회 역시 노예제에 대해 동일한 견해를 유지하고 있었습니다. 그들은 노예제의 필요성을 가장 최소한으로 제한해놓고 울타리를 쳐 에워싸두었던 것입니다.

1794년에 그들은 외부와의 노예무역을 금지했습니다. 즉, 판매목적으로 미합중국으로부터 노예를 데리고 나가는 것을 금지한 것입니다.

1798년에 그들은 미시시피 영토 내로 아프리카 노예를 반입하는 것을 금지시켰습니다. 당시의 미시시피는 현재의 미시시피 주와 앨라배마 주를 포괄하고 있었습니다. 이것은 당시의 주정부가 헌법 채택을 통해 그들에게 그러한 결정을 내릴 수 있는 권한을 부여하기 10년 전의 일이었습니다.

1800년에 그들은 미국 시민들이 아프리카로부터 브라질로 판매하는 것과 같은 외국 간의 노예무역에 종사하는 것을 금지시켰습니다.

1803년에 그들은 한두 개 주에서 실행 중이었던 법률의 도움을 받아 국내에서의 노예무역을 제한하는 법안을 통과시켰습니다.

1807년에 그들은 1808년 1월 1일에야 효력이 발생하게 될(헌법이 효력을 발휘하게 되는 바로 그 첫날), 무거운 벌금형과 태형으로 노예매매를 금지하는 법안을 매우 급박하게 서둘러 거의 1년 전에 통과시켜두었습니다.

1820년에 이러한 법조문들이 효력을 발휘하지 못한다는 것을 알게 된 그들은 노예무역을 해적 행위로 규정하고 극형인 사형을 구형할 수 있도록 해두었습니다. 대부분의 주정부에서 이러한 법안들을 채택하고 있는 동안, 처음부터 노예제를 허용해왔던 5~6개의 주정부는 점진적인 노예해방 체제를 채택하게 되었던 것이며 이러한 한계를 내에서 노예제도는 급속도로 소멸되어가고 있었던 것입니다.

이상에서 본 바와 같이 노예제에 관한 솔직하고도 분명한 그 시대의 정신은 원칙에 대해서는 적대적이었으며 오직 필요성에 대해서만 관용적이었음을 알 수 있습니다.

링컨은 '시대의 정신'을 불러일으킴으로써 동시대 사람들에게 친숙한 용어를 적절히 활용했다. 하지만 그는 독립선언문의 경우, 헌법이 규정하고 있는 이런저런 제한사항들로부터 비켜나 있다고 생각했다. 독립선언문은 그 시대의 가치관을 넘어서는 이상理想을 표현하는 데에 자유로웠으며, 그 이상은 훗날을 위한 시금석으로서 공헌하게 될 것이라고 생각한 것이다.

그들[선언문 작성자들]은 모든 사람들이 편안해하며 존중하는 자유로운 사회를 위해 모범이 되어줄 실천 원칙을 확립하려 했던 것입니다. 자유로운 사회는 부단히 추구되어야 하며 또 부단히 노력해야 얻을 수 있는 것입니다. 비록 완벽하게 구현될 수는 없다 해도 부단히 다가서야만 하는 것입니다. 그리고 그것의 영향력을 부단히 확산하고 심화시켜야 하며 세상에 살고 있는 모든 인종들의 행복과 삶의 가치를 증대시켜야 하는 것입니다.

그 이상은 너무나도 보편적이며 또 시대에 구애받지 않는 것이어서 단순히 미국인들에게만 감동을 주는 것이 아니다. 오히려 그것은 세계 도처의 모든 사람들에게 영향력을 발휘하는 것이다. 그러한 현실과 이상의 변증법을 설정함으로써 링컨은 이미 자신이 작성한 게티즈버그 연설문의 핵심에 도달해 있는 것이다. 즉 독립선언문에서 천명한 인간의 평등이라는 중대한 명제에 헌신하여 자유 속에 잉태된 이 나라는, 현실 속에서의 생존투쟁을 통해 그 명제가 생존 가능한 것인지를 시험해 보아야 한다는 핵심에 도달해 있는 것이다.

링컨은 선언문을 더 이상 제퍼슨처럼 생각할 수 없었다. 철학적 유물론자였던 제퍼슨은 형이상학적인 추상 개념들을 전혀 믿지 않았다. 그에게 평등과 행복의 권리는 경험적으로 실험되어 측정 가능한, 사회의 작용 속에 내재된 자연의 법칙이었다. 그의 친구인 샤스텔뤼 후작 Marquis de Chastellux은 사회적 마찰을 줄임으로써 정치적 효율성의 증대를 연구한 두 권짜리 연구서 《공공의 행복Public Happiness》을 집필했다.[11] 《버지니아 주에 관한 기록Notes on the State of Virginia》에서 확인할 수 있는 것처럼, 제퍼슨이 자신만의 '정치공학'에서 염두에 두고 있던 일종의 계몽주의 프로젝트 같은 것이라 할 수 있었다.

제퍼슨과 마찬가지로 링컨도 그 자신의 시대정신에 충실한 사람이었다. 그의 시대는 링컨이 1840년대에 지었던 시처럼, 침울하고 사변적인 시를 통해 호흡하는 낭만주의 시대였다. 좀 더 분명하게 표현하면, 역사 속에서 이상의 실현을 위해 투쟁한다는 그의 변증법은 그가 속해 있는 시대를 지배하고 있던 지적 풍조인 초월주의에 심대한 영향을 받은 것이다. 초월주의자들은 신학적으로는 대부분 칼라일의 영향을 받아들여 미국 사회를 연구하는 데에 독일식 이상주의를 채택한 유니테리언 교도(삼위일체설을 부인하며 예수를 신격화하지 않고 신은 하나뿐이라 믿었음 – 역주)들이었다. 그들은 영원한 이상은 자연계의 개체 하나하나를 통해 빛을 발한다고 보았다.

에머슨은 '자연이란 사상의 화신이다. …… 이 세상은 곤두박질친 정신이다'라고 표현했다.[12] 링컨은 자신이 속해 있던 시대 문화를 형성한 사람들의 수사법과 가설과 의식적인 이상에 쉽게 영향을 받았던 것이다. 이러한 영향은 그의 언어 속에 드러나며, 그의 사상에 직간접적으로 영향을 끼쳤음을 부분적으로 찾아볼 수 있다. 정도는 약간씩 다르지만 그는 초월주의자들의 작품을 익히 잘 알고 있었다. 비록 한두 번이었지만 에머슨과 직접 만나기도 했으며, 제한적이긴 했지만 조지 뱅크로프트와는 깊은 사상적 유대를 지녔고, 시어도어 파커의 견해에는 폭넓게 심취해 있었다.

에머슨이 자신의 스승인 에드워드 에버렛의 방식을 이어받아 초월주의 사상을 널리 알리기 위한 대중강연에 다닐 때, 링컨도 참석했던 적이 있었다. 백악관을 방문하여 링컨을 만나고 온 에머슨은 1862년 1월 31일 자 일기에 그때의 이야기를 써두었다.

'내가 소개되자 그는(링컨), 아! 에머슨 씨, 어떤 강연에서 당신이, 켄터키 사람들은 '이보시오, 만약 당신들이 나를 좋아하지 않는다면, 그건 당신들에게 매우 불행한 일일 거요'라는 태도로 말하는 것 같다고 하신 걸 들은 적이 있습니다라고 했다.'[13]

에머슨은 파커와 마찬가지로, 전쟁 이전에는 링컨이 노예제도에 관한 현안에 대해 시류에 영합했다는 생각을 지니고 있었다. 그러나 링컨이 시대정신에 따라 독립선언문의 '실천 원리'에 진보적으로 다가가야만 한다고 자신만의 방식으로 표현했던 것처럼, 에머슨도 초월주의자적인 용어를 사용하여 노예해방령을 칭송했다.

자신의 구상을 진척시키며 보여준 대통령의 극단적인 절제, 확고하게 공표할 수 있을 때까지 기다리면서 마치 국가 내에 형성된 확고한 여론의 집행자 역할을 하겠다는 듯한 엄격한 태도로 오랫동안 공언해온 형세 관망 정책, 그 어느 누구도 따라하지 못할 인내로써 이처럼 극도로 다양하게 표출되는 의견들을 경청하는 공명정대한 정신, 자신이 생각하고 있는 우선순위의 결과물일 뿐이지만 너무나도 말을 아껴왔기 때문에 모든 집단을 놀라게 하는 그의 결정, 또 결정된 것을 과장이나 불필요한 문구 없이 발표하는 단호한 어조, 이러한 모든 것들이 대통령의 인기를 그토록 대단하게 만들었던 행동이었다. 이제껏 우리들은 그의 능력과 미덕을 과소평가해왔다고 생각한다. 그러한 능력과

미덕은 막대한 이익을 가져오는 도구로서 신의 섭리에 의해 만들어진 것이다.[14]

조지 밴크로프트는 자신의 대표적 저서인《미합중국 역사History of the United States》전 10권을 초월주의로 가득 채워두었다.[15] 그러나 1854년에 밴크로프트를 만난 링컨은 페리 밀러가 밴크로프트 초월주의의 핵심적인 내용을 담고 있다고 평했던 '필연과 실체 그리고 인류 진보의 희망'을 주제로 한 1854년의 강의를 이미 알고 있었다. 이 강연 내용은 링컨 자신의 가장 야심찬 1850년대의 언어적 · 철학적 실천이었던 창작에 관한 강연의 본보기가 되었다.[16] 베를린에서 프리드리히 슐라이어마허로부터 초월주의 원리들을 받아들였던 밴크로프트는 1854년의 강연에서 그의 정치적 신조를 다음과 같이 표명했다.

'공적인 생활에는, 현실에서 마땅히 지향해야 하는 이상이 함께 존재합니다.'

그는 역사학자의 책무란 '현실과 이상적 원칙 사이의 충돌'을 추적하는 것이라고 생각했다.[17] 이는 미합중국의 경우, 독립선언문에 언명되어 있는 미국적 사상이 구현되어가는 자취를 추적한다는 것을 의미한다. 링컨이 선출되던 해에 발간된 그의 여덟 번째 책의 후반부 몇 페이지에서 밴크로프트는 독립선언문을 전형적인 초월주의자의 언어를 사용해 설명했다.

선언문이 공표하고 있는 기본적 인권의 선언은 인간이 만든 제도들보

다 더 오래된 것이며 영원한 정의로부터 태어난 것이다. …… 독립선
언문을 작성하던 제퍼슨의 심장과 그것을 채택하던 국회의 심장은 전
인류를 위해 고동쳤던 것이다. 권리의 주장은 전 세계 모든 인류와
다음 세대들을 위해 만들어진 것이며 거기에 어떠한 예외도 있을 수
없다.

독립선언문은 '모든 곳의 모든 인종의 모든 사람들'을 향한 서약이라는
것이 바로 링컨의 신념이었다.

그러나 링컨에게 초월주의는 저명인사들이 작성한 유명한 텍스트의
문제는 아니었다. 그에게 초월주의는 스프링필드에 있는 사무실에 들어
설 때 마주치게 되는 삶과 숨결 같은 것이었다. 그는 그 사무실에서 에
머슨이 '우리들의 사보나롤라Savonarola(1452~1498, 이탈리아 수도사제, 종교
개혁자, 순교자 – 역주)'라 불렀던 가장 호전적인 초월주의자 시어도어 파커
의 제자이자 그의 파트너였던 소박한 이상주의자 빌리 헌돈과 이야기를
나누었다.[18] 헌돈은 형이상학에 열의를 지니고 있었지만 링컨은 그의
열의에 공감하지 않았다. 그것이 어쩌면 헌돈으로 하여금 링컨을 '냉정
한' 사람이라고 판단하게 만든 이유일 것이다. 요즈음에는 초월주의자
로서 자신의 뜻을 펼치기 위해 헌돈의 편지를 참조하는 사람들은 거의
없는 것 같다.

거칠 것 없는 대기 중으로 뛰어올라 그 푸근한 바닥에 앉아 쉬며 위
성과 행성과 태양과 바다와 하늘과 땅을 바라봅시다. 무엇이 보입니

까? 그곳에서 우리는 공존과 연속, 권력과 힘, 그리고 의식적으로 신을 봅니다. 그곳엔 아무런 법도 없습니다. 하지만 그러한 모든 것들은, 직접적인 근원이라 할 신의 일관된 운용에 의해 통치됩니다.[19]

그러나 헌돈이 링컨에게 떠맡긴 파커의 글은 훨씬 더 현실적이었으며 링컨이 지니고 있던 우선적인 관심사들과 많은 부분에서 일치했다. 하지만 20개 국어에 능통했던 박식한 파커는 헌신적인 애국자였다. 그는 자신이 태어난 렉싱턴의 푸른 초원에서 투쟁했던 할아버지의 정신을 이어받아 노예들이 처해 있던 곤경에 공감하고 있었다.

독립전쟁에서 나의 할아버지는 처음으로 칼을 뽑아 들었으며 나의 아버지는 처음으로 총을 쏘았습니다. 그 현장에서 흐르던 피는 지금 나의 혈관 속을 흐르고 있는 피와 동일한 것입니다. 서재에서 글을 쓸 때 내 곁에는 선조들이 거의 100년 동안 아침저녁으로 기도를 올릴 때 손을 얹었던 성서가 놓여 있습니다. 다른 한켠에는 옛 프랑스 전쟁에서 나의 할아버지가 사용했던 화승총이 걸려 있습니다. 그것은 퀘벡을 탈환할 때도 지니고 있었던 것이며 또한 렉싱턴 전투에서도 열성적으로 사용했던 것입니다. 그 옆에는 한 가지 물건이 더 있습니다. 그것은 전승기념품으로 독립전쟁의 첫 번째 전리품이며 나의 할아버지께서 거두어들인 것이기도 합니다. 이러한 상징물들을 앞에 둔 채 당시의 기억들을 머릿속에 그리고 있는데 노예 추적자들로부터 쫓기는 한 여자 노예가 나의 집을 찾아왔다면, 그녀를 받아들이고 끝까지 지켜주는 것 외에 내가 무엇을 할 수 있겠습니까?[20]

'헌법제정자들'에 대한 파커의 지극한 사랑은 그들이 남긴 최고의 유산인 독립선언문에 집중되어 있다. 독립선언문이야말로 '미국의 이상'이며 그 후의 모든 역사는 그것에 근거해 판단돼야만 하는 것이었다.

미국의 가장 위대한 정치적 이상이라 할 독립선언문은 3개의 간명한 이상들을 결합해 만든 것입니다.

1. 모든 인간은 양도할 수 없는 확실한 권리를 부여받았다.

2. 이러한 권리의 대가로 모든 인간은 평등하다.

3. 정부는 양도할 수 없는 모든 권리를 현실적으로 완벽히 향유할 수 있도록 개인을 보호해야 한다.

첫 번째와 두 번째 사상은 인간적 자각이라는 존재론적 사실을 대변하는 것으로 필수불가결한 것입니다. 세 번째 사상은 앞선 두 가지의 사상으로부터 생겨난 것으로 가장 우선되어야 할 종합적 판단입니다. 이는 감각적인 경험으로 학습되는 것이 아닙니다. 이 사상을 실제로 구현했던 정부는 한번도 없었으며 지금도 그런 정부는 없습니다.

이 세 가지 사상은 역사를 초월해 있는 것이지만, 양도할 수 없는 모든 권리들이 양도돼온 것이 현실이며 그러한 상황은 여전히 지속되고 있습니다. 현실적인 권리에 있어 평등한 사람은 그 어디에도 없습니다. 그럼에도 이 사상은 경험으로 입증될 수 있는 것이 아니라 인간 본성에 의해 증명될 수 있는 진실이며, 삼각형의 세 각의 합은 두 직각의 합과 같다는 명제만큼이나 참이지만 [육체적 감각에 근거한] 감각적인 증명은 가능하지 않습니다. 미국의 독립전쟁과 그 이후의 미국 역사는 이러한 초월주의적 명제를 경험으로 증명해 보이고 정치의 초월주의적인 이상을 조직해보려는 시도입니다.

　이러한 사상을 체계화하는 데에는 민주주의가 필요합니다. 즉 모든 사람에 의한, 모든 사람을 위한, 모든 사람의 정부라는 민주주의가…….[21]

대부분의 역사가들은 이 마지막 구절을 통해 파커가 링컨에게 영향을 끼쳤음을 인정한다. 위대한 연설가인 그는 정부를 표현할 때 '국민의, 국민에 의한, 국민을 위한'이라는 3중 후렴구를 지속적으로 사용해왔다. 헌돈은 파커의 글 속에는 그러한 형식이 여기저기 등장하며, 링컨이 그러한 형식의 글을 읽었을 것이라 확신했다.[22] 하지만 파커 사상의 실질적인 중요성을 어느 한 가지 후렴구나 이런저런 문장 속의 한 구절만으로 축소시킬 수는 없다. 두 사람의 사상은 매우 폭넓은 일치를 보이고 있는데, 그중 정치적 사상은 더 분명하게 일치를 보이고 있는 것 같다. 헌돈은 1859년에 링컨의 자전적 초고를 이끌어냈던 제시 펠의 다음과 같은 평가를 인용했다.

'나의 기억을 되짚어볼 때, 만약 이 주제(종교)에 대해 링컨의 견해를 가장 잘 대변할 만한 작가를 지명해달라는 요청을 받게 되면, 나는 시어도어 파커가 가장 적합한 사람이라고 할 것이다.'[23]

옳든 그르든 제시 펠의 이러한 판단은 링컨이 독단적인 기독교 교리를 거부했다는 헌돈의 유명한 주장과 깊은 관련이 있다. 에드먼드 윌슨이나 고어 비달과 같은 몇몇 사람들은 그것을 링컨이 비종교적이었음을 뜻한다고 받아들였다. 헌돈은 그것을 링컨이 '철두철미하게 종교적인 사람이었지만, 기독교인은 아니었다'는 뜻으로 받아들였다. 즉 초월주의자들이 존경할 만한 인물이었다는 것이다.[24]

대부분의 초월주의자들은 자라면서 배웠던 유니테리언의 관대한 교리조차도 극복한 사람들이었다. 몇몇 사람들은 철저히 기독교인이 되기를 포기했지만, 관념적인 예수와 성서에 등장하는 글귀, 교회의 교리에서 잠정적으로 표현되는 관념들을 대비시켰던 파커는 자신의 교단에만 머물러 있었다.[25] 파커는 그렇게 하여 가장 중요한 자신의 신학적 분석을 이끌어냈다. 즉 (제한된 현실에서 이상이 중요하듯) 예수가 성경에 중요한 것처럼 독립선언문 역시 헌법에 중요하다는 것이다.

기독교는 내게 신을 사랑하는 경건함과 신의 율법을 지키는 도덕으로 구성된 종교 형태를 의미합니다. 그것은 기독교 교회의 기독교가 아니며, 그 어느 종파의 기독교도 아닙니다. 그것은 인류가 찾고 있는 이상적인 종교입니다. …… 민주주의는 내게 모든 사람들의 모든 사람들에 의한 모든 사람들을 위한 정부를 의미합니다. 정당들의 민주주의가 아닌, 정의로움이 통치하는 정의의 왕국으로서 그 왕국을 건설하기 위해 모든 사람들이 갈망하고 전력투구하여 서서히 근접해가고 있는 이상적인 정부인 것입니다.

바로 여기에 미국 정치 원칙의 프로그램이 있습니다. 즉, 모든 사람은 그들의 창조주로부터 확고한 자연권을 부여받았으며, 이러한 권리는 오직 권리의 소유자만이 양도할 수 있다는 것입니다. 그렇기 때문에 모든 사람은 평등합니다. …… 그러나 그러한 목적을 위한 수단으로서 헌법이 결코 유일한 것은 아닙니다. 그것은 독립선언문에서 천명한 이상적인 정치 원칙과 남북 주민들의 현실적인 이기심 사이에 맺어진 임시적인 타협일 뿐입니다.[26]

정치적인 링컨이 온건하게 표현했던 것들을 파커는 더 강경한 용어들을 사용하여 설파했다.

'헌법위원회는 그러한 모든 것들에 대해 부끄러워했으며, 그러한 범죄 행위에 위선마저 덧붙였다. 그 위원회는 노예라는 단어 자체를 언급하려 하지 않았던 것이다.'[27]

헌돈에 의하면 링컨은 다윈 이전의 사람들이 인류의 진보를 뜻하는 용어로 사용했던 '진화evolution'에 대한 믿음이 있었다고 한다.[28] 파커 역시 이 세계가 가장 숭고한 가치인 인간의 자유를 구현하는 방향으로 나아가고 있다고 생각했다. 그는 그러한 이상을 실현하는 방향으로 나아가기 위해 네 번의 위대한 도약이 있었다고 생각했다. 즉 예수의 탄생과 프로테스탄트의 종교개혁, 뉴잉글랜드의 청교도 집단 그리고 독립선언문이 그것이다.[29] 각각의 경우에 있어 단순한 사실에 불과한 것들이 마침내는 초월적인 열망과 이상을 드러내는 것으로 표현되고 있다.

제일 먼저 어떤 기운이 나타납니다. 그것은 자유의 느낌입니다. 그것에 이어 어떤 생각이 따라옵니다. 그 생각은 하나의 사물이 됩니다. 3월에는 새싹이 움트고 5월이 되면 꽃을 피워 9월이 오면 사과가 열립니다. 이러한 것이 바로 역사적 연속의 법칙인 것입니다.

독립선언문이 채택되었다 해도 그것은 그저 더 멀리 나아갈 진보의 무대를 설치한 것에 불과할 뿐이다.

어느 한 국가가 품고 있는 이데아가 한꺼번에 실현될 것이라 기대하거나, 모든 사람이 '평등'하게 '자연권과 양도할 수 없는 권리'를 향유하도록 허락된다면 그것은 역사적인 태도가 아닐 것입니다. 하지만 그동안 그러한 방향으로 나아가는 매우 중대한 진보가 있었습니다.[30]

이것이 바로, 점진적으로 독립선언문의 방향으로 접근해가고 있다고 보았던 링컨의 생각이었다. 그 외의 다른 모든 것들(헌법까지 포함하여)을 하나의 실험으로 보았던 것은 그것이 미국 역사에 속해 있으면서도 동시에 미국 역사의 외연에 존재했기 때문이다.

우리들의 국가적 이상은 우리의 경험은 물론 여타의 모든 경험들을 넘어선 곳에 있습니다. 우리는 '거대한 공화국은 존재할 수 없다'는 역사적 금기에 도전하는 것으로 국가로서 첫발을 내디뎠습니다. 이후 우리들의 발자취를 더듬어보면 과거에 갇혀 있기를 거부했던 우리의 판단이야말로 옳은 것이었습니다. 국가의 정치적 이상은 초월적인 것이지 경험적인 것이 아닙니다. 인간의 역사는 독립선언문과 그것이 담고 있는 새로운 사상의 광범위한 표현들이 지닌 정당함을 증명할 수 없습니다. 우리의 국가는 인간의 역사를 넘어 나아가고 있으며 인간의 본성에 호소하고 있기 때문입니다.[31]

링컨은 독립선언문을 열렬히 숭배하는 사람으로 묘사되어 왔다. 파커는 초월주의자들의 시대에 그러한 태도가 얼마나 자연스러운 것이었는지를 잘 설명해준다. 그는 또한 독립선언문에 대해 링컨보다 더욱더 열광적일 수 있는 사람임을 보여주었다.

그리고 파커는 링컨과 마찬가지로 자신의 삶을 마침내 평등을 주장하는 소신을 갖고 이끌어나갔다. 그 역시 문화적으로는 경직되어 있었다. 노예제 철폐론자로서 지니고 있던 그의 선동적인 특징(그의 특징 때문에 헌돈의 노력에도 불구하고, 링컨은 파커와 동일한 견해를 갖고 있는 인물이라는 시각을 경계했다)에도 불구하고 그는 흑인의 사회적 권리에 대해 링컨만큼이나 편협한 견해를 지니고 있었다. 그를 가장 잘 파악하고 있던 전기작가는 다음과 같은 글을 남겼다.

'파커는 흑인을 지적으로나 도덕적으로 열등한 존재로 보았다. 그는 (가톨릭 신자들까지 포함하여) 유대인의 호색을 과장했던 것처럼 흑인들의 관능에 대해서도 과장했다. …… 더 나아가, 그에게 흑인은 육체적으로 혐오스러운 대상이었다.'[32]

그리고 링컨과 마찬가지로 파커는 노예문제에 대해 초기에는 관심을 보이지 않았다. 그러나 파커가 '정부에 의한 납치 법령'이라고 명명했던 1850년의 '도망노예법'은 애국적 설교자인 그로 하여금 국가가 지금까지 타협적으로 지켜왔던 생기 넘치는 사상조차 포기하고 있다고 느끼게 했다. 독립선언문을 통해 공표된 그 사상이 없었다면 미국은 도덕적 정체성이 전혀 없는 것이었다.

그러므로 파커 자신이 신봉했던 그 이상理想에 대한 이해는 링컨이 이해하고 있던 것만큼이나 불완전한 것이었다. 그러나 두 사람 모두 이상에 대한 공격이 있다는 것을 인식하고 있었으며, 그러한 공격들에 대응을 하면서 이상이 지니고 있는 함축적인 의미를 더 깊이 인식하게 되었다. 1854년에 스티븐 더글러스가 1821년의 미주리 타협안Missouri Compromise(위도 36° 30′ 위쪽의 새 영토에서는 노예제를 허용치 않음)을 취소하며 네브래스카 전역의 문을 활짝 열어 개방했을 때 파커는 슬레이브 파워 Slave Power(노예제도 옹호론자 – 역주)에 의해 촉발된 전제적인 이상Despotic Idea, 즉 미국의 이상에 배치되는 사상이 이제 막 진군하고 있으며 그 두 개의 사상 중 어느 한쪽이든 가까운 시일 내에 승리를 거두게 될 전투를 벌이고 있다고 느꼈다. 한때 협정의 기반이 되었던 평등은 이제 공공연한 도전을 받고 있으며 후퇴하고 있었다.

처음에, 노예제도는 예외적인 법령이었으며 사람들은 그 제도에 대해 사과하려 했고 또 해명하기 위해 노력했다. 그러나 이제 노예제도는 통상적인[표준적인] 원칙이며 그 제도는 보호받고 또 칭송되어야만 한다.[33]

언제나 조국의 역사편찬에 관심이 많았던 파커는 1850년대 당시의 사건들에 대해 설득력 있는 분석을 전개해나갔으며, 그러한 분석을 바탕으로 슬레이브 파워를 막아내지 못하면 그것이 나라 전역에 군림하게 될 것이라는 예측을 내놓았다. 그는 대통령의 침묵과 대법원의 동요, 도망노예법과 캔자스-네브래스카 법령 등 과거에 이루어진 조치들이 승리를 이끌게 될 것이며 그로 인해 쿠바와 아이티가 노예 영토로 편입돼 세계 시장에서 노예무역이 부활되는 한편, 자유 주들 내에서 노예 '자산'을 보호하게 될 것이라 보았다.[34]

1857년에 있었던 드레드 스콧 결정은 마지막 예측이 사실로 입증되는 데 좀 더 진전을 보였다. 만약 그 지역에서 노예가 동산이라는 것이 인정된다면 자유 주들에서도 그렇게 되어야 하는 것이 아닌가? 자산은 자산일 뿐이며 자산에 대한 권리는 고유한 것이다.

독립선언문을 무력화시키려는 슬레이브 파워의 음모에 대한 파커의 묘사는 링컨 연구자들에게는 특히 중요하다. 자신이 존경하던 사람들마저 과장된 것이라 하여 받아들이지 않았음에도 링컨은 노예와 관련된 사람들의 '공모'가 있었음을 주장했다. 랜들은 근거 없이 주장된 그 공모에 대해 '지극히 공상적이며 존재하지 않는 것'이라 했다.[35] 앨런 네빈스는 '그 어떤 법원일지라도 자유 주들 내에서 노예제도를 복원시키는 것과 같은 멍청한 짓은 감히 하지 않을 것'이기 때문에 공모론은 '우스꽝스러운 도깨비'라 했다.[36] 데이비드 자레프스키David Zarefsky는 1860년대에는 공모에 대한 비난이 일반적으로 받아들여졌다는 것을 인정하면서도 링컨의 비난이 정도를 넘어서고 있었다고 평가했다.

링컨은 공모와 관련한 논쟁에 두 가지 주요한 공헌을 했다. 그는 그 공모가 효과적으로 진행될 수 있는 합법적인 방법들에 대한 정교한 설명을 제시했으며, 그 음모에 더글러스를 연관시켰다. …… 링컨이 그 논쟁을 활용했을 때 '뉴스'가 될 만한 것은 더글러스가 음모에 관련되어 있다는 그의 주장이었다.[37]

그러나 실제적으로 파커는 더글러스를 슬레이브 파워의 대행인이라며 자주 비방했다. 슬레이브 파워의 전략과 법적인 수단에 대한 그의 묘사는 링컨의 설명보다 앞서 있었으며 모든 면에서 일치했다. 슬레이브 파워에 대한 파커의 설명에 따르면, 대법원은 대법관 태니에 의해, 대통령은 피어스와 뷰캐넌에 의해 그리고 의회는 더글러스에 의해 통제되고 있었다. 이들 네 명은 링컨이 그 유명한 1858년의 분열된 집House Divided(분열된 집은 존속할 수 없다는 주장을 폈다 – 역주) 연설을 통해 맹공을 퍼부었던 인물들이었다. 링컨은 대가다운 한 문장을 통해 공모의 과정을 규명하고, 스티븐[더글러스], 프랭클린[피어스], 로저[태니], 제임스[뷰캐넌]의 개별적인 역할 속에 내재되어 있는 음모를 간파했던 것이다.

그러나 우리는 재단이 되어 있는 목재들을 볼 때, 우리가 알고 있기로는 서로 상이한 시간과 장소 그리고 서로 다른 작업자들, 예를 들자면 스티븐과 프랭클린, 로저와 제임스 같은 작업자들이 재단한 제각각의 목재들을 볼 때, 그리고 이러한 목재들이 잘 짜맞춰지고 있는 것을 볼 때, 그리고 그것들이 어느 집 혹은 방앗간의 형태를 정확하게 만들어낼 수 있게 되어 있는 것을 볼 때, 모든 이음매들이 정확히 맞아떨어지고 서로 다른 조각들이 각각의 위치에 그 길이와 비례가 정확하게 들어맞으며 어느 한 조각도 남거나 모자라지 않고 발판조차도 빠뜨리는 법 없이 맞아떨어지는 것을 볼 때, 혹은 한 조각이 부족한 경우가 생기더라도 아직 제자리에 끼워 맞추어지지 않았지만 정확히 재단하여 어딘가에 준비되어 있는 목재가 있음을 볼 때, 그러한 경우에 우리는 스티븐과 프랭클린, 로저와 제임스가 처음부터 서로의 작업에 대해 분명히 알고 시작했다는 것, 그리고 그들 모두가 이 작업이 시작되기도 전에 함께 공통의 계획과 밑그림을 그려왔었다는 것을 믿지 않기란 참으로 어려운 일인 것입니다.

뷰캐넌이 당선되기 전에도 파커는 그 공모가 모양새를 갖추고 있었다고 보았다(1854년).

슬레이브 파워는 대통령을 조종하고 있으며 모든 공직을 차지하고 있습니다. 선출된 12명의 대통령 중 4명만이 북부 출신이며, 그들 중의 마지막 사람은 남부의 그 어떤 곳에서 추첨을 통해 뽑은 것과 마찬가지인 사람입니다. 내가 방금 언급한 피어스 씨는 지역적으로 보면 텍사스 출신입니다. 그의 의식은 텍사스적이며 단지 그의 요람이 있었던 곳이 뉴햄프셔일 뿐입니다. 9명의 대법원 판사 중 5명이 노예 주 slave states 출신이며, 대법원장인 태니 역시 노예 주 출신입니다.[38]

그리고 파커의 눈에는 더글러스가 이 비밀결사의 가장 주목할 만한 인물이었다. 파커는 캔자스-네브래스카 조례 제정 당시에 더글러스가 맡았던 역할을 언급하면서, '그 사람만큼 우리들에게 해악을 끼친 사람은 없을 것이다'라고 평했다.[39] 성직자로서 그리고 자기 분야의 전문적인 지식을 바탕으로 그는 더글러스에 대해 다음과 같이 언급했다.

'나는 성직자가 아닌 사람들 중에서, 오직 한 사람만이 절묘한 거짓말을 늘어놓으면서 끔찍한 논리를 오히려 더욱 훌륭한 논리로 만들어버리는 것을 듣게 되었습니다.'[40]

그 비밀결사가 사용할 것으로 보이는 합법적인 수단에 대해, 링컨은 파커가 제시했던 것과 같은 진행 상황을 다음과 같이 제시했다. 노예무역을 부활시키고, 북부 각 주에 노예제를 도입하며, 그 후 쿠바를 비롯한 카리브해 연안으로 노예제도를 확산시킨다. 이는 그러한 지역에서 확보된 노예 재산을 이용하여 자유 주 내에서도 유사한 재산권을 확립하기 위한 전술일 것이다. 링컨과 파커는 (더글러스가 변호를 담당했던) 드레드 스콧 판결에서 보여준 판사 태니의 틀에 박힌 논조가 훗날 자신들에게 도움이 될 것이라 생각했다.[41] 링컨은 판사 태니가 사용했던 구문들을 되짚어보는 것을 통해 그 판결에 내재된 논리를 추적해나갔다.

그 어느 주의 헌법이나 법률도 미합중국의 헌법에 뚜렷하게 확언되어 있는 권리를 파괴할 수는 없다.

'노예 자산의 권리는 [태니의 말을 인용] 미합중국의 헌법에 명백하고 뚜렷하게 확언되어 있다.'

그러므로 그 어느 주의 헌법이나 법률도 노예 자산의 권리를 파괴
할 수는 없다.

파커도 역시 이것이 법원의 방침이었음을 확신했다.

첫 단계는 북부의 모든 주에 노예제를 확립시키는 것이며, 드레드 스
콧 판결은 이미 노예제를 모든 영토 내에 들여놓았다. …… 나는 대
법원이 분명 [후속] 판결들을 내놓을 것임을 전혀 의심하지 않고 있
다.[42]

판사 태니는 단지 다른 지역을 여행하는 것만으로 노예 자산에 대한 권
리가 상실되지는 않는다고 했다. 논리적으로 따져보았을 때, 북부 지역
을 여행할 때 왜 기본적인 권리를 포기해야만 하겠는가?
　최근의 역사가들은 링컨이 공모에 대한 이야기를 과장했거나 특별히
항변했을 것이라 비난하지는 않는다. 예를 들어, 뷰캐넌 대통령이 비밀
리에 대법원과 의견을 나누었으며, 드레드 스콧에서 이루어질 판결을
예측해 자신의 행동과 말을 조절하고 있었다는 것은 이제 널리 알려져
있으며 그것은 바로 링컨이 분열된 집 연설에서 거론했던 주요한 논점
이었다.[43] 현대의 역사가인 케네스 스탬프Kenneth Stampp의 말은 그 자
신이 공모에 가담하고 있었던 것처럼 들린다.
　'그러므로, 세 명의 남부 출신 [대법원] 판사들과 한 명의 고분고분한
북부 출신 판사 그리고 대통령 당선자[뷰캐넌]가 비밀리에 드레드 스콧을

160

사법적 정치라는 게임의 볼모로 삼았던 것이다.'44

게다가 노예제를 카리브해 연안으로 확산시켜 노예무역을 부활시키려는 압력도 실제로 있었다.45 링컨은 노예제를 남부 거점으로만 제한하게 되면 소멸의 단계로 접어들 것이며, 파커가 이야기했던 것처럼 '포탄을 퍼부어 졸아들 수 있게' 될 것이라 주장했다.46 반면 남부인들 스스로는 남부와 서부로 노예제를 확장시키려 안간힘을 씀으로써 이러한 생각에 근거가 있음을 입증했다. 제임스 오크스James Oakes는 남부 지역주의 기득권을 반영하는 한 방편으로 경제적으론 불가피하게 노예제가 확산되어야 함을 주장한다.

> 멕시코와의 전쟁, 카리브해 연안에서 발생한 제왕적인 오만한 작태, 캔자스와 네브래스카에서의 '국경 무력화' 등을 정당화시키기 위해 노예 경제의 필요성과 노예 소유자의 권리가 전면에 부상하게 되었다. …… 1850년대까지 자유노동 이론가들 사이에서 노예제도는 부정적인 평가의 대상이었다. 그것은 절박한 위협이었다. …… 또한 수세기에 걸친 서방세계의 역사 속엔 노예제를 확산시키려는 식지 않는 탐욕이 있었음을 알 수 있다.47

오크스의 더욱 자세한 분석은 파커가 제시한 하나의 이미지로부터 논거를 제공받고 있다.

> 유대교의 랍비가 들려준 옛이야기에 따르면, 노아의 대홍수가 있기

전에 고그라는 이름의 엄청나게 큰 거인이 살았다고 한다. 홍수로 물이 차올라 방주에 승선한 사람들 외에는 모두 다 익사해버리고 나자 고그는 '위대한 공화국'의 돛대만큼이나 길다란 지팡이를 짚고 노아의 방주를 성큼성큼 따라왔다. 물은 겨우 그의 허리께 정도까지 차있었지만 밤낮으로 비가 쏟아져 내려 언덕 꼭대기를 뒤덮으며 계속 불어나고 있었다. 그 거인은 족장을 향해 소리를 질러댔다. 노아는 창문 밖으로 고개를 내밀고 '거기 누구요?' 하고 물었다. 고그는 '나요. 좀 태워주시오. 밖은 비가 온단 말이오!'하고 대답했다. 노아는 '안 되오. 당신은 너무 커서 태워줄 자리도 없소. 게다가 당신은 성질이 고약하잖소. 당신은 아주 위험한 승객이고 방주 안에서 말썽을 피울 것 같으니 태워줄 수 없소. 정히 타고 싶다면 꼭대기에나 올라타시오.' 이렇게 말하고는 창문을 세게 닫아버렸다. 고그는 '빌어먹을! 어쨌든 나는 타고야 말거야.' 하며 투덜거렸다. 그는 물살을 헤치고 방주 뒤를 성큼성큼 따라가 방주의 꼭대기에 올라탔다. 그가 두 다리를 좌현과 우현에 걸치고서 자기 마음대로 방향을 조정하기 시작하자 방주 안의 분위기는 험악해졌다. 이와 마찬가지로 헌법을 제정할 때 우리는 명백한 용어를 사용하여 노예제를 수용하지 않으려 했다. 노예제는 너무나 추한 것이었다. 하지만 우리는 노예제가 헌법 위에 두 다리를 쩍 벌리고 걸터앉도록 허용했으며 이제 노예제는 우리를 마음 내키는 대로 조종하고 있다.[48]

링컨도 노예제도를 두고서 우물쭈물하는 것은 미국 역사의 커다란 약점

162

이라고 생각했다.

> 노예제도 외에 미국의 존재를 위협해왔던 것이 또 있었던가? 우리가
> 가장 소중하게 간직하는 것은 무엇인가? 우리의 자유와 번영이 아니
> 었던가. 이 노예제도 외에 그 어떤 것이 우리의 자유와 자산을 위태
> 롭게 했던가? 그렇다면 노예제도를 확대시키고, 또 그것을 영토 밖
> 으로 퍼뜨려 확고하게 만드는 것으로 상황을 개선시킬 수 있을 것인
> 가? 당신의 몸에 암 덩어리가 퍼져 있어 죽기를 각오하지 않고서는
> 그것을 퇴치할 방법이 없을 수도 있다. 분명한 것은 그 암 덩어리를
> 몸에 이식해 온몸에 퍼지도록 해서는 안 된다는 것이다. 그것은 절대
> 치료 방법이 될 수 없다.

일리노이 주 상원의원인 더글러스가 민주당의 지도자인 뷰캐넌 대통령
과 리콤프턴 헌법Lecompton Constitution(잔류 당원들의 전당대회에서 작성된 캔
자스 주의 노예제도 찬성 법안) 문제로 결별했음에도 링컨은 더글러스를 줄곧
노예제도를 지지하는 공모자의 한 사람으로 취급하여 비난을 받았다.
　정신분석 전기작가들은 지금까지 살펴본 것처럼, 이것은 가까운 경
쟁자로서 더글러스를 '살해'하고자 하는 링컨의 오이디푸스적인 충동을
드러내는 것이라 주장한다. 그러나 파커는, 더글러스가 우스꽝스럽게
보일 만큼의 극단적인 방법을 통해 자신이 속해 있던 당과 의견 대립을
보일 때조차도 그를 믿을 수 없다고 표명한 것으로 보아, 그러한 불신
이 링컨에게만 한정된 개인적 강박관념이 아니었음을 알 수 있다.[49]

만일 더글러스가 대통령이었다면 그는 뷰캐넌처럼 처신했을 것이며 오히려 더 심했을 수도 있습니다. 그는 노선을 변경하지 않으면 [상원의원에] 재선될 수 없다는 것을 알고 있었습니다. 그래서 행동방침을 수정하고 일시적으로 자유에 호의를 보이지만 그 원칙들에 대해서는 호의적이지 않습니다. …… 항간에 '개에게는 어떤 돌을 던져도 괜찮다'는 말이 있지만, 그러나 이 돌은 서서히 높이 날다가 방향을 바꾸어 마침내는 여러분이 겨냥했던 것이 아니라 방어하려 했던 것을 맞추게 될 것입니다.[50]

더글러스는 뷰캐넌과의 결별을 부드럽게 포장하기 위해 리콤프턴 헌법을 본질적인 이유보다는 (실제적으로 선호하고 있는 것을 적절히 표현하지 않았기 때문에) 절차상의 이유를 들어 공격했다. 그는 자유롭게 투표를 하는 것이라면 노예제도에 대해 어떻게 투표를 하든지(부결을 시키든 통과를 시키든) 개의치 않았다는 것이다. 링컨은 '나는 개의치 않는다'라는 식의 표현을 더글러스 옹호자들이 편파적이라 생각할 정도로 적절히 활용했다.[51]

하지만 링컨은 많은 사람들이 전략적인 이유로 슬레이브 파워의 극단적인 조치에 반대했을 때조차 노예제도 자체를 잘못된 것이라 말하려는 것이 아님을 강조했다는 사실을 개탄했다. 남부에서는 영토 내에서 노예제도에 반대하는 연설을 금지시켰으며, 그러한 '함구령'을 북부 지역으로 확산시키려 노력했다. 침묵을 통한 암묵적 동의, 일종의 공모를 강요했으며 공개적으로 노예제도에 반대하는 사람을 시민들을 선동하

는 부류로 치부했다.[52]

그리고 만약 여러분 가운데 민주당원으로서 자신이 '그 어느 누구보다 노예제도를 반대하고 있다'고 생각하는 사람이 있다면, 나는 그와 논리적으로 토론하고 싶습니다. 여러분은 노예제도를 결코 잘못된 것이라 생각하지 않습니다. 여러분이 어떤 일이 잘못된 것이라 생각할 때 노예제도처럼 다루고 있는 것이 또 있습니까? 여러분은 노예제도가 잘못된 것이라 말하지만 여러분의 지도자는 절대 그렇게 말하지 않습니다. 그리고 여러분은 노예제도가 잘못된 것이라고 말하는 사람들과 언쟁합니다. 여러분이 그렇게 말하려고 해도 노예제도가 잘못된 것이라고 할 수 있는 적절한 장소가 없습니다. 여러분은 자유 주에서는 노예제도에 대해 그 어떤 말도 해서는 안 됩니다. 그곳엔 노예제도가 없기 때문이지요. 또 여러분은 노예 주에서도 노예제에 대해 그 어떤 말도 해서는 안 됩니다. 그곳엔 노예제도가 있기 때문입니다. 연단에서도 노예제도에 대해서는 아무런 말도 해서는 안 됩니다. 왜냐하면 그것은 종교이며 노예제도와 아무런 관계도 없기 때문입니다.

파커는 함께 토론하기엔 너무나도 '선동적이라' 여겨지는 문제에 가하는 사람들의 똑같은 협박에 비난을 퍼부었다.

슬레이브 파워는 남부의 노예들과 노예 소유주들 그리고 북부의 민주당을 그렇게 통제하여 워싱턴에 있는 정부를 쉽게 다루었습니다. 연방정부의 관료들은 서로 다른 줄무늬를 통해 휘그당원과 민주당원 등으로 구별되었습니다. 그들은 모두 똑같은 주인을 섬기고 있었으며 똑같은 손등을 핥고 있었습니다. 그렇게 해서 이 국가를 통제했습니다. 그것은 거대한 세 개의 종파를 침묵하게 만들었습니다. (명칭은 셋이지만 본질상으로는 하나인) 미국 교회의 주요 목회자들은 노예제도에 반대하는 이야기는 전혀 하지 않았습니다. 전도지협회Tract Society도 '모든 악행들'을 감히 힐난하려 하지 않았으며, 성서공회Bible Society도 노예를 위해서는 '하나님의 말씀'을 전혀 들려주지 않았습니다. '계시받은 종교' 역시 노예들에게는 계시를 내리지 않았습니다. 교과서의 저자들은 '그들을 먹여 살리는 그 손을 기억'했으며, 나라를 파멸시킬 만큼 위협적인 국가적인 범죄에 대해서도 감히 한마디의 말도 하지 못했습니다. 지구상의 그 어느 나라에도 이와 같은 공론의 사회적 폭압은 없었습니다. …… 미국의 민주당원들은 자신의 입을 쇠실로 꿰매버린 것입니다.[53]

파커와 같은 초월주의자에게, 이처럼 미국의 평등사상을 표현하지 못하고 억압당하는 상황은 쓰라린 패배와 같은 것이었다. 사람들이 표현하기를 두려워한다면 이상에 다가가고자 하려는 노력이 결실을 맺을 수 있겠는가? 만약 더글러스가 인간의 평등에 관심이 없다는 것을 공언해야지만 대통령에 선출될 수 있다고 생각한다면, 경쟁은 이미 끝난 것이나 다름없었다. 링컨은 그 공모(음모)를 별다른 의식을 갖추고 있지 않은 몇몇 대리인들이 자행하고 있다고 말했다. 만약 더 많은 사람들이 암묵적으로 공모하게 되고 또 그것에 반대하는 목소리를 내지 않는다면 그것은 성공하게 될 것이다.

이것으로 보아 나는 (동기에 대해서는 전혀 의심하지 않지만) 더글러스 판사가 [드레드 스콧의 판결과 유사한] 결정이 내려졌을 때, 대중들이 용납하도록 매우 교묘하고도 강력하게 준비하고 있으며, 더 나아가 더욱 다양한 방식을 동원하여 그렇게 몰고 가려 하고 있음을 정정당당하게 주장해야 한다고 생각합니다. 자유에 관한 이러저러한 의견 표명과 다음과 같은 주장들 속에 그러한 점이 드러나 있습니다. '노예제도가 가결되건 부결되건 개의치 않는다'는 것, '노예제도를 원하는 사람은 누구든 그것을 누릴 권리가 있다'는 것, 또 '평등의 원칙에 따라 노예제도는 어느 곳에서든 허용되어야만 하며' '노예 자유 법령과 노예 소유 법령 사이엔 아무런 일관성도 없다'는 그의 주장에서 드러나 있는 것입니다.

여기에서 또한 (의도적이든 아니든) 그가 노예제도를 나라 전역으로 확산시키기 위한 법령을 준비하고 있다는 것을 알 수 있습니다. 오해가 생기는 것을 원치 않기 때문에 다시 한 번 말하지만 나는 그가 진심으로 그런 뜻을 지니고 있다고 비난하는 것이 아닙니다. 하지만 여러분에게 다음과 같은 질문을 되새겨보기를 권합니다. 만약 여러분이 최선의 수단을 찾아내려 하고 있으며, 그것을 매우 현명한 방법으로, 노예제도에 대한 혐오를 드러내고 있는 자유 주 내에서 실행되고 있는 운동을 대중이 받아들이도록 준비시키는 데 더글러스 판사와 같은 유능한 수단을 찾아낼 수 있으리라 생각하십니까? 혹은 그러한 일을 하는 데에 그토록 교묘한 사람을 활용할 수 있으리라 생각하십니까?

사회적 화합이라는 명목하에 평등에 대한 믿음을 지닌 사람들이 그 신념(그리고 그 신념의 표출)을 버리도록 요구받는 곳에서는 국민에 의한 정부가 존재할 수 없다. 더글러스는 링컨의 논리에 맞서기 위해 축포를 막아버리고 도덕의 등불을 꺼버릴 것을 우려했던 헨리 클레이의 말을 인용했다. 그러나 링컨은 미국적 신조의 표현을 포기하는 사람보다 그러한 두 가지 일을 더 효과적으로 할 수 있는 사람이 있을지를 물었다.

그리고 나는 진심으로 이렇게 생각합니다. 이전의 행사에서 말했던 것이지만 거듭 말하자면, 더글러스 판사와 그를 추종하는 사람들은 독립선언문 내에는 아무리 하찮은 것일지라도 흑인에게 돌아갈 몫은 전혀 없다고 가르치는데, 그것은 자유와 독립을 위해 싸웠던 시대로 우리들을 되돌아가도록 하는 것이며, 그 자신의 힘을 다해 해마다 기쁨에 겨워 울려퍼지는 대포의 주둥이를 막아버리는 것이며, 또한 노예를 원하는 사람이라면 누구라도 노예를 소유할 권리가 있다고 주장하여 우리 주변을 밝히고 있는 도덕의 등불을 꺼버리는 것이며, 모든 가능한 수단을 동원하여 그가 지닌 막강한 영향력을 바탕으로 대중들의 마음속에 노예제도를 영원히 그리고 국가적으로 받아들이도록 만들어놓게 될 때 그는 자신의 권력이 미치는 한, 인간의 영혼을 침범하여 이성의 불빛과 자유에 대한 사랑을 뿌리째 뽑아버리고 있는 것입니다.

'대중들의 마음을 준비시키는 것'은 초월주의 시대에는 매우 중요한 일이다. 평등이라는 관념의 바탕 위에 침묵을 지키거나 남을 침묵시키는 것은 그 명제에 바쳐진 한 나라에게는 궁극적인 자기 배신이다. 만약 미국이라는 국가를 위한 정통성을 지닌 연합의 유일한 기반이 독립선언서에 명시되어 있는 미국적 사상이라는 링컨과 파커의 전제를 받아들인다면, 링컨이 분열된 의회로 인한 위기를 과장했던 것만은 아니다.

링컨이 게티즈버그 연설에서 고결함과 이상과 간결함을 이룩해낼 수 있었던 것은 그 자신이 1850년대의 대부분의 시기를 그 시대의 가장 민감한 문제들과 더불어 독립선언문의 위대한 원칙과 끊임없이 연관시키며 보냈기 때문이었다. 만약 모든 사람이 평등하게 태어난 것이라면 그들 스스로 자산이 될 수는 없는 일이다. 사람은 그를 소유하는 군주에 의해 지배될 수 없다. 그들은 최소한의 의미에서도 자기 자신의 소유자로서 스스로를 다스려야만 한다. 만약 한 국가가 국가적 신념에 의해 유지되고 그것을 표명하며 또 그것을 시험하고 그것을 위해 죽어간다면, 사람들의 평등은 부인될 수 없는 것이다.

이러한 모든 문제들이 그의 연설에 담긴 함축적인 표현 속에 내포되어 있다. 더 구체적인 사례들이 언급될 필요조차 없다. 다시 말해 자유롭게 국가의 이상을 표명해온 국가라면 오랜 시간에 걸쳐 어느 특정하거나 제한적인 개혁들, 심지어 노예해방만큼 중요한 개혁들을 넘어서는 방식으로 국가의 이상에 다가가기 위해 자주적인 노력을 기울여왔기 때문이다. 이상으로 다시 돌아가는 것은 혼란스러운 특별한 사건으로부터 탈출하는 것이며 오랫동안 품어온 평등과 자치라는 과업으로 복귀하는 것이다.

4장

사상의 혁명

···

링컨과 시어도어 파커의 사상이 매우 비슷하기는 했지만 그들 사이에도 뛰어넘을 수 없는 장벽이 가로놓여 있었다. 파커는 합중국이 분리되는 것에 대해 양심의 가책을 전혀 느끼지 않았다. 그는 남부의 악영향이 북부로 널리 퍼져나가는 것보다 남부의 11개 주가 탈퇴하는 것이 더 낫다고 생각했다. 그러한 전염병이 더욱 광범위하게 퍼지게 된다면 합중국은 보존할 만한 가치가 없다고 생각했던 것이다. 존 브라운John Brown의 개혁운동을 지지하기 위한 기금을 모으기도 했던 파커는 더 이상 슬레이브 파워의 공격을 감수하기보다는 오히려 필요하다면 폭력적인 방법을 통해서라도 남부 11주의 분리를 수용하려 했다.

시간이 지날수록 더욱더 광적으로 진행되던 파커의 노예제 폐지운동은 강연회와 출판, 조직결성과 기금모금 등으로 건강을 잃게 된 1850년대 후반에 이르러 그 정점에 도달했다. 병을 치료하기 위해 해외에 머물던 1860년에 그는 50세의 나이로 사망했으며 합중국이 갈라서는 것을 볼 수는 없었다. 링컨이 1858년의 토론에서 더글러스를 탄핵하지 않고 오히려 전략적으로 대처한 것에 낙담했지만, 그는 에머슨처럼 노예해방선언Emancipation Proclamation 무렵까지는 여러 사안들에 대한 링컨

172

의 견해에 동조했던 것 같다.[1] 파커 자신이 대통령 후보로 지지했던 윌리엄 수어드는 그 무렵 가까운 조언자이자 후원자 역할을 맡아 링컨의 내각에 참여했다.

파커는 현실정치인들은 자신과 같은 자유로운 활동가들만큼 투철해질 수 없다는 것을 깨달았다. 그는 다음과 같은 말로 수어드의 전술적인 책략을 관대히 눈감아주었다.

> 나는 노예제를 반대하는 사람들이 정치인들에게 언제나 공정하게 대하지는 않았다고 생각한다. 왜 그럴까? 개리슨과 필립스 그리고 나와 같은 사람들은 자신이 지니고 있는 생각을 있는 그대로 다 밝힐 수 있다. 내가 책임져야 할 사람도 없고 또 나를 책임져야 할 사람도 없기 때문이다. 그러나 섬너와 수어드 그리고 체이스 같은 사람들은 자신의 생각을 모두 다 드러내는 것이 쉽지 않다. 그들에게는 지켜야 할 지위가 있으며 또 그들은 그 지위를 유지해야만 하기 때문이다.[2]

그러나 파커의 입장에선 결코 용서해줄 수 없는 정치인이 한 명 있었다. 그는 그 정치인을 뉴잉글랜드 최악의 배신자로 여겼다. 그 정치인은 링컨이 자신의 정치 생활 동안 스타일과 토론법의 모범으로 삼았던 대니얼 웹스터였다. 헨리 클레이가 1850년의 타협안을 제시했을 때 웹스터는 그 안을 지지했으며 수어드는 반대했다. 그 복잡한 5개 법안의 일부는 도주노예에 관한 법령이었다. 파커의 견해로는 슬레이브 파워에게 제공하는 그 양보를 상쇄할 만한 것은 아무것도 없었다. 웹스터가 살아있던 마지막 두 해 동안, 파커는 웹스터의 명성을 키워주었던 퍼네일 홀Faneuil Hall을 떠들썩하게 만들며 고향인 보스턴에서 그를 끈질기게 괴롭혔다. 1852년에 웹스터가 사망했을 때, 사람들은 파커의 교회로 몰려들었다. 그곳에서 추모제가 열릴 것이라 알려졌고 사람들은 파커가 웹스터의 초기 공적들을 추모하며 자신의 마음을 누그러뜨릴 것인지가 궁금했던 것이다.

파커는 3시간에 걸친 연설에서 냉소적인 찬사를 퍼부으며 웹스터를 조금씩 조금씩 더 어둡게 묘사하는 것으로 그곳에 모인 사람들을 공포스러운 주술 속으로 몰아갔다.

사람들이 대니얼 웹스터를 존경했을까요? 나는 진심으로 그를 존경했습니다. 그가 플리머스 록Plymouth Rock에 우뚝 서있을 때 나는 열 살짜리 소년이었습니다. 내 어린 가슴에 낭랑하게 울려 퍼졌던 그의 명징한 말들을 결코 잊을 수가 없습니다. 그가 그리스를 옹호하는 용기에 찬 말들을 토해낼 때 나는 아주 어린 소년이었을 뿐이었습니다. 그 위대한 지성인의 입을 통해 나는 노예제를 증오하게 되었지만 이제 그는 자신의 말을 거두어들였으며 스스로 노예제의 노예가 되어 있으니 나는 노예제를 열 배나 더 증오하게 되었습니다. 노예제가 당당하고 굳센 성품을 지닌 그를 노예로 만들어버렸기 때문입니다.[3]

클레이와 웹스터 두 사람 모두를 존경했던 링컨은 1850년의 타협안에 대해 반대하지 않았다. 파커는 슬레이브 파워의 고질적인 세몰이가 그

해부터 시작되었다고 추정했다. 링컨은 더글러스가 1854년에 캔자스－네브래스카 법안을 통과시키는 것과 더불어 마지막 맹공이 펼쳐졌다고 생각했다. 파커는 링컨이 1850년의 도망노예법의 폐지에 분명히 못 박지 않았던 것 때문에 더글러스에 맞서는 링컨의 행위에 대해 실망하고 있었다. 그것은 물론 어느 정도는 링컨의 선거구와 관련된 문제이기도 했다. 그 타협안의 작성자인 헨리 클레이는 일리노이 주의 정치계에서 무시할 수 없는 인물이었으며 더글러스는 1858년에 클레이의 정치적 보호막을 획득하기 위해 링컨과 싸웠던 것이다. 링컨은 1852년에 클레이가 죽었을 때 유장하고도 야심에 찬 추도사를 낭송했다.

그러나 링컨에게는 클레이와 웹스터의 업적을 기리려 하는 자신의 원칙과 관련된 문제도 있었다. 부분적인 타협들을 이끌어내던 그 시기에 두 사람의 모든 정책과 전술은 오로지 합중국을 유지하겠다는 노력에 집중되어 있었던 것이다. 링컨은 분열 없이 국가를 유지하기 위해서는 남부에 일시적인 양보를 함으로써 노예제를 반대하는 입장을 견지할 수 있음을 그들이 증명해냈다고 생각했다.

더글러스와는 달리 링컨이 포기하지 않았던 것은 꼭 필요하다 할지라도 노예제도를 변함없는 악惡으로 규정지어 놓는 것이었다. 링컨은 자신의 정치 이력과 유사한 공간을 확보했던 사람으로서 클레이를 칭송했다. 링컨의 입장에서 바라본 클레이는 국가를 기세 좋게 분열시킬 준비가 되어 있는 노예제 철폐주의자들이나 노예 소유자들을 달래기 위해 선언문에 담겨 있는 명백한 의미를 부인하려는 사람들을 동시에 반대한 인물이었다.

노예제도가 지속적으로 축소되어야 함에도 여러 주들의 연합체인 합중국을 여러 갈래로 조각내고 모두 다 존중하고 있는 헌법을 갈가리 찢어버리며 심지어는 마지막 남은 성경마저도 불태워버리려 하는 그들은 자신들에게 동조하는 사람들과 더불어 합당한 비난을 받아왔으며 지금도 받고 있습니다. 그리고 클레이 씨의 명성과 견해, 영향력은 내가 믿고 있듯이 충분하게 효과적이면서도 지속적으로 그러한 사람들의 견해에 반대해왔습니다. 하지만 나 또한 할 수만 있다면 그의 명성과 견해, 영향력을 앞세워 극단적인 반대자들에 맞서고자 합니다. 노예제도를 영구히 유지하기 위해 '모든 인간은 자유롭고 평등하게 태어났다'고 선언한 순백한 자유헌장을 공격하고 조롱하며 점점 그 수를 늘려가고 있는 그 사람들에게 맞서고자 합니다.

클레이와 웹스터는 링컨을 지지하고 있던 휘그당원들에게는 상징적으로 중요한 인물들이었다. 출신 지역이 다르고, 기질적으로 차이가 있으며, 비슷한 야망을 품고 있어 경쟁자 관계에 있었지만 그들은 클레이 같은 노예를 소유하고 있는 남부인사가, 웹스터와 같이 청교도단을 찬미하는 뉴잉글랜드의 인사와 국가를 하나로 유지하는 방법을 찾아내는 것이 중요하다는 점에서 의견을 함께할 수 있다는 희망을 제공했다. 클레이는 마치 화사한 백로처럼 조심스럽게 정치적 수렁을 헤쳐나갔지만 웹스터는 변덕스러운 황소처럼 그 자신은 물론 남들에게도 진흙을 튀겨대며 달리듯 나아갔다. 그러나 그들은 각자의 고유한 방법을 통해 공유할 수 있는 구역에 이르렀으며 링컨은 통합된 노력으로 만들어진 그 마지막 공간을 위태롭게 만드는 것이 싫었던 것이다.

켄터키 출신으로서 또 미주리 주와 인접한 주에서 정치 경력을 가꾸어온 사람으로서, 링컨은 자신의 선거구민들 앞에서 클레이를 언급하고 칭송하는 것이 더욱 유용하다는 사실을 알게 되었다.[4] (그의 진영에 속하는 파커는 웹스터를 변절한 뉴잉글랜드인이라는 이유로 통렬히 비난했으며, 노예 소유자에게서 정치적인 수완을 전혀 기대할 수 없다는 이유로 클레이는 철저히 무시해버렸다.) 그러나 웹스터는 연합이라는 개념의 중요성을 강조하고자 했던 링컨에게 필요한 논거들과 추론을 제공해주었다.

오늘날까지도 링컨이 연합에 대해 일종의 신비론적인 애착심만을 지니고 있었을 뿐 연합을 위한 실질적인 논거들은 없었다고 생각하는 사람들이 있다. 남부 사람들은 링컨이 강압적으로 통일을 유지시키려는 것보다 자신들이 주장하는 남부 11주의 연합 탈퇴가 더욱 합당한 논거들을 지니고 있다고 생각하여 링컨을 공격했다. 남부연방의 부통령이었던 알렉산더 스티븐스는 링컨의 태도는 세속적인 논증을 통해 접근할 수 없는 것이라는 견해를 공식화하는 데 영향을 끼친 인물이었다.

'그가 말하는 합중국은 그 정서에서 종교적 신비주의의 절정에 이르러 있다.'[5]

그러나 비록 북부인이라 할지라도 휘트먼 같은 사람은 '그 사람[링컨]에게 열정 혹은 깊은 관심사와 같은 것이 단 한 가지 있었다면 그것은 여러 주들로 합중국을 만들겠다는 열망뿐이었다'고 생각했다.[6] 에드먼드 윌슨도 링컨에 관련된 자신의 에세이(후에 남북전쟁에 관한 책에 수록됨)를 '종교적 신비주의로서의 합중국'이라 부르는 것으로 오랜 관습을 따르고 있었다.

그럼에도 링컨은 합중국the Union의 변론에 필요한 많은 논리들을 웹스터의 연설로부터 끌어다 썼으며 웹스터를 신비주의자라고 여기는 사람은 거의 없었다. 그는 당대의 대표적인 헌법 법률가로 인정받고 있었다. 그는 대법원에서 180가지의 소송을 담당했으며 그중에는 미국 역사상 가장 유명한 헌법 소송들도 포함되어 있었다. 사실, 그는 다트머스 대학과 우드워드 소송(1818), 매컬러프와 메릴랜드 소송(1818), 기번스와 오그던 소송(1824), 오그던과 손더스 소송(1827), 스위프트와 타이슨 소송(1842), 루서와 보든의 소송(1849) 등 존 마셜이 판결을 내렸던 것만큼이나 많은 기념비적인 소송에서 변론을 펼쳤다.[7] 시어도어 파커는 웹스터의 법률적 재능을 폄하하면서, 그가 대법원에 있는 자신의 친구인 조지프 스토리 판사(마운트 오번 묘지의 봉헌자)로부터 법률적 판단을 많이 빌려다 썼다고 했다.

그가 현재 누리고 있는 명성은 주로 변호사로서, '헌법 해설자'로서의 업적에 기인한 것임을 알고 있습니다. 하지만 불행하게도 나로서는 [웹스터의 업적을 기리는 데에] 그의 헌법적 논거들 중 얼마나 많은 부분들이 웹스터 선생 자신의 업적인지, 작고한 스토리 판사의 업적인지 참으로 판단하기 어렵습니다. 1816년에서 1842년까지 웹스터 선생은 자신의 두레박이 메마를 때마다 법률 지식이라는 깊고도 풍부한 우물에서 물을 퍼올리곤 했습니다. 스토리 판사는 웹스터 선생이 자신의 연설에 천둥이 필요할 때, 그리고 자신만의 공공 법률 물탱크를 채워줄 개인적인 빗물이 아쉬울 때 자주 찾았던 비의 신 주피터 플루비우스Jupiter Pluvius였습니다.[8]

스토리와 웹스터가 각각 대법관과 법정에서 변론을 담당하는 상원의원으로서 지금이라면 상상조차 할 수 없는 방식으로 협력을 했다는 것은 분명한 사실이다. 그러나 그것이 헌법 전문가인 웹스터의 자격을 훼손하는 것은 아니다. 스토리는 당대 최고로 인정받는 학구적인 헌법 해석자였다. 그는 대법원에 봉직하고 있는 동안에도 하버드 대학에서 법과 교수직을 유지하고 있었으며, 그 강좌의 결과물이라 할 세 권짜리 헌법 주석서는 1830년대에 커다란 반향을 일으켰다.

링컨 역시 스토리 판사의 주해서를 알고 있었으며 그것을 활용했다.[9] 스토리 판사가 웹스터의 주요 연설문들을 발표하기 전에 미리 읽고 내용을 보강해주었다는 (확실한) 소문이 있었다 하더라도 헌법에 관한 권위자로서 웹스터의 평판에는 아무런 영향을 미칠 수 없었다.[10]

헌법에 기초한 연합과 관련된 웹스터의 독트린은 남부 출신인 존 칼훈의 견해를 변호하며 형성된 매우 민감한 소송 건에 대응하기 위해 만든 것이었다. 1820년대 후반과 1830년대 초반에 걸쳐 칼훈과 웹스터는 지적인 다툼에서 서로 재치있는 공방을 주고받았으며, 이러한 공방은 그 후 30년에 걸친 논박의 시작이 되었다. 두 사람의 경쟁은 자신들의 걸작을 촉발시키게 되어 칼훈은 《정부에 관한 논고Disquisition on Government》를, 웹스터는 〈헤인에게 주는 답변Reply to Hayne〉(1830)을 발간하게 되었다.

이 두 사람의 논쟁을 링컨이 어떻게 생각했는지에 대해서는 잘 알려져 있다. 비록 그는 지역적 화합을 고려하여 남부 사람들 개개인에 대한 공격을 삼갔지만, 다음의 글은 남부의 '형이상학자'인 칼훈을 겨냥하여 작성한 것이다. 철학자인 그의 '의견이 일치하는 다수'라는 이론은 사실 다수에 의한 거부 체제였다.

그들은 흑인들을 감옥에 가두어놓고 몸을 샅샅이 수색하여 문을 열수 있는 도구는 전혀 남겨두지 않았습니다. 그들은 그 무거운 철대문들을 하나씩 닫아버리고, 언제나 그랬던 것처럼 100개의 열쇠가 필요한 자물쇠를 걸어 흑인들을 가두어놓았습니다. 그 자물쇠는 모든 열쇠들이 '일치'하지 않고서는 절대로 열리지 않는 것입니다. 100명의 서로 다른 사람들의 손에 열쇠를 쥐어주었고 그들은 100군데의 멀찍한 장소로 흩어져버렸습니다. 그들은 이제 가만히 멈춰 서서, 어떤 장치를 만들면 정신적으로나 신체적으로 완벽하게 통제하여 지금보다 더 확실하게 흑인들이 절대로 도망갈 수 없게 할 수 있을 것인가를 곰곰이 생각하고 있습니다.[11]

웹스터에 관한 링컨의 견해는 사뭇 다른 것이었다. 그는 〈헤인에게 주는 답변〉을 미국의 가장 위대한 연설이라고 생각했으며, 자신의 분열된 집 연설과 첫 번째 취임연설을 작성할 때 참고했다.[12] 그것을 참고했다는 흔적은 게티즈버그 연설을 포함한 링컨의 여러 연설들에서도 발견된다. 링컨이 독립선언문 외에 그만큼의 친밀감과 존경심을 보이며 활용한 텍스트는 찾아보기 힘들다. 웹스터의 연설문이 도처에서 출간되고 인용되고 칭송되던 1830년대에 지적인 기반을 다졌던 사람에게 이것은 놀라운 일이 아니다. 책자로 출간된 판본은 주제들과 특별한 관련이 있는 서부 지역을 중심으로 적어도 십만 부가 배포되었다.[13]

웹스터가 거둔 위대한 성과는 그 자체로는 사소한 문제라 할 수 있는 1930년의 서부 지역 측량에 관한 의회의 명령에서 비롯되었다. 그러나 서부는 노예주의자들과 자유주의자들이 파벌을 이루어 다투던 지역이었으며, 1828년에 칼훈은 남부가 모욕적으로 여기는 법률들은 무효화할 수도 있다며 으르렁댔다. 그러나 칼훈은 1830년 상원에서 있었던 논쟁에서 직접 웹스터와 상대할 수는 없었다. 그는 당시에 앤드루 잭슨의 부의장으로 봉직하고 있었으며 이것은 그가 적대감이 한껏 고조된 상원에서 회의를 주재해야 하는 입장에 있었다는 것을 의미한다. 당시에 토머스 하트 벤턴은 남서부를 변호하고 있었으며, 칼훈의 사우스캐롤라이나 하수인이라 할 로버트 헤인 상원의원은 남부를 대변하고 있었다. 그리고 모두들 동부를 대변할 것이라고 기대하던 웹스터의 답변을 기다리고 있었다.

웹스터의 답변은 1월 27일, 방청인들이 운집한 가운데 이루어졌다. 칼훈은 웹스터는 달리 편안한 마음으로 현장을 지켜볼 수 없었다. 의장석에 앉아 있던 그는 시간이 지날수록 헤인이 제시한 논거들을 웹스터가 조각조각 해체하는 것을 지켜보아야만 했기 때문이다. 웹스터는 동부를 변호하는 입장을 거부하고 대신 국가를 위한 변호를 펼쳤던 것이다. 그는 미국 독립전쟁 당시에 워싱턴을 중심으로 모였던 사람들과 남부에서 죽어갔던 벙커 힐의 영웅들 그리고 워싱턴을 따라 북부로 갔던 남부의 지도자들이 모두 같은 국민이었음을 주장했다. 매사추세츠와 사우스캐롤라이나 출신의 사람들이 함께 힘을 모아 싸웠음을 강조했던 것이다.

'그들은 서로 어깨를 나란히 하여 독립전쟁을 치러냈으며, 손에 손을 잡고 워싱턴 내각을 지켜냈음은 물론, 그의 위대한 힘이 자신들을 지원하기 위해 받쳐주고 있음을 느꼈던 것입니다.'[14]

웹스터는 미국인으로서의 자긍심을 콩코드나 렉싱턴 또는 벙커힐에 한정시키지 않으려 했던 것이다.

> 존경하는 그 의원님[헤인]께서 저보다 앞서 사우스캐롤라이나에서 열매 맺은 탁월한 재능이나 고매한 성품을 차지해야 한다는 것을 인정할 수 없습니다. 그 명예의 일부분이 제 것이라고 주장하는 바이며, 사우스캐롤라이나의 위대한 이름들에 대한 자부심에도 함께 참여하고 있습니다. 나는 모든 동포들을 위해, 모든 미국인들을 위해 그것을 주장하는 바입니다. 그들의 재능과 애국심이 주 경계의 편협한 범위 내에서 속박될 수 없듯이 그들의 명성 또한 더 이상 그 안에 가둘 수 있는 것이 아닙니다. …… 그 신사분이 스스로 견지하고 있는 그 명예로운 이름[독립전쟁 시 로버트 헤인의 삼촌인 아이작 헤인이 영국군에게 교수형을 당함으로써 애국적 관심이 촉발되었다]으로 인해 그분께서 혹시 자신이 사우스캐롤라이나가 아닌 매사추세츠에서 태어났다고 해서 그분의 애국심에 감사하는 마음을 적게 품거나 그분이 겪었던 고난에

대한 동정심이 적어질 것이라고 생각하시는 것일까요? [역시 사우스캐롤라이나 출신인 칼훈을 향해] 의장님, 그분께서는 캐롤라이나의 이름을 높이 빛내는 능력을 과시하여 저로 하여금 시기심을 일으키려 하는 것인가요?[15]

웹스터는 남부 사람들이 자신의 선조들이 일으켜 세운 국가를 분열시킨다면, 자신들의 혁명 영웅들에게 반역자가 된다는 것을 솜씨 좋게 역설했다. 만약 그의 연설이 이렇게 감성에만 호소하는 것이었다면, 그 역시 링컨과 마찬가지로 단순히 연합에 대한 감상적 혹은 '신비적' 집착만을 보인다는 이유로 비난받았을 것이다. 이 연설의 유명한 결론 부분에서 연합에 대한 집착은 그 절정에 이른다. '자유와 연합은 지금도 그렇듯이 영원토록 하나이며 분리될 수 없는 것입니다.'[16]

그러나 웹스터는 국가의 단일성을 옹호할 법률적·헌법적 논거를 갖추고 있었다. 칼훈과 마찬가지로 헤인은 국가를 오직 협정(헌법)으로 엮여 있는 '주권을 지닌 여러 주들'의 연맹 정도로 취급했다. 그러나 웹스터는 헌법이 작성되고 비준되기 오래전에 이미 미국인들은 스스로를 단일 국민으로서 자리매김했음을 주장했다. 단일 국민은 독립전쟁 시기에 서서히 형성되어 1776년에 독립을 선언하면서 연방조항the Articles of Confederation을 통해 '영구적인 연합'을 이루어내고 헌법 속에 (서로 다른 국민들 간의 협정이 아닌) 그 단일 국민을 위한 새로운 형태의 정부를 채택했던 것이다.

정부는 주의회가 만든 것일까요, 아니면 국민이 만든 것일까요? ……
[다시 한 번 칼훈을 향해] 의장님, 그것은 국민을 위해 국민에 의해 만들
어졌으며 국민에게 책임을 져야 하는 국민의 헌법이며 정부입니다.
…… 나는 그것이 국민들이 세운 대중적인 정부여야 한다고 믿습니
다. 정부를 운영하는 사람들은 국민을 책임져야 합니다. 그리고 정부
는 국민들이 원하는 바대로 선택할 수 있는 것처럼 수정되고 변형될
수 있어야 합니다. 지금 우리들은 국민들로부터 직접적으로 발현된
헌법의 관리자로서 이곳에 있는 것이며 우리들의 관리는 국민으로부
터 신임을 받아야 합니다. 정부는 주정부들이 만든 것이 아닙니다.[17]

이것은 첫 번째 취임연설에서 밝힌 링컨의 독트린이다. 취임연설에서
그는 몇 개 주에서 분리를 옹호했지만 '권한을 지닌 주인들이라 할 미국
국민들'은 그렇지 않았음을 밝혔다. 헌법에서는 국민의 존재가 우선되
어야 하며 국민의 존재로 인해 헌법이 성립 가능해지는 것이다. 그렇지
않다면, '미합중국은 [어쩌면] 올바른 정부라 할 수 없을 것이며 그저 단
순한 협약을 통해 이루어진 여러 주들의 연합체에 불과할 것이다.'

링컨과 웹스터 그리고 우리들이 알고 있는 바처럼 스토리 판사의 견
해에 의하면, 미합중국의 건국을 규정하는 문서로서 독립선언문이 헌
법보다 더 중요하다. 웹스터는 〈협약이 아닌 헌법The Constitution Not a
Compact〉(1833)과 같은 자신의 많은 저술들을 통해 그 점을 명확히 밝히
고 있다.

적어도 1774년에 열렸던 최초의 의회로 거슬러 올라가 보면, 미합중국은 국가적 목적을 위해 함께 연합해 있었습니다. 1781년의 아메리카 식민지동맹 이전에 각 주들은 함께 독립을 선언했으며, 바다와 육지에서 함께 전쟁을 수행했습니다. 그리고 그러한 일들을 개별적인 주가 아닌 하나의 국민으로서 수행했습니다. 그러므로 연합된 주들이 식민지동맹을 결성하고 당시의 동맹 조문들을 영원한 연합을 위한 조문으로 채택했을 때 그들이 처음으로 모였던 것은 아닙니다. 비록 그 동맹은 단순한 연맹일 뿐이었으며, 연맹의 실현을 위해 서약했던 사실에 기반을 둔 것에 불과했지만, 연합된 주들은 식민지동맹에 참가하면서 개별적인 주의 기득권을 주장하지 않았던 것입니다. 물론 당시에도 그 주들은 서로에게 낯선 상대가 아니었으며, 이미 그들 사이에는 연합의 유대감이 내재해 있었습니다. 그들은 함께 엮여 있는 연합된 주였으며, 식민지동맹을 맺은 목적은 더욱 강력하고 훌륭한 연합의 결속력을 만들기 위한 것이었습니다.[18]

다음은 링컨이 자신의 취임연설에서 언급한 부분이다.

이러한 일반적인 원칙들을 이어받은 우리들은 법률적인 성찰을 통해 합중국은 영원하며 또한 합중국의 역사 그 자체로 확인된 명제를 발견한 것입니다. 합중국은 헌법보다 훨씬 더 오래전에 형성되었습니다. 사실, 그것은 1774년에 체결된 조항들로 구성된 것입니다. 그것은 1776년의 독립선언문에 의해 성숙하고도 지속적인 것이 되었습니다. 그것은 1778년 식민지동맹의 조항들로 더욱 성숙되었으며, 당시의 13개 주 모두의 신념에 의해 동맹이 영원히 지속되어야 한다는 것을 서약하고 참여했던 것입니다. 그리고 최종적으로 1787년에 헌법을 제정하고 확립하기 위해 선언된 목적 중의 한 가지는 '더 완벽한 연합을 이루자는 것'이었습니다.

물론, 헌법을 '각 주의 권리'라는 입장에서 해석하는 학자들은 건국 과정을 고려한 이러한 견해를 수용하지 않았으며 지금도 수용하지 않고 있다. 오늘날까지도, 레이건 대통령이 즐겨 표현했듯이, '연방정부가 여러 주를 만든 것이 아니라 그 여러 주들이 연방정부를 만들었다'라는 주장을 자주 들을 수 있다.[19] 그러나 제임스 윌슨이 처음으로 헌법에 관한 일련의 학문적 강연을 펼쳤던 1790년 이후로 연방주의를 지지하는 이론 체계도 지속적으로 존재해왔다. 스토리 판사의 경우, 윌슨의 법률적 철학 체계를 지속적으로 발전시켰다. 링컨은 막연한 정서가 아닌 이러한 헌법학파의 이론에 의지하여 합중국을 지켜왔던 것이다. 헌법학파의 이론은 무엇보다도 링컨이 존중했던 독립선언문 — 웹스터가 '[미국 국민들의] 자유에 가장 주된 증서'라고 불렀던 — 의 가치를 강조하고 있었다.[20] 스토리 판사는 건국 문서로서 독립선언문의 중요성을 상세하게 강조했다.

그전에 있었던 권리의 선언을 '식민 주들의 선량한 국민의 대표자들'이라 불렸던 사람들이 이루었던 것과 마찬가지로 독립선언문은 '의회에 모인 미합중국 대표자들의 선언'이었습니다. 그것은 당시에 조직되어 있던 주정부가 행한 것이 아니었으며 또한 주정부가 선택한 사람들이 행한 것도 아닙니다. 독립선언문은 분명 연합된 식민 주들의 모든 국민들에 의해, 다른 어떤 목적보다 독립선언을 위해 선택된 그들의 대표자라는 수단을 통해 행해진 것입니다.

그것은 저마다의 법령으로 구성되어 있던 주정부들이 감당할 수 있는 행위도 아니었습니다. 주정부들의 법령은 이것을 고려하여 제정된 것도 아닐 뿐더러 이 행위를 위해 만들어진 것도 아닙니다. 독립선언은 국민 자신들의 안정과 행복에 필요하다면 언제든지 정부의 형태를 변화시키고 새로운 정부를 구성할 수 있는 권리에 따라 실행된, 국민들에게 주어진 독립적이며 천부적인 주권을 행사한 것이었습니다. …… 비록 그전 시기에는 지향했던 것들이 달랐다 할지라도, 독립선언의 그 순간부터는 연합된 식민 주들을 모든 식민 주에 살고 있는 국민들이 만들고 광범위한 동의를 통해 운영하고 있는 하나의 국가로 여겨야만 합니다.[21]

링컨은 독립선언문을, 추구해야 할 초월주의적 이상의 한 표현으로 삼아야 한다는 생각을 버리지 않았다. 그러나 링컨으로서는 독립선언문을 건국 문서로 자리매김하기 위해서는 시어도어 파커가 중요하지 않다고 생각했던 몇 가지 생각들을 확실히 해두어야만 했다. 파커의 견해에 의하면, 만약 남부 지역의 주들이 한 국가로서 미국의 비전을 부정한다면 미국의 비전을 따르기로 결정한 사람들은 남부에 그대로 남겨두고 합중국 내에서 오염인자가 될 남부 지역의 주들을 합중국에서 배제할 수 있다는 것이었다. 그러나 만약 독립선언문이 단일 국민의 주권 행위였다고 한다면, 전체에 영향을 미칠 수 있는 어떤 문제에 직면했을 때라 해도 그 국민은 분열될 수 없는 것이었다.

파커와 마찬가지로 웹스터 역시 국민의, 국민을 위한, 국민에 의한 정부라는 3중 표현을 사용했던 것은 주목할 만한 일이다. 그러나 웹스터에게 국민은 파커가 인식했던 것보다 더욱 확실한 역사적 실체였다. 웹스터에게 국민이라는 용어는 독립선언을 표방하는 과정에서 스스로 탄생한 하나의 국민을 의미하는 것이었다. 단지 선언문이 표현해내고 있는 이상의 고결함을 존중하는 것만이 아니라 그 선언의 주체적인 발제자에 대한 존경이 그가 경의를 표하는 헌법적 실체였던 것이다. 독립선언에 관한 이러한 견해들은 게티즈버그 연설의 결론 부분에 확인되어 있다. 링컨이 '나의 정의로운 주인인 미국 국민들'이라고 선언하며 권좌에 오른 그 순간부터 그 두 가지 견해는 링컨의 말과 행동에 생명력을 불어넣어주었던 것이다.

합중국에 대한 링컨의 헌신적 태도를 신비주의적인 관념이나 정서적인 것으로 취급하여 바라본다면, 링컨의 헌법적 견해에는 거의 이해하기 불가능한 굳건한 합법적 귀결점들이 있다. 그가 취했던 호전성의 합법적인 측면과 노예해방 조치들은 오로지 이러한 맥락 속에서만 제대로 평가할 수 있다. 이러한 두 가지 면모는 독립선언서에 의해 생성된 합중국이라는 측면에서 바라보아야만 한다.

1. 호전주의자들의 지위

이 문제에 관해 링컨은 전혀 흔들림이 없었다. 그에게 이 문제는 전쟁이 아닌 반란이었다. 남부군은 외국 호전주의자들의 집합체가 될 수 없었다. 취임연설에서 '합중국은 부서지지 않는다'고 천명했듯이 그는 전쟁이 끝나갈 무렵에도, '연방에서 탈퇴한 주들'이라는 표현은 잘못된 것이라는 일관된 주장을 펼쳤다. 그 주들은 탈퇴가 가능하지 않았으므로 탈퇴한 것이 아닌 것이다.

그러므로 제임스 맥퍼슨이 그랬던 것처럼 링컨이 마침내 독립전쟁을 시민 봉기가 아닌 외국과의 전쟁이라는 견해로 받아들이게 되었다고 말하는 것은 틀린 것이다.[22] 사실, 북부는 대부분의 경우 국제법하에서 해외 강대국들과의 관계 때문에(예를 들어 외국 선박에 영향을 끼치는 봉쇄 조치의 관리) 교전국으로서의 절차들(예. 죄수의 교환)을 채택해야만 했던 것이다. 그러나 이러한 일들은 제퍼슨 데이비스의 군대를 남부를 약탈하는 도적떼로 여겼던 링컨에게는 법적인 가설일 뿐이었다. 게티즈버그 연설 후에 그는 존 헤이에게 이렇게 말한다.

> 데이비스의 말이 옳습니다. 우리를 적대시할 뿐만 아니라 자신의 국민들마저도 적대시하는 그의 군대야말로 그의 유일한 희망인 것입니다. 만약 군대가 붕괴되고 나면 국민들은 예전의 모습으로 즉시 되돌아갈 것입니다.[23]

링컨의 입장에서 그렇게 되기를 기대하고 있었던 것이라고 할 수도 있다. 그러나 만약 그것이 사실이라면, 그는 줄기차게 그 태도를 견지하고 있다. 그는 남부의 주들이 합중국에 복귀한다는 식으로 표현하지 않았다. 그런 표현 대신 '그들의 적절한 현실적인 관계' 즉 헤이에게 말했던 것처럼 '예전의 모습'을 복구하는 것이라고 표현했다.

링컨이 취했던 모든 군사적 조치들은 그 자신이 '공동의 방위 태세'로서가 아닌 '국내의 평온을 지키기 위해' 내린 것들이었다. 이와 유사한 헌법적 사례로는 외국과의 전쟁보다, 위스키 반란에 대한 워싱턴의 대응과 1960년대 후반 도심에서 일어난 폭동에 대한 린든 존슨의 대응을 들 수 있다. 군사령관으로서 워싱턴은 존슨이 디트로이트에 연방군을 파견했던 것처럼, 전쟁 선포 없이 펜실베이니아로 연합국민군을 파견했다. '계엄령'이 선포되었으며 시민들의 야간통행이 금지되었고 이동이 제한되었으며 군대의 작전을 방해할 경우에는 체포되었다. 계엄령은 외국 군대에 대항하는 전시 체제가 아닌 국내에 반란이 발생했을 때 취하는 조치인 것이다.

볼티모어에서 군대의 이동을 봉쇄했을 때, 링컨이 출정영장habeas corpus을 중지시켰던 것은 종종 후대의 프랭클린 루스벨트를 비롯한 대통령들이 전쟁에 해당하는 조치를 내렸던 것과 비교되곤 한다.[24] 국내 정세의 안정을 회복시킨다는 면에서 살펴본다면 링컨의 조치는 비난을 면할 수 없는 것이었지만, 그 사안에 관한 링컨의 생각을 조금 더 잘 이해할 수는 있다.

사람들은 분명 남부 사람들에 대한 그 어떤 조치이든 적군에 대한 계산된 행위여야만 한다는 가정을 지닌 채, 북부 사람들에 대한 링컨의 법적인 조치를 평가하려 한다. 그러나 링컨에게 북부나 남부 사람들은 모두가 같은 시민이며, 시민 봉기를 지원하는 것은 발생한 장소와 관계없이 동일한 범죄였다. 그러므로 그는 무장봉기를 진압하는 일에 남부에서 적용했던 동일한 직권을 적용하여 북부에서도 출정영장을 중지시켰던 것이다. (외국과 전쟁을 할 때 국내의 징벌은 해외 교전과는 다르며 종속적이다.)

전쟁을 치르고 있을 때에는 내부에서 적을 지지하는 사람들을 반역자라 부른다. 링컨은 폭동을 지지하는 북부 사람들에 대해 그 용어를 사용하지 않았을 뿐만 아니라, 비록 열렬한 연방주의자Unionist들은 그 용어를 즐겨 사용했지만, 남부 사람들을 언급할 때 그 용어의 사용을 피하려 했다. 우리가 살펴보았듯이 그는 '이른바'라는 수사 없이는 '분리주의자'라는 용어조차도 사용하지 않았다. 그는 남부와 북부 사람들을 동등하게 즉각적으로 사면해주었다. 그들의 기본적인 소속은 양쪽의 경우 다 동일한 국민이기 때문이었다.[25]

링컨이 반란을 진압하는 데 엄격했으며 심지어는 무자비하기까지 했다는 것은 사실이다. 그는 반란이 확산되는 것을 막기 위해 신속하게 진압하기를 원했으며, 반기를 든 주는 물론 머뭇거리고 있던 주에도 강경책을 쓰는 한편 인접한 주에는 온건책을 폈다. 꾸물거리는 장군들에 대한 좌절감과 리 장군이 포위망을 뚫고 도주했던 게티즈버그 전투 이후에 보여준 링컨의 고뇌는 국내의 무질서를 빠른 시간 내에 확고히 종식시키고자 했던 그의 열망에서 기인한 것이었다. 그러나 이것을 맥퍼슨이 명명했던 것처럼 '무조건 항복'을 이끄는 정책이라고 부르는 것은 잘못된 것이다.

'무조건 항복'이라는 용어는 국외의 교전국과 적대적인 관계를 중단시킨다는 국제법상의 용어이다. 링컨은 남부군을 결코 외국 교전국으로 취급하지 않았기 때문에, 그의 태도는 범죄자 무리를 다루는 경찰의 태도였다고 할 수 있다. 범죄자들을 체포할 때 필요한 모든 강제력은 허용될 수 있지만 (국가 사이에 일어날 수 있는 분쟁과 달리) 범죄자들이 어기고 있는 법령에 대해서는 협상의 여지가 전혀 없는 것이다. 반면에 적군의 경우 전쟁 의사뿐 아니라 일정한 권리마저 포기해야 하지만, '스스로 항복한' 범죄자들은 자신의 기본적인 권리들마저 포기해야 하는 것은 아니다.

링컨의 헌법적 임무에 대해서는, 링컨도 스스로 느끼고 있었던 것처럼 그의 군사적 권한의 사용만큼 온전하지 못한 과정을 통해 이처럼 심하게 잘못 인식돼온 것도 없었다. 그는 너무나 자주 그러한 권한을 활용함으로써 수단으로서의 대통령의 특권을 확대하려 했던 것으로 비쳐졌다. 아서 슐레진저 역시 그러한 평가를 내린 역사가들 중의 한 명이었다.

'링컨이 생각했던 것처럼 총사령관으로서의 대통령의 역할을 수행할 때 전쟁 권력이 가장 확실하게 대통령직에 유입되었던 것이다. 이것이 운명적인 진화의 시작을 알리는 표식이었다.'[26]

이 문장의 가장 전형적인 면모 중의 한 가지는 호칭의 축약으로서, 링컨은 그러한 오류를 범하지 않았다. 예를 들어, 링컨은 '미합중국의 정부와 권위에 대항하는 실질적인 무장 반란의 시기에는 미합중국의 육군과 해군의 총사령관으로서 나에게 부여된 권력에 의해, 그리고 앞서 언급된 반란을 진압하기 위한 적절하고도 필요한 전투 수단으로서' 노예해방령을 공표했던 것이다. 그는 자신의 권한을 한계(육군과 해군), 시간적 존속기간(실질적으로 무장한 반란) 그리고 기준(오직 반란을 진압하는 데 필요한 조치들)이라는 측면에서 매우 신중하게 제한했다.

이러한 조치들을 취하면서 그는 오직 헌법에 명시되어 있는 것만을 언급하고 있는 것이다. 대통령을 간략히 '총사령관'으로 부르는 것이 관례가 되었으며 이제는 시민들마저도 대통령을 '우리의 총사령관'으로 부르게 되었다. 그러나 헌법에는 그러한 역할을 수행할 때 어떤 사람들을 통제할 것인가 하는 문제를 매우 명쾌하게 제시하고 있다.

> 대통령은 합중국의 육군과 해군의 총사령관이며, 미합중국에 실제적인 복무를 하는 각 주 소속 국민군의 총사령관이다.

실질적인 반란이 진행 중인 그때time when를 언급함으로써 링컨은 (워싱턴이 그랬던 것처럼) 반란에 맞서는 정규군과 국민군을 운용하는 자신의 권한을 구체화시켰다. 그는 합법적으로 북부군의 총사령관이면서 (리 장군을 포함한) 남부군의 총사령관이었던 것이다. 그가 군사적 조치로서 노예를 해방시켰던 것은, 1967년에 디트로이트에서 폭동이 발생했을 때 연방군이 의회를 장악했던 것과 마찬가지의 일이었다.

합중국의 육군과 해군 총사령관의 자격으로 노예를 해방시킴으로써 링컨은 오직 국회와 지역 주들이 헌법 수정을 통해 행사할 수 있는 특별한 (민간의) 권한으로 조치를 취한 것이 아님을 명확하게 했다. 사실, 완고한 노예제 철폐주의자들 중에서도 그를 비판하는 사람들은 그가 제한된 권한을 사용했던 것에 대해 공격했다. 그리고 더 온건한 판사들조차 이 문제에 대해서는 그를 혹평했다. 리처드 호프스태터는 1948년에 다음과 같은 글을 남겼다.

> 1863년 1월 1일에 공포된 노예해방선언은 화물상환증서의 완벽한 도덕적 위엄을 갖추고 있습니다. 노예제를 기소하는 내용도 담고 있지 않으면서 단지 노예해방을 '군사적 필요'에 의한 것으로 근거를 두었습니다. 열렬히 노예를 소유하고 있는 주들에 관해서는 일부러 서식에서 누락시켰습니다. 결국 노예해방선언은 사실상 그 어떤 노예도 해방시키지 못했던 것입니다. 노예해방선언의 적용 범위에서, 정부가 실질적으로 해방시킬 수 있는 힘을 지니고 있던 버지니아와 루이지애나 주의 모든 군郡들을 세부 목록을 통해 제외시켰기 때문입니다. 단순히 반란이 진행 중이던 '각 주들과 그 일부 지역'에 있는 모든 노예들의 해방을 선언함으로써, 정확히 말하자면 노예해방의 효력이 미칠 수 없는 지역의 노예해방을 선언했던 셈입니다. 노예해방선언은 선전 가치 이외에는 국회가 이미 [포획한 노예의] 몰수령Confiscation Act을 통해 실천했던 것에 아무것도 더하지 못했던 것입니다.[27]

이것을 통해 링컨에게 합중국이 어떤 의미를 지니고 있었던가를 이해할 때에서야 비로소 링컨의 생각을 이해할 수 있는 새로운 영역에 이르게 되는 것이다. 역설적이지만, 건국 문서로서 독립선언문은 노예제도라는 측면에서는 링컨의 두 손을 묶어놓게 된 것이다.

2. 노예해방

링컨은 노예제도가 보호되고 있는 지역에서는, 독립선언 당시의 모든 국민들이 채택한 문서인 헌법에 의해 보호되고 있기 때문에 개별적으로 그것을 막기 위한 아무런 조치도 취하지 않을 것이라는 이야기를 자주 해왔다. 사실 그는 노예제도를 다루는 데에 헌법이 완벽하지 않다고 생각하고 있었다. 그가 부끄럽고도 임시적인 것으로 생각했던 헌법상의 표현은 오직 노예제도가 '소멸하는 과정에' 있을 때만 존재할 수 있었다. 그러나 그것은 모든 (단일한) 국민이 제정한 법령이었으므로, 오직 모든 국민의 합의에 의해서만 수정할 수 있는 것이었다. 남부가 일방적으로 탈퇴할 수 없는 것처럼 북부도 일방적으로 노예를 해방시킬 수는 없다. 노예제를 반대하는 사람들은 그것을 비판할 수 있으며 수정을 시도할 수 있고 또 그러한 생각이 지니고 있는 도덕성을 수용하지 않을 수도 있으며 독립선언문과의 불일치를 지적할 수도 있다. 그러나 헌법의 조항들이 효력을 지니고 있는 동안에는 그것을 무시할 수도 없다.

링컨은 이러한 헌법적 걸림돌을 이용하여 강제력을 갖춘 노예해방을 이끌어내기 위한 다양한 방안을 고안해두고 있었다. 새로운 영토에서는 노예제도를 배제하자는 주장을 펼치며, 링컨은 노예제도 자체의 상태와 미국 내 세 지역에서의 차이점에 대해 생생한 표현들을 동원하여 서술

했다.

내가 만약 길 위에 독사가 기어 다니는 것을 보았다면, 사람들은 내게 가까운 곳에 있는 막대기를 집어 들고 독사를 죽여야 한다고 말할 것입니다. [노예제도 그 자체.]

그러나 만약 그 뱀이 아이들과 함께 침대에 있는 것을 발견하게 된다면, 그것은 또 다른 문제입니다. 어쩌면 그 뱀보다 아이들을 다치게 할지도 모를 일이며 또 그 뱀이 아이들을 물어버릴지도 모릅니다. [남부의 노예제도.]

더 나아가 그 뱀이 이웃집 아이들과 함께 침대에 있는 것을 발견했지만, 어떤 경우가 닥치더라도 그 집 아이들을 간섭하지 않기로 한 진지한 맹세에 얽매여 있다면, 그 독사를 제거하는 나름대로의 방법을 취하도록 가만히 내버려두는 것이 내게는 적절한 처신이 될 것입니다. [북부에서 바라보는 남부 속의 노예제도.]

하지만 아이들이 사용하게 될 새로 만든 침대에 한 무리의 새끼 뱀들을 아이들과 함께 놓아두라는 제안을 받게 된다면, 내가 어떤 결정을 내려야만 하는지에 대해 의문의 여지가 있다고 말하는 사람은 아무도 없을 것이라고 믿습니다. [새로운 영토 내의 노예제도.]

링컨은 (1860년 초 코네티컷 주의 청중들에게 연설했던) 이러한 대비를 만들어 내는 데 매우 신중했다. 그는 남부 사람들에 대해 다른 주에 소속된 사람들이라 표현하지 않았으며, 신성한 협정을 맺은 '이웃들'이라 표현했다. 그럼에도 그는 노예제도의 사악함을 가볍게 여기지 않았다. 그것은 어느 곳에서 발견된다 하더라도 뱀일 수밖에 없는 것이며 남부의 어린 아이들을 위험에 빠지도록 하는 것이다. 그러나 그러한 죄악을 공격하고, 억누르려 노력하고, 새로운 협약을 이끌어내기를 소원하면서도 링컨은 식민지동맹이나 헌법의 임시적인 조문들이 만들어지기 훨씬 전에 독립선언문을 통해 하나로 묶였음을 선언했던 '하나의 국민'을 절대 분리시키려 하지 않았다. 억제될 수만 있다면 노예제도에 간섭하지 않겠다는 것이 그의 가장 기본적인 약속이었으며, 그는 자신의 첫 번째 취임사를 통해 남부를 향한 특별한 보장을 건넸던 것이다.

> 아직 살펴보진 못했지만 연방정부가 공무원을 포함한 개별적인 주들의 내부 조직에 절대 간섭할 수 없다는 내용을 담은 상정된 헌법[크리텐던 수정안]이 국회에서 통과되었다는 것을 잘 알고 있습니다. 나의 언급에 오해를 없애기 위해, 특정한 수정안들에 대해서는 언급하지 않겠다던 애초의 결심을 버리고 한마디 한다면, 나는 그러한 조항을 이제 헌법 조문 속에 포함시키면서 그것이 명백하고 또 취소할 수 없는 것이 되었다는 사실에 반대할 의사가 전혀 없음을 밝힙니다.

링컨은 비록 사적으로는 자신의 동료나 지지자들에게 크리텐던 수정안을 지지하는 행동을 하지 말라고 했지만, 그 자신은 위임받은 합중국의 존속에 관한 대통령의 권한을 핑계로 수정안에 반대하지는 않겠다는, 헌법의 합의된 과정을 벗어나 북부만의 일방적인 조치로 노예를 해방시키지 않겠다는 맹세를 스스로 했던 것이다.

남부에서 이러한 최후의 간청마저도 거부했을 때, 많은 사람들은 '모든 내기는 무효가 되었다'는 식의 태도를 보였다. 남부는 헌법을 파괴한 것이며 헌법은 더 이상 그들에게는 적용되지 않게 되었다. 헌법상의 다른 조항들을 거부했기 때문에 남부 사람들은 노예제도 조항의 삽입을 요구할 수 없게 된 것이다. 링컨은 이러한 견해를 결코 받아들이지 않았다. 그의 입장에서 보면 헌법은 여전히 국가 전역에 그 효력이 미치고 있었다. 장군들이 북부에 있는 '우리들의 영역'을 보호해야 한다고 논의할 때 링컨은 '이 나라 전체가 우리들의 영역'이라며 격노했다.[28]

헌법이 변함없이 효력을 유지하고 있기 때문에, 남부 사람들은 여전히 (마치 폭도들이나 범죄자들이라 해도 자신들이 법을 어긴 국가 내에 있는 것처럼) 합중국에 속해 있는 것이며, 링컨도 역시 노예조항들을 담고 있기는 하지만 그 헌법에 의해 규정되어 있는 것이다.

존 프레몽 장군은 약탈자들을 지원한 사람들이 소유하고 있던 노예들을 놓아주는 것으로 미주리 인접 주에서 윌리엄 퀸트릴William Quantrill과 같은 남부 게릴라들의 습격에 대응했다. 링컨은 프레몽 장군에게 훈령을 내려 그와 같은 대응은 인접 주들에 공포심을 심어주어 합중국으로부터 떨어지도록 하려는 퀸트릴의 의도를 돕는 일임을 알려야만 했다. 그러나 노예해방론자들은 프레몽 장군이 해방시킨 노예들을 링컨이 어떻게 다시 노예로 만들 수 있을 것인지 이해할 수 없었다.

한 해 후에, 데이비드 헌터 장군이 자신의 관할하에 있던 남부 주들에서 의견을 달리하던 주 내에 있던 노예들을 해방시켰을 때 링컨은 훨씬 더한 어려움을 겪었다. 그 당시 미주리 주에서 자발적인 노예해방을 위한 활동을 펼치고 있던 링컨은 다시 한 번 군사적인 조치로서 노예해방을 철회했다. 그러나 그는 노예해방을 철회할 때 자신이 지니고 있는 권한이 어떤 것인지를 밝히며 그것을 실행했다(자신이 이미 실행을 위해 준비하고 있었던 단계적 조치).

> 육군과 해군의 총사령관으로서[긴 호칭에 주목] 나 자신이 어떤 주와 여러 주들에 있는 노예들의 자유를 선언하는 것이 합당한 일인지, 그리고 어느 때 어느 경우에도 이렇게 주어진 권한을 행사하는 것이 정부의 존속에 꼭 필요한 조치가 되는 것인지 의문이 아닐 수 없습니다. 그 의문은 내가 감당해야 할 일이지만 전장의 지휘관들이 내리는 결정에 맡겨두는 것이 정당한 일인지에 대해서는 회의를 갖게 됩니다. 이것은 군대나 주둔지 내의 치안 규정들과 같은 문제와는 전혀 다른 것입니다.

그는 여기에서 두 가지의 군사적 상황을 구분지었다. 그리고 그 두 가지 상황 모두 다 민간의 조치와는 구별되는 것이었다. 민간의 지도자로서 링컨은 자신이 떠받치고 있는 헌법의 내용과 동떨어진 상태에서 스스로가 바람직하거나 도덕적으로 납득할 만하다고 생각하는 진로를 선택할 수 없었다. 또한 육군과 해군의 총사령관으로서 (전장과 주둔지에 있는 군대의 더 나은 관리라는) 군사적인 편의를 위해 노예해방을 지시하거나 묵인할 수 없었던 것이다. 그는 오로지 정부의 존속을 위해 필수 불가결한, 가장 절박한 군사적 필요성을 찾을 수 있을 때에만 그러한 조치를 취할 수 있었다.

물론 정부를 존속시킨다는 것은 그에게 리치먼드와 대립하고 있는 워싱턴을 구한다는 것을 의미하지 않았다. 그는 무장한 반군세력에 맞서는 북부와 남부를 아우른 미합중국 정부를 존속시키겠다는 서약을 했던 것이다. 그는 미리 주장하기를, 그러한 존속을 위한 조치를 내리기 위해서는 반군을 지원하는 데 이용되고 있는 노예의 해방 없이는 군사적으로 절대 불가능하다는 것을 증명해보일 수 있어야만 했다.

링컨은 1862년 9월에 바로 그것에 의해 위협을 받았다(확고한 군사적 필요성이 요구되는 상황이 아니었다는 이유로 헌터 장군의 노예해방을 철회한 지 불과 4개월 후였다). 남부는 새해가 다가올 때까지 반란을 중지함으로써 이러한 군사적 조치를 막는 데 전념했다. 제한된 군사적 환경에서 노예해방은 법률을 준수하는 대응만으로도 저지될 수 있었다. 그리하여 1863년 1월 1일에 링컨은 호프스태터가 화물상환증서의 모든 수사법을 담고 있는 것이라며 비난했던 군사적 성명서를 발표했다. 언어를 통한 정치 수사학의 대가였던 링컨은 랜들이 '읽히기보다는 경이롭게 받아들여지고 있다'고 표현한 그 문서를 특별히 도덕적 감성을 불러일으키려는 목적으로 세심하게 작성했다.[29] 하지만 링컨의 이 문서 발표는 도덕적 목적으로 이루어진 것도 아니었으며 또한 정치적인 목적을 지닌 것도 아니었다. 그 문서에서는 국가 전역에서 노예를 해방시키는 것이 아니라 오직 실질적인 반란이라는 현장에서만, 그리고 '이미 언급된 반란을 진압하기 위해 필요한 전쟁 수단'으로서만 노예를 해방시키고자 했던 것이다.

링컨은 남부의 노예들을 '전쟁물자'로 규정하기 위해 가능한 모든 조치들을 취했다.

> 노예해방은 정서나 취향의 문제가 아니라, 물리적인 힘의 문제입니다. 그것은 마력이나 증기동력이 측정되고 평가될 수 있는 것처럼 보존되고 평가될 수 있는 것입니다. 그리고 측정된 바에 의하면, 흑인들의 지지는 우리가 잃고 살아가는 것보다 가치있는 일입니다.

링컨은 거듭해서, 그리고 언제나 미합중국 남부에서 일어난 무장봉기에 맞서 질서를 회복하기 위해 자신이 의지해야만 했던 순수한 군사적 조치로서의 노예해방에 대해 이야기했다(국가 전체의 대통령으로서 감당해야 하는 자신의 임무). 역설적이게도 군사 지도자로서 그는 남부의 사람들이 공공연히 언명해왔던 것처럼 노예를 자산으로 바라보는 견해에 스스로를 가두어두었던 것이다.

> 전쟁법에 의해 친구의 것이든 적군의 것이든 필요하다면 자산도 탈취할 수 있다는 점에 대해 의구심을 품었던 적이 있었을까요?

그러나 전쟁 중에 체포돼 이용되었던 남부의 노예들이 왜 군사적 위기상황이 지나간 후에는 자유로운 상태로 남아있는 것일까? 그것은 이러한 종류의 자산은 협력을 통해서만 비로소 이용가치를 지니지만 노예들

201

은 노새처럼 협력하지 않고 남자와 여자로서 협력할 것이기 때문이다.

또한 어떤 행정부도 우선적 편의라는 이유를 들어 그들이 다시 노예 상태가 될 것이라는 명백하고도 암묵적인 이해가 있는 상태에서 그들의 복무를 존속시킬 수는 없는 것입니다. 그렇게 될 수도 없을 뿐더러 또 그렇게 되어서도 안 되는 것입니다.

링컨은 자신의 조치가 절대적인 군사적 필요에 의해서만 내려질 수 있다는 주장을 더 이상 할 수는 없었다.

본래의 노예해방선언은 군사적 조치의 경우를 제외하고서는 헌법적이거나 법률적인 정당성을 지니고 있지 않습니다.

우리의 정치 체제에 의하면, 민간 행정의 문제에서 일반 정부는 그 어떤 주에서도 노예해방선언을 발효시킬 법적인 권한이 없으며, 아주 오랜 시간 동안 반란 행위가 군사적 조치에 기대지 않고 진압될 수 있기를 바라왔던 것입니다.

나는 군사적인 필요에 의해 노예해방선언과 흑인들의 무장이 불가피하게 필요한 상황이 다가올 것이라 믿고 있었습니다.

링컨이 자신만의 목적을 위해 군사적 필요성을 과장하고 있는 것이라고 느꼈던 사람들은 초기 링컨 휘하의 장군들이 그랬던 것처럼 그가 오직 북부만을 지휘하고 있는 것이라는 견해를 따른다. 워싱턴을 방어하는 데 분명 흑인들이 필요했던 것은 아니었다. 그러나 링컨은 자신을 남부의 대통령이기도 하다고 생각했기 때문에, 모든 곳에서 정의로운 질서를 회복한다는 임무 수행 차원에서 모든 종류의 대규모 군사 자원들이 절실하게 필요했던 것이다.

링컨이 언급했던 것처럼, 노예들의 힘마저 말이나 증기의 힘과 같은 물리적인 물자라고 생각했던 것도 사실이다. 그것이 군의 사기라는 군사적인 이유에서도, 복합적인 의미에서 마찬가지로 중요했다는 것도 사실이다. 노예해방이라는 위협과 그것의 실질적인 실현은 남부군의 사기에 타격을 입혔으며 북부군의 희망을 더욱 강화시켰다. 북부군은 (전쟁의 목표는 물론) 함께 싸워나갈 세력이 더 많아졌고 남부군은 더욱더 줄어들었던 것이다.

> 모든 백인들의 가슴속에는 적군을 도와 자신과 싸우는 것보다 차라리 흑인들의 도움을 받으며 전쟁을 치르고 싶어 한다는 증거가 있습니다. …… 군사적인 필요에 의한 노예해방을 이끌어내지 못한다는 것은 아무런 보상도 받지 못한 채 적군에게 대규모의 전력을 제공해주는 것일 뿐입니다.

그는 비판자들을 향해 이렇게 대답한다.

'당신들은 흑인의 해방을 위해 싸우지 않겠다고 말합니다. 그러나 그

들 중에는 기꺼이 당신들을 위해 싸우려는 사람들도 있습니다.'

링컨의 이러한 지적에 대해 호프스태터를 비롯한 비판자들은 노예해
방의 동기로는 '저열한 것'이라며 그를 비난했다. 그러나 새 세대의 흑
인 역사가들은 그의 말에서 흑인들의 공헌을 인정하려는 현실주의적 자
세를 찾아냈다. 즉, 노예들을 위해 노예해방을 추진한다는 생색을 내려
하지 않았다는 것이다.[30] 만약 노예들이 필요했던 것이라면, 노예들은
자신들의 자유를 얻을 만했던 것이다. 링컨은 모든 인류의 투쟁을 통
해, 백인 병역기피자들보다 흑인 '자유투사들'이 우월하다는 것을 인정
했던 것이다.

> 그리고 마침내 평화가 찾아왔을 때 침묵 속에 어금니를 물고서, 단호
> 한 눈빛으로 총검을 절도있게 갖추고서 자신들이 이러한 성취를 이루
> 어내는 데에 일조했음을 기억하는 흑인들이 있을 것입니다. 그 반면
> 에, 평화를 방해하기 위해 악의에 찬 마음과 거짓에 찬 연설을 통해
> 노력했었음을 잊지 못하게 될 백인들이 있을 것이라는 사실이 두렵습
> 니다.

이것은 링컨이 노예해방에 대해 육군과 해군의 총사령관으로 자신의 권
한을 제한했던 헌법적 도덕관이 가져다 준 여러가지 부수적인 효과 중
의 하나였다. 민간의 권한으로는 남부의 제도에 간섭하지 않겠다는 자
신의 서약을 지킴으로써 링컨은 남부 사람들에 맞서 도덕적인 장광설을
구사하지 않고도 그들이 감당할 만한 주장을 할 수 있었던 것이다. 질

서가 회복되었을 때, 그들을 통치하기 위해 그렇게 했던 것이다. 또한 엄격하게 지켜진 군사적 조치는(비록 간접적인 압력을 가중시키기는 했지만) 접경지역 주들의 자발적인 노예해방과 1865년 모든 노예의 해방을 선언한 제13차 수정법안을 이끌어낸 시민적 합의의 과정을 훼손하지 않았던 것이다.[31]

무엇보다 일방적인 분리는 있을 수 없음을 주장하여 일방적인 노예해방을 피하는 방법으로 링컨은 모든 국민을 위한 헌법(노예조항을 비롯한 모든 조항들)을 온전한 상태로 유지시켰다. 링컨은 가능한 모든 방법을 동원하여 국가가 계속 결속되어 있어야 한다는 자신의 의지를 표현하고 있는 것이다. 합중국이 명시돼 있는 독립선언문을 단일 국가의 건국 문서로 삼으며 링컨은 그 문서로부터 웹스터가 헤인에게 보내는 답변의 마지막 부분에서 '자유와 합중국은 지금은 물론 앞으로도 영원히 하나이며 분리될 수 없습니다!'라고 거론했던 두 가지 가치를 이끌어냈던 것이다.

만약 링컨이 했던 연설을 제대로 알지 못한다면, 우리는 대부분 게티즈버그 전투와 같은 해에 발표된 노예해방선언을 연설에서 언급하는 것이 자연스러우면서도 피할 수 없는 일이라고 생각하게 될 것이다. (에버렛은 실제 노예해방을 언급했다.) 그러나 이제는 링컨이 왜 노예해방에 대해 언급하지 않았을 뿐만 아니라 언급하려고도 하지 않았는지 분명히 알 수 있게 되었다. 그는 개별적인 것, 지역적인 것, 분열적인 것을 극복하려 했던 것이다. 노예해방은 단지 전쟁의 절박한 사정에 의한 군사적 조치였을 뿐이다. 링컨은 이상적 국가의 모습을 향한 노력으로 전쟁 이후의 '우리 앞에 놓여 있는 그 위대한 책무'를 지향하고 있었던 것이다.

제임스 맥퍼슨은 의도한 것이었든 아니었든, 경제적인 면을 비롯한 그 외의 물리적 변화들을 초래했다는 점에서 링컨을 혁명주의자로 묘사하고 있으며 그것은 나름대로 타당성을 지니고 있다.[32] 그러나 링컨은 또 다른 의미에서 혁명주의자였다고 할 수 있다. 윌무어 켄들은 그가 독립선언문을 건국법이라는 측면에서 조명했을 뿐만 아니라 독립선언문의 중심적 명제인 평등을 헌법의 원리로서 새로이 조명받는 위치에 올려놓았다고 비난했다(시카고 《타임스》가 밝혀냈듯이 헌법에는 그 단어가 전혀 없다).

국가가 개별적인 주보다 그 시기와 중요성에서 앞선다는 제임스 윌슨, 조지프 스토리 그리고 대니얼 웹스터와 같은 법률가들의 단순한 이론이 이제는 미국의 전통 속에 살아있는 실체가 되어 있다. 이러한 이론의 성과들은 한꺼번에 드러났다. 독립전쟁 시기까지는 (연합된 주들이란 의미에서) '합중국the United States'은 언제나 복수명사로 사용되어왔다. 즉, 'The United States are a free government'라고 표현되었던 것이다. 그러나 게티즈버그 연설 이후부터는 서서히 단수명사로 바뀌어 'The United States is a free government'라고 표현하게 되었다. 그것은 링컨이 연합을 신비주의적인 희망 사항이 아니라 헌법적인 실체로 만들면서, 자신의 표현뿐만 아니라 행동을 통해 표현해낸 투철한 철학의 결과라 할 수 있다.

그가 연설 말미에 '국민의, 국민에 의한, 국민을 위한' 정부를 언급했을 때 단순히 시어도어 파커처럼 초월주의자들이 품고 있던 이상으로서

'대중적인 정부'를 칭송했던 것은 아니다. 링컨은 오히려, 웹스터가 그 랬던 것처럼 미국은 독립선언문의 표현에서 보듯 위대한 과업에 의해 교감하는 하나의 국민이라고 말하고 있는 것이다. 이 국민은 1776년에 '잉태되어', 자주적인 실체로 '탄생한'것이며, 그 탄생은 시간적으로도 추정이 가능하고('87년 전에'), 장소로도 추정이 가능한('바로 이 땅에'), '새로운 자유의 탄생'을 향유할 수 있는 실재이다.

우리들의 신성한 문서 속에 이러한 언어들을 자리매김함으로써 링컨은 사람들이 헌법에 대해 생각하는 방식을 바꾸어놓았다. '개별 주의 권리'를 주장하는 윌무어 켄들 같은 사람들이나, '본래의 취지'를 주장하는 에드윈 미즈 같은 사람들의 입장에서 보면 우리들의 정치는 그 시기부터 송두리째 잘못된 방향으로 나아가고 있었던 것이다. 이들에게 제14차 수정법안은 사후에 권리장전the Bill of Rights 속으로 '밀수입'된 것일 뿐이다. 그러나 그전에도 이 수정법안은 엄격한 법률 해석자의 시각으로 보면 폐해를 끼치고 있는 것이었다. 로버트 보크는 다음과 같이 해석했다.

> 그 수정법안의 다른 두 개 조항과는 달리, 그 조항은(적법 절차 조항) 태니가 제5차 수정안에서 찾아냈듯이 사법적 헌법 제정을 용이하게 하는 배경을 즉각적으로 드러내 보여주고 있습니다.[33]

보크 역시 국가적 책무로서의 평등이 헌법 속으로 몰래 스며들어왔다고 생각한다. 그렇게 된 주원인에는 의문의 여지없이 링컨이 개입되어 있다. 켄들이 밝혔듯이, 링컨이 모든 사람은 평등하다는 독립선언문 상의 어구를 활용했던 것은 '그것으로부터 하나의 명제를 비틀어 짜내고(왜곡시키고) 그것을 우리의 숭고한 책무로 만들려'는 시도였다고 본다.[34]

> 우리는 적어도 그가[링컨이] 면밀한 탐문 절차도 거치지 않고 그 경기를 교묘히 이기도록 용납해서는 안 됩니다. 독립선언문에 대한 그의 해석을 받아들여 우리의 역사 속에 그것을 위치하게 하고 그것의 의미를 '진실'인 양 '올바른' 것인 양 '꼭 지켜야 하는 것'으로 만들어서는 안 됩니다.[35]

그러나 켄들 스스로도 인정했듯이, 학자와 교과서들과 정치가들 그리고 언론에서는 압도적으로 링컨의 견해를 받아들여왔다.[36] 게티즈버그 연설은 이제 미국 정신의 권위 있는 표현이 되었다. 그것은 독립선언문만큼이나 권위를 갖추게 되었으며 우리들이 독립선언문을 어떻게 해석해야 할지를 결정해주기도 하기 때문에 오히려 더욱 영향력이 있는 것일지 모른다.

이제 거의 모든 사람들에게 독립선언문은 헌법을 무효화시키지 않으면서 수정하는 방식으로 링컨이 우리에게 들려준 대로의 의미를 지니게 되었다. 그것은 링컨을 건너뛰어 조금 더 전 시대의 무책임한 해석으로 되돌아가려는 시도들을 바로잡아주는 것이며, 정신적 혁명인 것이다. 주의 권리를 옹호하는 자들에게도 나름대로의 논쟁거리들이 있겠지만 대중들의 마음속에서뿐만 아니라 법정에서도 그들은 이미 영향력을 상실했다. 우리는 게티즈버그 연설을 받아들이고 하나의 명제에 바쳐진 단일한 국민이라는 개념을 수용함으로써 변화된 것이다. 그것 때문에 우리는 하나 된 서로 다른 미국에서 살고 있다.

5장

문체의 혁명

링컨의 게티즈버그 연설은 문체의 혁명을 필두로 하여 여러 가지 혁명을 이끌어냈다. 에버렛의 강연은 그와 같은 연설이 무조건적으로 호응을 받던 시대의 가장 마지막 시점에 이루어진 것이었다. 그의 강연은 불과 30분도 되지 않아 진부한 것이 되어버렸다. 링컨의 연설은 마크 트웨인이 20년 후에 완성하게 되는 모국어의 운율로 이동해가고 있음을 미리 보여주고 있다. 헤밍웨이는 현대의 모든 미국 소설들이 《허클베리 핀》에서 비롯된 것이라는 주장을 펼친 바 있다.[1] 이와 마찬가지로 현대의 모든 정치적 산문들은 게티즈버그 연설에서 비롯되었다 해도 과장된 말은 아닐 것이다.

게티즈버그 연설은 '자연스러운 연설'이 있다고 믿는 사람들의 기대치에 비하면 그다지 신비스러워 보이진 않는다. 모든 연설은 부자연스러운 것이다. 연설은 인위적으로 꾸미는 것이다. '꾸밈없는' 또는 '평이한' 연설이 있다고 믿는 사람들은, 전혀 꾸미지 않은 얼굴에 화장품을 바르듯 본질적으로는 자연스러운 연설에 미사여구가 덧칠되는 것이라고 여긴다.

그러나 인간의 얼굴은 새끼 고양이의 얼굴처럼 '타고나는' 것이지만 언어는 그런 방식으로 타고나는 것이 아니다. 새끼 고양이와는 달리 인간의 아기는 후천적으로 언어라는 인공의 것을 만들어내며, 말을 배우는 초기 단계에 대부분 반복적인 운율과 상징과 이야기 그리고 신화에 의존하여 말을 한다. 각 개인이 그렇듯이 문화권 전체로 보아도 평이한 연설은 후천적인 계발에 의한 것이다. 단순 명료한 산문은 복잡한 인식론에 근거하는 것이다. 그것은 '객관적인 사실' 같은 개념들에 의해 가능해진다.[2] 언어는 원예술이 지니고 있는 논리를 뒤집는다. 언어에서는 꽃들이 먼저 피어나고 그것이 가지를 만들어낸다.

위대한 산문을 써낸 대부분의 작가들이 그랬듯이 링컨도 서투른 시를 쓰는 것으로 시작했다. 언어를 다루는 초기의 실험들은 거의 대부분 과장되거나 격식에 매여 있거나 모호했다. 간결한 언어와 주의를 잡아끄는 힘 그리고 명확함은 나중에 얻었다. 게티즈버그 연설은 화려한 수사를 내세우지 않고, 오랜 연마를 바탕으로 어눌함을 거쳐 능숙한 달변으로 전개되어나갔다. 링컨은 이러한 과정을 구현했을 뿐만 아니라 자기 자신은 물론 타인에 대해서도 연구했다. 그는 언어를 연구하는 학생이었다.

링컨을 보좌할 때 쓴 존 헤이의 일기 속에 빈번히 등장하는 이 이야기는 1863년 7월 25일에 씌어진 것이다. 헤이는 말을 타고 타이쿤Tycoon(그는 대통령을 자신의 일기 속에서 그렇게 호칭했다)과 함께 퇴역군인 관사Retired Soldiers Home로 갔다. 그곳은 초창기에 캠프 데이비드Camp David처럼 사용하던 곳으로, 워싱턴 외곽의 숲으로 우거진 언덕에 위치한 연방정부의 재산이었으며 한여름에는 워싱턴의 말라리아를 피하기 위해 이용하던 피서지였다.

본관 건물에서 생활하던 25살짜리 비서인 헤이는 늦은 밤에 자주 그를 찾아오는 대통령과 오랜 시간 대화를 나누었다. 각자의 사무실을 벗어난 그들은 한층 더 느긋한 상태에서 광범위한 내용의 대화를 나누었다. 게티즈버그에서 있었던 미드 장군의 전과에 대해 실망하고 난 3주 후였던 그날의 주제는 그동안 여러 번 되풀이되던 것이었다.

'오늘 밤엔 말을 타고 타이쿤과 함께 퇴역군인 관사로 갔다. …… 타이쿤이 어느 정도 탐닉하고 있는 언어학에 대한 이야기를 나누었다.'

말을 다루는 학문인 언어학이 대통령과 그의 절반의 나이밖에 되지 않은 그를 이어주는 매개였다. 헤이는 훗날 자신도 미시시피에서 태어났음을 밝히며 마크 트웨인과 친구가 되었고, 1870년대 초에는 브렛 하트Bret Harte풍의 방언시집을 출간하여 자국어의 혁명에 일정한 기여도 했다. 또한 헤이는 브라운 대학에서 강의를 했으며 신문 편집자, 헨리 애덤스의 상류층 모임 회원The Five of Hearts 그리고 대통령 윌리엄 매킨리와 시어도어 루스벨트의 국무장관으로 활동했다. 그는 '타이쿤'과 논쟁을 할 만큼 자신만의 취향을 갖추고 있었으며 더 나아가 링컨이 초창기의 좋지 않은 습관으로 되돌아가려 할 때면 잘못을 간파해내 밝혀주기도 했다.

지나친 경탄에 빠지지 않으면서 링컨을 존경했던 헤이는 자신의 상관이 남긴 유명한, 서투른 시문 중 한 편의 글에 대한 언급도 남겼다.

그가 최근에 쓴 편지는 위대한 작품이다. 끔찍하리만큼 엉망인, 평판을 까먹을 만큼 천박한 묘사들이 있지만 그럼에도 그 편지는 전체적으로 위대한 인물의 위대한 발언으로서 역사적으로 확고한 위치를 차지하고 있다.

헤이는 링컨을 칭찬하면서도 또 한편으로는 나무라고 있다. 제임스 콩클링에게 보내는 링컨의 편지는 노예해방을 서두르려는 콩클링의 욕망에 대해 빈틈없는 비평을 하고 있다. 그러나 군사적 성공에 대한 묘사는 과장을 넘어 감상적인 깜찍함까지 엿보인다.

미시시피강이 늠름하게 다시 바다로 나아갑니다. 위대한 북서부 사람들께 감사를 드립니다. 하지만 그들뿐만이 아닙니다. 482킬로미터를 나아가 좌우로 진로를 개척하며 뉴잉글랜드, 엠파이어, 키스톤 그리고 저지 지역의 사람들도 만났습니다. 서니 사우스에서도 한 가지 이상의 피부색을 지닌 사람들이 도움을 주었습니다. 그곳에선 자신들의 역사를 흑과 백으로 기록해두었습니다. 그 일은 위대한 국가적인 과업으로서, 명예로운 일부를 떠맡고자 하는 사람이라면 그 어느 누구도 참여를 제한하지 않았습니다. 위대한 강을 개척한 사람들은 당연히 자랑스럽겠지만 그것만으로 끝난 것은 아닙니다. 어느 것도 앤티텀, 머프리스보로, 게티즈버그와 그 외의 잘 알려지지 않은 전쟁터에서 더 용감하고 훌륭하게 수행해냈다고 말하기는 힘듭니다. 또한 엉클 샘Uncle Sam의 해병대를 잊어서는 안 됩니다. 깊은 바다, 넓은 해안, 물살 빠른 강에서는 물론 좁은 진흙투성이의 강어귀와 물이 있는 지역이라면 어디라도 그들이 있었으며 진로를 개척했습니다. 모두에게 감사를 드립니다. 이 위대한 공화국과 공화국을 지키고 살아있게 한 원칙을 위해 그리고 인간의 무한한 미래를 위해 모두에게 감사를 드립니다.

이 편지는 게티즈버그 연설이 있기 불과 3개월 전에 작성된 것이었지만 에버렛의 시적 어법과 자연에 관한 지식과 코믹한 형식도 지니고 있다.

가느다란 눈매로 인해 언제나 깐깐해 보였던 헤이는 이와 같은 단점들을 짚어내는 데 가차 없었다. 링컨이 헤이와 더욱 친밀하게 되었던 것은 정직한 문학적 토론에 대한 욕망이 있었기 때문이었다.

헤이는 이러한 관계의 아이러니를 인식하고 있었다. 변경 출신임에도 몸매가 조그맣고 단정했던 헤이는 멋쟁이였다. 헤이와 그의 나이 어린 친구인 존 니콜레이가 함께 찍은 사진 속에서 이 두 명의 대통령 비서들은 기분이 언짢은 걸리버를 보호하고 있는, 과도하게 커버린 (혹은 옷을 너무나 많이 껴입은) 소인국 사람들처럼 보였다. 오늘날 백악관이라 부르는 곳의 2층에 있는 헤이와 니콜레이의 구석방에서는 그러한 대비가 훨씬 더 두드러져 보인다. 링컨은 깊은 밤중에 이제 막 발견한 책을 읽기 위해 거실을 서성거리곤 했다. 헤이는 자정이 지난 어느 한때의 장면을 그날의 일기에 다음과 같이 기록했다.

링컨은 자신의 기다란 다리 위쪽에 대롱거리고 있는 짧은 셔츠가 타조의 꽁지깃처럼 삐져나와 있는 걸 전혀 의식하지 못하고 있었다. 그

216

모습은 자신이 마음껏 조롱하며 읽고 있는 책 속의 내용보다 훨씬 더 우스꽝스런 것이었다.

맨다리를 한 허깨비 같은 모습에 대해 헤이는 또 다른 글에서 다음과 같이 묘사하고 있다.

그 나이에 여전히 유지하고 있는 체격에 대해 칭찬하자[아직 20대인 그의 눈에는 55세인 링컨이 늙어 보였다] 그는 자신의 몸무게가 82킬로그램이라고 했다. 만약 사실이라면, 중요한 일이다.

마지막 문장으로 보아 헤이가 링컨의 흠을 잡고 있음이 분명하다.

링컨은 한껏 멋을 부린 헤이와 함께 오페라와 연극 특히 셰익스피어를 보기 위해 극장에 가기를 좋아했다. 링컨과 마찬가지로 헤이도 셰익스피어 전문배우인 제임스 해킷을 존경했다. 해킷은 백악관에 초청되기도 했으며 대통령과 서신 왕래도 했다. 헤이는 해킷이 폴스타프(셰익스피어 연극에 나오는 덩치 큰 쾌남 – 역주) 역을 연기하면서 단어를 강조했던 방식을 옹호했다.

대통령은 해킷이 'Mainly *thrust* at me(사납게 내게 덤벼봐)'라는 대사를 읽는 방식에 대해 비판했다. 대통령은 'Mainly thrust at *me*(사납게 내게 덤벼봐)'라고 표현했어야만 한다고 생각했던 것이다. 나는 대통령께서 잘못 생각하신 것이라고 말씀드렸다. 그곳에서 'mainly'는 단순히

'강하게strongly' '사납게fiercely'라는 것을 의미하기 때문이었다.

엄밀한 관점에서는 헤이의 말이 옳다. 여기에서 'mainly'는 '힘껏'을 의미한다. 그러나 만약 폴스타프가 '[불쌍한] 내게'를 애조를 띤 어조로 강조했다면, 개즈힐God's Hill에서 있었던 상상 속의 싸움에 대한 설명이 한층 더 익살맞은 것이 되었을 것이다. 《한밤의 차임벨Chimes at Midnight》에서 폴스타프 역을 연기했던 오선 웰스는 그 논쟁적인 대사를 헤이의 방식이 아닌 링컨의 방식으로 표현했다. 헤이를 비롯한 어느 누구도, 최대한의 효과를 나타내는 익살스런 대사를 짜내는 방법을 링컨에게 가르쳐줄 수 없었다.

어느 한 단어의 정확한 의미(와 강세)를 두고 펼치는 이러한 논쟁은 우리들로 하여금 퇴역군인 관사에서 헤이가 링컨과 펼쳤던 언어학에 관한 토론을 글로 남겼다면 좋았을 것이라는 생각이 들게 한다. 현재 그러한 내용을 담고 있는 것으로는 링컨 자신이 직접 그러한 주제로 작성하고 수차례에 걸쳐 연설했으며 인쇄물로 남기고 싶어 했던 강연이 있다. 그것은 1850년대에 현대의 발명품들을 칭송하는 연설에서 비롯된 것이었다. 그 연설은 역사가 조지 밴크로프트가 했던 유사한 작업을 모방한 것이었다.[3] 이러한 노력에 비추어보아 링컨도 마크 트웨인을 비롯한 1850년대의 야심에 찬 수많은 작가들이 그랬듯이 강연료를 받는 연설가가 되고 싶어 했음을 알 수 있다.

그러나 그가 한결 더 명확하게 수정한 텍스트는 링컨이 인류의 가장 위대한 발명품으로 언어와 그 보급 양식(저술과 인쇄술)을 꼽고 있었음을 알 수 있게 한다. 과학기술의 여명기에 살고 있던 그는 인간에게 발명의 재주가 있음을 드러내는 주된 특징은 여전히 고대로부터의 언어소통 '비결'에 있다고 생각했다. 그가 구사하는 언어들이 남북전쟁 시기에 발달된 무기로 자행되던 단순한 파괴 작업을 꿰뚫고 있었음은 그리 놀라운 일이 아니다. 이 초창기의 강연문을 읽고서, 언어가 '인공적인' 것이며 하나의 발명품이기 때문에 인류의 자랑거리임을 링컨이 알고 있었다는 사실을 의심하기란 불가능하다.

말이라는 것이 그저 소리일 뿐임을 생각해보면, 그러한 소리들을 일정한 기호로 표현해 훗날 어느 때라도 그것이 어떤 소리를 의미하는지 알아차릴 수 있게 하자는 생각은 — 비록 천 년의 시간이 흐르는 동안 어느 한 사람도 그러한 발상을 하진 않았지만 — 뚜렷하면서도 천재적인 착상이라 아니할 수 없습니다. 그런데 각각의 말에 특별한 기호를 부여하자는 발상이 실제로 이루어지고 난 후, 우선적으로 익히고 기억할 2만 개의 말에 서로 다른 기호를 부여해야 한다는 생각이 떠올랐을 것입니다. 비록 그 후엔 모든 것에 기호를 부여하는 것이 가능하지 않다는 난관에 마주치게 되었겠지만, 그렇게 해야 할 필요성은 여전히 있었을 것입니다. 여기에서 우리는 즉시 이런 추측을 할 수 있습니다. 즉, 그러한 발상이 이루어졌다 사라지고 다시 떠올랐다가 폐기되고 또다시 채택하는 과정을 반복하다가 마침내 말들을 부분으로 나누자는 생각을 하게 됐을 것입니다. 어느 하나의 기호로 소리 전체를 나타내는 것이 아니라 일부분을 나타내게 하자는 생각을 하게 되었으며, 그리고 이러한 기호들을 엄청나게 많이 만들지 않고서도 일정한 순열의 원칙으로 조합해 2만 가지의 말과 심지어는 그보다 더 많은 말들도 나타낼 수 있게 하자는 생각을 품게 되어 실험에 돌입했을 것입니다. 이것이 바로 몇몇 국가들의 조악한 그림문자와 확연히 구분되는 표음문자의 발명이었던 것입니다.

아담의 시기에서부터 현재까지 수많은 부족의 사람들이 이러한 문자도 없이 지내왔다는 사실과 앞서 언급했던 생각에 비추어 보았을 때, 이러한 생각을 품고 또 실행한다는 것이 어려웠을 것임은 분명합니다. 우리를 야만인과 구별시켜주는 모든 것이 여기에 기반해 있다는 것을 생각하면 그 효용성을 알 수 있을 것입니다. 그것을 우리에게서 빼앗아간다면 성경과 세상의 모든 역사와 과학과 정부와 모든 상행위 그리고 거의 모든 사회적 활동도 함께 사라질 것입니다.

언어에 관한 링컨의 초기 실험들은 매우 다채로워서 그 새로운 발상에 따른 활용은 거의 익살스럽기까지 하다. 그가 1838년에 청소년을 위한 문화강좌에서 들려주었던 현란한 연설은, 현재 '오이디푸스적인' 정조가 배어 있다는 에드먼드 윌슨의 주장을 옹호하거나 논박하기 위해 지속적으로 연구되고 있다. 하지만 그 연설의 가장 뚜렷한 특징은 복잡다단한 상황을 깔끔하게 균형 잡힌 구조를 통해 표현하려 했던 욕망에서 찾아볼 수 있다.

그들에게 주어진 과업은

(그리고 그들이 고귀하게 수행했던 과업은)

　　이 훌륭한 영토를

　　　　자신들을 거쳐 우리들에게 이르도록

　　　　스스로 지켜내는 것이었으며,

　　이 영토의 언덕과 골짜기들에

　　　　자유와 평등의 권리라는

　　　　정치적 건축물을 세우는 것이었습니다.

　　우리들의 과업은 단지

　　　　앞에 언급한 것을 침략자들의 발에 더럽히지 않고

　　　　뒤에 언급한 것을 흐르는 세월에도 썩히지 않고

　　　　침략에 의해서도 분열되지 않도록 하여

　　　　운명적으로 온 세상에 알리게 될

　　　　가장 나중의 세대에까지

　　　　전해주는 것입니다.

이 문장은 너무나 공을 들인 탓에 명료하지 않다. 그래서 '앞에 언급한 것'이 '이 훌륭한 영토'를, '뒤에 언급한 것'이 '정치적 건축물'을 지칭한다는 것을 명확하게 알아차리기 위해서는 다시 한 번 자세히 읽어보아야 한다. 그러나 이러한 훈련은 조화와 대조법 같은 용법을 더 섬세하게 활용할 수 있도록 링컨을 더 유연하게 만들어주었다. 첫 구절의 의미를 강화해주는 괄호 안의 구절은 그가 훗날 발표할 자신의 산문에 깊이를 더하기 위해 활용하려 했던 것이다.

그들에게 주어진 과업은

(그리고 그들이 고귀하게 수행했던 과업은)

이 훌륭한 영토를

스스로 지켜내는 것이었습니다.

(자신들을 거쳐 우리들에게 이르도록)

이 문장은 다음과 같은 양식을 갖추고 있다.

세상은 거의 주목하지 않을 것입니다.

(또한 오래도록 기억하지도 않을 것입니다)

우리들이 여기에서 말하고 있는 것을.

또는 이러한 양식이기도 하다.

우리가 간절히 바라기를

(또한 우리가 열렬히 기도드리기를)

전쟁의 이 엄청난 형극이

신속히 지나쳐가기를.

또는 이렇다.

정의로움 안에서 굳건하게

(신께서 우리들에게 정의로움을 보여주셨듯이)

온 힘을 다해 완수하도록 합시다.

지금 우리들이 수행하고 있는 과업을.

복잡한 운율적 대비를 사용한 후에 일련의 강한 단음절들을 이용해 문장을 끝내는 것이 그가 특별하게 선호했던 효과였다. '우리들이 여기에서 수행하는 것' 그리고 '우리들이 수행하고 있는 과업' 그리고 '온 세상이 알게 될'과 같은 말뿐만이 아니다.

나와 함께 나아갈 수 있으며

그리고 당신 곁에 머물 것이며

또한 어느 곳에나 영원히 존재할

그분에 대한 믿음으로,

모든 일들이 순조롭게 될 것임을

자신감을 갖고 희망합시다.

두 번째 취임식에서는 다음과 같았다.

양측이 다 전쟁을 반대했지만

한쪽은 국가를 존속시키는 대신

전쟁을 일으키려 했고

다른 한쪽은 전쟁을 사라지게 하는 대신

전쟁을 받아들이려 했습니다.

그리고 마침내 전쟁이 시작되었습니다.

1862년 의회에 전달한 의견에서는 다음과 같았다.

노예들에게 자유를 줌에 있어

자유인들의 자유를 보장해주어야 합니다.

우리들이 주는 것도

우리들이 지니고 있는 것과 같이 명예로운 것이어야 합니다.

우리는 지구 상의 마지막 남은 최선의 희망을

고귀하게 지키거나

혹은 초라하게 잃게 될 것입니다.

앞서 살펴본, 링컨이 문화회관에서 했던 연설의 마무리 문장('가장 나중의 세대에까지')은 다음에 등장할 유명한 연설을 예고하는 것이었다.

우리가 거쳐가야 할 엄혹한 시련이

우리 앞을 비추는 빛이 되어

(명예롭거나 혹은 수치스럽게)

최후의 세대까지 인도할 것입니다.

1862년에 있었던 의회 연설은 1854년 피오리아 연설에서 예견된 것이었다.

　　　　우리들이 이것을 이루어낸다면,

　　　　　합중국을 구하는 것으로 그치는 것이 아니라

　　　　　구해낸 것만큼이나

　　　　　　영원한 가치를 지닌 것으로

　　　　　　만들고 또 보존하게 될 것입니다.

　　　　　합중국을 구하여

　　　　　후대의 수백만 명에 이르는

　　　　　자유롭고 행복한 국민들이

　　　　　　(온 세상에서)

　　　　　자리를 털고 일어나

　　　　　우리들과 저 마지막 세대들까지도

　　　　　축복받았다 칭송하도록 해야 할 것입니다.

링컨이 문장을 짧고 단순하게 쓰는 것만으로 게티즈버그 연설의 간결한 스타일을 이루어냈다고 생각하는 것은 잘못이다. 실제로 그 연설문의 후반부는 총분량의 3분의 1에 이르는 83개의 단어로 조율된 매우 긴 문장으로 마무리된다. 링컨이 남긴 또 하나의 유명한 웅변이라 할 두 번째 취임연설문도 마찬가지여서, 그것의 마지막 문장에 쓰인 단어는 75개에 이른다.

　그가 거쳤던 초기의 실험들로, 링컨이 구사하는 문장은 구조의 유연

성과 운율적인 흐름, 단어와 구, 절과 문장 길이의 변형 등을 확보하고 있다. 이러한 것들을 통해 그의 문장들은 치밀함과 의도를 드러내는 방향으로 '자연스럽게' 나아가는 것이다.[4] 윌리엄 수어드가 작성해 제시한 첫 취임연설의 종결부분을 링컨이 어떻게 수정했는지를 보게 될 때 우리는 그의 언어 강습소에 들어서게 된다.[5] 모든 문장이 리듬, 강세법, 명료함이라는 면에서 현격히 개선되어 있다.

수어드	링컨
이제 끝맺으려 합니다.	끝을 맺기가 싫군요.
우리는 분명 이방인도 적도 아니며 또 그렇게 되어서도 안 되는 하나의 국민이며 동포인 것입니다.	우리는 적이 아닌 친구입니다. 우리는 적이 되어서는 안 됩니다.
비록 격정이 우리를 이어주는 애정의 끈을 너무 가혹하게 비틀어놓았지만 그것은 절대 끊어져도 안 되며, 절대 끊어지지 않을 것임을 확신합니다.	비록 격정이 심해졌을지라도 그것이 우리들의 애정의 끈을 끊도록 해서는 안 됩니다.

그 신비로운 화음chords은
수많은 전쟁터와 수많은
애국자들의 묘지로부터
시작되어 이 넓은 대륙에 사는
우리들 모두의 가슴과
보금자리들을 거쳐 기필코
고대의 음악처럼 조화를
이루어낼 것입니다.
이 국가의 수호천사들이
내뿜는 숨결에 의해.

기억 속에 있는 그 신비한
현chords은 모든 전쟁터와
애국자들의 묘지로부터 드넓은
이 땅 곳곳에 있는,
모든 살아있는 가슴과
보금자리로 뻗어나가
합중국을 합창으로 넘쳐나게
할 것입니다.
우리들 본성의 보다 선한 천사들이
다시 어루만져줄 때.

링컨이 첫 문장에 사용한 망설이는 듯한 단음절들은 연합의 마지막 희망이 의지하고 있는 대화의 끈을 단절시켜버리고 싶지 않아 집착하고 있는 듯이 들린다. 그는 두 가지 용어(적과 친구)를 이용하여 그다음 문장을 단순하게 들리도록 했다. 수어드의 경우 두 쌍의 용어(이방인과 적 / 국민과 동포)를 사용했지만, 링컨은 '우리는 적이 되어서는 안 됩니다'라는 절박한 문장을 통해 '적'이라는 단어를 되풀이했다.

그다음 문장 역시 길고 복잡한 마무리 문장의 이미지와 대비시켜 효과를 이끌어내고 긴박한 느낌의 단어 'must'를 반복 사용하기 위해 단순화시켰다. 애정의 끈bonds이라는 표현은 링컨의 문장에서 기억의 줄cords이 된다. 끈bonds과 줄strings은 모두 물리적인 이미지들이다. 그 화음chords은 음악적 소리sounds가 아니다. 링컨은 'chord'와 'cord'라는 단어의 철자를 서로 바꾸어쓸 수 있도록 했다. 이 단어들은 어원이 같다. 거북이 등에 나있는 선cord을 보고 아폴로가 류트라는 현악기를 만들었듯 그는 원의 호를 가로지르는 선을 의미하는 기하학 용어인 '현chord'을 사용한다.[6] 그와는 달리 독립선언문을 미국인의 가슴과 가슴에 메시지를 전달하는 전기선electrical wire이라고 부를 때는 그 단어의 철자를 'cord'라고 썼다.

'독립선언문에 내재된 전기선electric cord은 애국적이며 자유를 사랑하는 사람들을 함께 이어줍니다.'

비록 '화음이 묘지로부터 시작되어'라는 표현이 기괴하기는 하지만, 수어드는 호흡해야 하는 줄이 (하프나 류트의) 현이라는 것을 알고 있었다. 링컨은 독립선언문 내에서의 이미지처럼 그 끈cords들을 무덤들에서부터 살아있는 가슴까지로 확대시켰다. 수어드 역시 끈들과 함께 호흡하는 데서 오는 조화들을 이야기하는 것으로 영묘함을 이끌어낸다.

우리들 본성의 보다 선한 천사들이 합중국의 합창을 널리 퍼지도록 현cord을 연주한다고 한 링컨의 표현이 한결 더 음미할 만하다(그리고 더욱 이해하기 쉽다). 마지막으로 수어드는 동음운율 반복효과를 위해 '가슴과 집집마다'를 가로지르는 화음이라는 이상야릇한 묘사를 펼친다. 링컨은 그 행을 무덤들로부터 사람들의 가슴과 노변爐邊으로까지 연장시킨다. 그는 'living-hearts(생생한 가슴), hearth-stone(노변)'과 같은 한 덩어리의 교차대구법(a-b-b-a)을 이용하여 생기 넘치는 가슴과 생기 없는 화로를 대비시킨다. 그렇게 하여 이질적인 두 개의 사물을 하나의 줄cord로 꿰는 수어드의 서툰 이미지를 극복한다. 링컨은 수어드의 과장된 표현에 예리한 이미저리를 주고, 그것을 짧거나 긴 문장과 구들의 쾌음조와 상호작용을 통해 결론 부분을 거의 그 자신이 쓴 최고 수준의 산문으로 끌어올려놓았다.

링컨은 이와 같은 글에서도 수사를 소홀히 하지 않고, 삶의 속도가 앞 세대의 수사가들이 펼쳤던 여유로운 스타일을 받아들이지 못하는 근대에도 과거의 형식에 맞는 이상들을 구현하려 했다. 간결함은 한결같은 고대의 이상이었으므로 그는 이러한 노력을 통해 신고전주의를 완성시켰던 것이다. 링컨의 시대에도 여전히 고대 수사법 해설자로 존경을 받고 있던 휴 블레어Hugh Blair는 다음과 같은 글을 남겼다.

> 어떤 문장의 설득력을 강화하는 첫 번째 법칙은 그 문장으로부터 군더더기를 제거하는 것이다. …… 정확함precision의 엄밀한 의미는 그 단어의 어원에서 유추해볼 수 있다. 그 단어는 잘라낸다precidere라는 말에서 유래되었다. 정확함은 과잉되어 있는 것을 모두 잘라내고 그것을 표현하는 사람의 생각을 더도 덜도 아니게 정확히 드러낸다는 것을 의미한다.[7]

링컨은 블레어의 작품을 알고 있었을 것이다. 조슈아 스피드Joshua Speed가 '작문을 위한 그의 연구는…… 짧은 문장과 간결한 문체를 만들기 위한 것'이라 평가했던 작업을 하면서, 그와 유사한 교재들로부터 그 원칙을 알게 되었음이 분명하다.[8] 링컨의 작업은 블레어가 생각했던 이상을 제대로 구현했던 것으로 보인다. 그 예로 1858년 분열된 집 연설의 시작 부분을 살펴보기로 하자. 돈 페런바처는 이 연설이 대니얼 웹스터가 쓴 〈헤인에게 주는 답변〉에 많은 영향을 주었다는 것을 확인해 준 바 있다.[9] 이 글은 처음 몇 단락에서 대조법을 한층 더 두드러지게 사용하고 있다.

> 뱃사람이 여러 날 동안 막막한 바다 위에서 거친 기후를 견디고 있었다면 그는 당연히 폭풍우가 멈추고 햇빛이 잠깐 비치는 틈을 이용해 자신이 본래의 항로에서 얼마나 멀리 벗어났는지 알아내려 할 것입니다. 우리들은 그러한 신중함을 가져야 합니다. 그리고 이러한 격론의 파도에 밀려 더욱 멀리 떠돌기 전에 우리들이 어디에서부터 출발했는지 생각해야 합니다. 그렇게 함으로써 최소한 우리들이 어디쯤 와있는지 헤아려볼 수 있을 것입니다.[10]

다음은 링컨의 간략한 서론이다.

> 만약 우리들의 현재 위치와 우리들의 나아갈 방향을 알고 있다면 우리가 할 일이 무엇인지 그리고 어떻게 해야 할지에 대해 더 나은 판단을 할 수 있을 것입니다.

비록 링컨이 웹스터를 '탁월한 감각으로 이야기하고 훌륭한 언어를 구사하는' 사람으로 칭송했으며 자신의 연설문에 활용하기 위해 〈헤인에게 주는 답변〉이라는 글에서 몇몇 생각과 구절들을 따오기도 했지만,

230

위의 글은 은연중 웹스터를 비판하는 듯한 뉘앙스를 띤다.[11] 실제로 링컨은 그 당시 '웅변의 황금시대'를 이끌었던 세 거장, 웹스터와 클레이, 칼훈을 모두 존경했다.

링컨의 산문적 특징으로 드러나는 간소함은 자연스럽게 이루어진 것이 아니라 연구의 결과이다. 블레어는 꾸밈이 없는 것만으로는 충분하지 않다고 가르쳤다. 설령 문장의 정상적인 질서를 뒤바꾸는 한이 있다 하더라도 적절한 단어들이 두드러지게 배치되어야 한다.[12] 트웨인은 비록 욕설을 할 때일지라도 눈에 띄는 위치에 '효과적인 대비어crash-words'를 넣기 위해 연구해야 한다고까지 했다. 젊은 시절에 링컨은 일종의 언어적 운동경기를 치르듯 이 문제에 몰두했다.

'부서진다 해도, 나, 역시 어쩌면, 그것에 고개 숙이지 않을 것이다 Broken by it, I, too, may be; bow to it I never will.'

그는 일생을 통해 문법적인 도치를 즐겨 사용했지만, 그것을 제대로 연구한 것이 아닌 것으로 보이도록 하는 법을 익히고 있었다. 그는 두 번째 취임연설에서 '우리들은 간절히 바라며 열정적으로 기도드립니다 We fondly hope and fervently pray'라 하지 않고 '진정으로 간절히 우리들은 바라며, 진정 열정적으로 우리들은 기도드립니다Fondly do we hope, fervently do we pray'라고 표현했다.

블레어는 균형 잡힌 대조법을 통해 뜻을 명확히 할 것을 권했다. 그는 유명한 포프의 경우를 예로 들었다.

호메로스는 가장 위대한 천재였으며, 베르길리우스는 훌륭한 예술가였습니다. 전자의 경우 우리는 그 사람을 가장 흠모하며, 후자의 경우 그 작품에 대해 경탄합니다. 호메로스는 위압적인 충동으로 우리들을 다그치고, 베르길리우스는 매력적인 위엄으로 우리를 이끌어갑니다.[13]

링컨은 1854년까지 미국이 처해 있었던 적대적인 분할 상태를 다음과 같이 묘사한다.

> 남부는 승리에 들떠 무리한 시도를 획책하려 하며, 북부는 배신감에 노여워 자신들의 잘못을 질책하며 복수심에 불타오릅니다. 한쪽은 선동하고, 다른 한쪽은 저항합니다. 한쪽은 조롱하고, 다른 한쪽은 무시합니다. 한쪽은 공격하고, 다른 한쪽은 보복합니다.

수사가들은 링컨이 파국으로 향하는 행보를 더욱 가속시키기 위해 '구와 절마저도 줄였다'고 한다.

그러나 블레어는 이러한 모든 장치들이, 의미를 더 명확히 하고 진실을 더 설득력 있는 것으로 만들기 위한 정직한 의도로 사용되지 않는다면 자멸적인 것이 될 것이라고 가르쳤다.

> 우리가 자신을 서툴다고 표현할 때마다 언어의 남용은 물론 그 주제를 생각하는 방식에 문제가 있다는 것을 대부분 모르고 있다. 당혹스럽고 모호하고 연약한 문장들은 일반적으로 항상은 아닐지라도 당

혹스럽고 모호하고 연약한 사고의 결과이다. 사고와 언어는 서로 상호 작용을 한다. 논리와 수사는 다른 많은 경우에서처럼 엄격히 연결되어 있다. 정확하고 질서 있게 문장을 배열하는 법을 배우는 사람은 동시에 정확하고 질서 있게 사고하는 법을 배우는 것이다.[14]

분명, 이것이 바로 링컨의 웅변이 갖고 있는 비밀이다. 그는 자신의 생각을 소리로 나타내기 위해 큰 소리로 읽었을 뿐만 아니라, 자신의 생각들을 정리하기 위해 글로 옮겨 썼다. 그는 분석적인 훈련에 열성적이었다. 링컨은 헌돈과 같은 사람들이 경외했던 유클리드 기하학에 정통하게 된 것을 자랑스러워했다.[15] 그는 사람들이 가장 무미건조한 과목이라 생각했던 문법을 즐겨 연구했다.[16] 그가 철자법에 재능이 있었음을 주장하는 사람들도 있지만 그것은 필사본들에 의해 반증된 바 있다.[17] (어원과는 별개로) 그가 배워야 했던 철자법은 논리적이기보다는 오히려 독단적이었다. 그가 관심을 가졌던 것은 생각이나 외부세계의 패턴을 반영하는 질서로서의 법칙이라 할 언어의 논리적 측면이었다.

헌돈에 의하면 링컨은 또한 정확한 어휘의 선택을 위해 노력했다. 그는 올바른 단어와 '거의 올바른 단어' 사이의 차이는 번개lightning와 반딧불이lightning bug의 차이라는 마크 트웨인과 견해를 같이한다.[18] 그는 더글러스와 토론하는 과정에서 자신의 적수인 그가 마치 마로니에 열매 horse chestnut와 밤색의 말chestnut horse을 동일시하듯이, 어휘의 유사성과 사물의 유사성을 혼동하고 있다고 말했다.

이러한 링컨의 태도에 대한 헌돈의 묘사는 휴 블레어의 기준을 암시

한다. 블레어는 다음과 같이 말한다.

사람이 자신의 생각을 표현하기 위해 사용하는 단어들은 어쩌면 세
가지 면에서 불완전한 것이다. 글쓴이가 의도한 생각을 나타내기보다
는 단지 비슷하거나 닮은 것을 나타낸다는 점, 혹은 생각을 있는 그
대로이거나 완전하지 않은 상태로 나타낸다는 점, 혹은 의도했던 것
이상의 무언가와 함께 표현될 수도 있다는 점 등이 그것이다. ……
그 어떤 언어에서도 동일한 생각을 정확하게 전달하는 두 개의 단어
는 거의 없지만 그 언어의 적절한 사용에 몰두해 있는 사람은 그것
들의 차이점을 드러내는 의미있는 무언가를 관찰할 수 있을 것이다.
…… 많은 작가들이 그것을 서로 혼동하며, 실제로는 그렇지 않음에
도 마치 그것들의 말뜻이 정확히 같은 것처럼, 문장을 채우거나 문체
를 다듬기 위해 혹은 언어를 다양화하기 위한 목적으로 그것을 부주
의하게 사용하는 경향이 있다. 그렇게 하여 모호함과 명료하지 않음
이 부주의하게 문체에 뒤덮이는 것이다.[19]

트웨인과 헌돈 두 사람은 문장 위에 낀 안개라는 이미지를 사용하여 '올
바른 단어'가 사라지고 있음을 표현했다. 다음은 트웨인의 글이다.

확실한 안내인은 올바른 단어입니다. 그것은 읽는 이의 길을 밝혀주
며 명백한 것으로 만들어줍니다. 그와 매우 흡사한 것도 만족을 줄
것이며 그것의 도움을 받아 충분히 멋진 여행을 할 수 있을 것입니

다. 올바른 단어의 우월성에 대한 즉각적인 인식은 순식간에 이루어지기 때문에 그것을 살펴보고 등급과 위치를 매겨줄 시간도 없습니다. 주로 유사한 것들을 취급하는 그럴듯한 문학도 많이 있지만, 그것은 마치 내리는 빗속에서 멋진 풍경을 바라보는 것에 비유될 수 있을 것입니다. 올바른 단어는 내리는 비를 말끔히 치워버립니다. 그렇게 하여 여러분들은 풍경을 더욱 확연히 볼 수 있게 될 것입니다. 하우얼스Howells가 작업 중일 때는 비가 오지 않습니다.[20]

마찬가지로 링컨이 작업 중일 때에도 비가 오지 않는다고 헌돈은 말한다.

그는 완벽한 정신적 렌즈를 통해 모든 사물을 바라봅니다. 그 렌즈에는 회절이나 굴절이 전혀 없습니다. 그는 충동적이지 않으며 공상적이거나 상상에 빠져들지도 않습니다. 그 대신 냉정하고 침착하고 정밀합니다. 그가 자신의 모든 정신적 광채로 사물 주변을 비추면 이내 실질과 특성이 뚜렷이 구별되고 형태와 색상이 적절한 위치를 차지하게 되어 모든 것이 그의 마음속에서 명료하고 정확해집니다. …… 낱말들을 찾는 과정에서 링컨은 종종 난감해했습니다. …… 방대한 낱말의 저장고 속에 자신의 생각과 딱 맞아떨어지는 색상과 힘과 모습을 지니고 있는 낱말들이 매우 드물었기 때문입니다.[21]

링컨은 자신이 상대하고 있는 사람이 부정확한 언어를 구사할 때는 냉혹하리만큼 무자비하게 지적했다. 스티븐 더글러스가 윈필드 스콧

Winfield Scott을 지명한 것이 합중국을 곤궁에 빠뜨렸다고 했을 때 링컨은 다음과 같이 응수했다.

> 글쎄요, 우리들은 모두 '합중국을 곤궁에 빠뜨렸다'는 견해에 당연히 깜짝 놀라야만 할 것입니다. 하지만 선견지명이 없는 사람들이 스콧을 지명한 일에서 그러한 곤궁을 알아차리기란 조금 어려울 것 같군요. 분명히 해주십시오. 곤궁을 낳는 것이 선거가 아닌 지명이라니요. 판사께서는 선거라고 말씀하시지 않는군요. 선거라고 말씀하실 수 없을 겁니다. 왜냐하면 그분은 우리들에게 스콧이 선거에서 이길 가망이 없다고 거듭거듭 확인을 해주셨기 때문입니다. 그분은 결코 불가능한 것을 확신하는 일로 인해 놀라지는 않을 것입니다. 진실을 말하자면 나는 그분이 무언가를 말씀하시려 했다면 분명 선거를 의미하는 것이었다고 추측합니다. 하지만 그분의 전반적인 주장이 단순한 난센스라고 느껴지는 건, 그분이 어떤 정확성을 근거로 말씀하실 수 있을 만큼 명확하게 그 문제에 대해 생각했을 것 같지 않기 때문입니다.

논리학자들이나 루이스 캐럴, 에드거 포 같은 소설가들처럼 링컨은 언어의 비논리적인 사용에서 공상적인 이야기를 발견해냈다. 더글러스는 윈필드 스콧이 '나는 첨부되어 있는 결의안과 함께with 지명을 받아들이겠습니다'라고 말했다는 것을 들어, 그가 휘그당Whig의 강령에 대한 기만적인 답변을 즐기고 있다고 비난했다.

북부에서는 그가 그 강령에도 불구하고 지명을 수락하겠다, 그 강령을 무시하고 있지만 수락하겠다, 그 강령에 침을 뱉고는 있지만 수락하겠다는 뜻으로 받아들이게 될 것입니다.

링컨은, '진정으로 이런 것들이야말로 함께with라는 단어의 멋진 대체어로군요'라고 응답했다. 그러면서 그는 성서 속의 시구에 사용된 'with'를 다음과 같이 대체하자고 제안했다. 즉, '에녹이 [비록 침을 뱉기는 했지만?] 신과 함께 걸었다Enoch walked with [although he spat upon?] God.' 그는 더글러스의 해석 도구를 이용하여 자신만의 현란한 문장들을 구사해낸다.

또 다른 예로, 더글러스 판사의 비준 연설 중에서 민주적인 강령과 민주적인 후보자인 피어스와 킹에 관련된 문장을 살펴보면 다음과 같은 것이 있습니다.

'이러한 강령과 함께, 이러한 후보자와 함께, 영광스런 승리가 우리를 기다리고 있습니다.'

이제 스콧 장군의 표현을 비난하는 더글러스 판사의 규칙에 근거한다면 위의 문장은, 의미를 곡해하지 않고서 다음과 같은 방식들로 읽혀야 할 것입니다.

'이러한 강령에도 불구하고, 이러한 후보자에도 불구하고, 영광스런 승리가 우리를 기다리고 있습니다.'

'비록 우리가 이러한 강령을 무시하지만, 이러한 후보자도 무시하지만, 영광스런 승리가 우리를 기다리고 있습니다.'

'비록 우리가 이러한 강령에 침을 뱉어도, 이러한 후보자에게 침을 뱉더라도, 영광스런 승리가 우리를 기다리고 있습니다.'

링컨의 말에 쉽게 호응하는 휘그당원들은 그의 이야기가 어떻게 전개될지 예상할 수 있었다. 하지만 허무맹랑한 주장 자체가 스스로 무너져 내리도록 더글러스의 '유사어들'을 하나씩 해체해나가자 자연스럽게 환호를 보냈다.

18세기에는 헌법이 오직 자유로운 백성들에게만 적용되었다는 드레드 스콧의 판결이 있었을 때, 링컨은 그러한 판결을 옹호했던 더글러스의 입장을 끄집어내어, 다시 한 번 상대방을 조롱하기 위해 그 단어치환을 활용했다.

여러분이 옛날의 방식으로 독립선언문을 읽고 난 후에 더글러스 판사의 방식으로 다시 한 번 읽는다고 가정해봅시다. 그건 이렇게 될 것입니다. '우리들은 다음과 같은 진리가 자명하다고 믿는다. 81년 전에 이 대륙에 있었던 모든 영국 백성들은 대영제국에서 태어나 살고 있던 모든 영국 백성과 평등하게 태어났다.'

파커도 1848년에 이와 비슷한 단어치환을 시도했다. '우리의 이론을 실천하기 위해 우리는 그 위대한 정부문서를 초안했으며, 모든 인간은 평등하게 태어났으며, 만약 백인 어머니에게서 태어났다면 창조주로부터 양도할 수 없는 확실한 권리를 부여받은 것이겠지만, 만약 그렇지 않다

면 권리는 없다고 선언한 그들의 손에 독립선언문을 다시 회부시켜야만
합니다.'[22]

정확한 언어구사를 추구하려는 노력 속에서 링컨은 종종 그 자체로
심미적인 만족의 원천이 되는 명료함을 성취해냈다. 이러한 경향을 드
러내는 데 블레어의 글보다 더 나은 것은 없다.

> 글쓰기의 명료함을 그저 일종의 부정적 미덕, 즉 결점으로부터의 자
> 유 정도로 여겨서는 안 됩니다. 그것은 더 높은 가치를 지니고 있습
> 니다. 그것은 긍정적인 아름다움인 것입니다. 우리들이 어떤 저자에
> 대해 칭송하고 그를 칭송받을 만한 사람이라 생각한다면, 그는 자신
> 이 의미하는 바를 찾아야 하는 피곤함으로부터 우리를 해방시켜주는
> 사람이며 그 어떤 당혹감이나 혼동 없이도 우리를 자신의 주제로 이
> 끌어가는 사람입니다. 그의 문체가 언제나 바닥까지 보이는 투명한
> 개울처럼 흐르도록 하는 사람입니다.[23]

호러스 그릴리에게 보낸 링컨의 유명한 편지는, 문장 구조마저도 그러
한 예를 보여주는 듯하다. 문법도 명쾌하다. 일련의 단순하면서도 분리
된 문장들을 배열하는 것으로 링컨은 끈기있게 모든 대안들을 다 소진
해버린다. 그는 되풀이되는 'if(만약 ~라면 / 만일 ~라도)'로 문장을 시작하
여, 모든 양보절과 가정절의 변화를 불러일으킨다. 주제에 대한 하나하
나의 변증에 따른 분석은 마치 링컨이 문을 하나씩 조용히 닫고 있는 것
처럼 오해의 가능성을 차단시킨다. 논점들은 마치 일련의 유클리드 수

학 원리처럼 명쾌하게 순차적으로 개진된다.

이제 막 뉴욕《트리뷴》지에서 나에 대해 본격적으로 언급하신 당신의 19번째 기사를 읽었습니다.

만약 그 기사 속에 내가 알고 있는 어떤 사실에 대한 잘못된 언급이나 추측이 있다 하더라도, 지금 여기에서 그것들에 대해 논박하지는 않겠습니다.

만약 그 기사 속에 잘못 도출된 결론이 있음을 확신하고 있다 해도, 지금 여기에서 그것들에 대해서는 논쟁하지 않을 것입니다.

만약 그 기사 속에 성마르고 독단적인 어조가 분명하게 드러난다고 해도, 언제나 정의로운 가슴을 지니고 있으리라 믿고 있는 옛 친구를 존중하여 그러한 것들에 대해서는 대응하지 않겠습니다.

당신이 말하셨듯이 내가 '추구하고 있는 것처럼 보이는' 그 정책에 관해 나는 어느 누구에게도 의심의 여지를 남겨려 하지 않습니다. 나는 합중국을 구하려 합니다. 나는 헌법하에서 가장 빠른 방법으로 합중국을 구하려 합니다.

국가의 권위가 빨리 회복되면 될수록 과거의 합중국이 그랬듯이 훨씬 더 가까운 곳에 존재하게 될 것입니다.

만약 노예제도를 함께 존속시키지 않는 한 합중국을 구하지 않겠다는 사람이 있다면, 나는 그들의 의견에 동의하지 않습니다.

지금 이 투쟁에서 나의 지상 최고의 목적은 합중국을 구하는 것이지, 노예제도를 존속시키거나 파괴하려는 것이 아닙니다.

만약 내가 노예를 해방시키지 않고도 합중국을 구할 수 있다면 나는 그렇게 할 것이며, 만약 내가 모든 노예들을 해방시켜야 구할 수 있다면 나는 그렇게 할 것입니다. 만약 내가 몇몇은 해방시키고 몇몇은 그대로 내버려둠으로써 구할 수 있다면 또한 그렇게 할 것입니다.

내가 노예제도와 유색인종에 대해 어떤 일을 한 것은, 그렇게 하는 것이 합중국을 구하는 데 도움이 된다고 믿기에 그렇게 한 것입니다. 내가 삼간 것이 있다면, 그것이 합중국을 구하는 데 도움이 된다고 믿지 않기에 그렇게 한 것입니다.

내가 지금 행하고 있는 일이 그 대의를 손상시킨다고 믿게 되는 경우에는 그 일을 하지 않을 것이며, 더욱 많은 일을 하는 것이 그 대의에 도움이 된다고 믿을 때마다 그 이상의 일을 할 것입니다.

잘못된 것이 드러나게 되면 그 잘못을 고치려 노력할 것이며, 진실한 견해로 드러나게 되면 최대한 빠르게 새로운 견해로 받아들일 것입니다.

여기에서 나는 공적 의무에 대한 나의 견해에 따라 나의 목표를 진술했으며, 자주 표현했듯이 모든 곳의 모든 인간이 자유롭기를 기대한다는 나의 개인적인 소망을 수정할 의도는 없습니다.[24]

이것은 기교 자체를 숨기는 고도의 기교라 할 수 있다. 서두의 문장들은 한 사람의 책무를 한정지으며 악감정을 사라지게 하고 청중들과의 공통분모를 찾는 고전적인 서론의 역할을 수행하고 있다. 옛 친구의 가슴을 향한 링컨의 연설보다 더 모범적이며 전통적으로 '선의를 향해 호소하는 것'은 없을 것이다.

자신의 입장을 명확히 하면서도, 링컨은 자신의 잘못이 입증되면 즉시 진로를 바꿀 것임을 고백한다. 하지만 그 자신이 구축한 얼개 내에서만 그렇게 할 것임을 약속한다. (그는 어떤 변화가 합중국을 구할 때에만 변화시킬 것이다.) 그의 목소리는 고압적이기보다는 공손하게 들린다. 하지만 그는 사실 자신의 기준 외의 모든 것을 사전에 배제해놓고 있는 것이다. 그것은 그의 가장 유명한 대안적인 가능성들에 관한 연설에서 사용했던 것과 동일한 종류의 수사적 함정이다.

'스스로를 분열시키려는 의회는 존속할 수 없습니다.'

나는 이 정부가 영원히 반은 노예상태로, 반은 자유인 상태로 유지될 수는 없다고 믿습니다.

나는 합중국이 해체될 것이라고 기대하지 않습니다. 나는 의회가 무너져내릴 것이라고 기대하지 않습니다. 하지만 나는 의회가 분열되지 않기를 진심으로 기대합니다.

그것은 전적으로 어떤 한 가지가 되거나 전적으로 다른 어떤 것이 될 것입니다.

노예제를 반대하는 사람들은 그 확산을 막을 것이며, 그것이 궁극적으로 소멸될 것이라고 믿는 대중들의 마음이 옮겨가는 곳에 그것을 둘 것이며, 또한 노예제를 옹호하는 사람들은 모든 주 — 신생 주뿐만이 아니라 기존의 주, 남부뿐만이 아니라 북부 — 에서 동일하게 합법적인 것이 될 때까지 줄곧 밀어붙일 것입니다.

우리가 후자의 상황으로 흘러갈 경향은 없는 것일까요?

이러한 두 가지 결과 그리고 이러한 두 가지 결과만이 가능하다는 것을 제시하는 문장 구조를 통해 자신의 강조점들을 강화시킨다.

비록 링컨이 전제에 대한 비판을 선취하기 위해 성서적 비유로 문장을 시작했지만 그 언어에는 모든 수사적인 요소들이 없어진 것으로 보인다. 링컨의 논리는 도전을 받을 수도 있으며 또 도전을 받아왔지만 언어의 배열은 논리적이고 명쾌하다. 그것은 또한 짧게 다듬어진 특성을 바탕으로 한 절박함이기도 하다. 모든 논점들의 신속한 전개는 읽는 사람으로 하여금 어떤 결정이 필요하다는 것을 강요하는 것처럼 보인다. 링컨의 언어는 일정한 목적을 위해 잘 연마되어 있다.

세기의 유장한 연설과 토론들을 돌이켜 생각해볼 때, 현재의 의사소통에 빈번히 출몰하는 단절음을 유감스럽게 생각해야 할지도 모른다. 현대인의 주의력을 짧고 산만하게 만든 데는 텔레비전을 비롯한 현대적 발명품들의 책임이 크다. 그러나 이와 비슷한 과정이 링컨의 시대에도 있었으며 그는 그러한 것을 기꺼이 받아들였다. 철도와 전신 그리고 증기선이 세상사의 흐름을 빠르게 했던 것이다. 사람들의 생각과 언어는 새롭고도 간결한 리듬을 띠었다.

언어를 이 세상의 위대한 발명품으로 여겼던 링컨은 언어와 동족이라 할 발명품인 전신을 기꺼이 받아들였다. 그는 장군들과의 연락을 유지하기 위해 전신을 이용했다. 심지어 그는 정찰용 풍선을 매다는 전선 줄로 실험을 하기도 했다.[25] 대통령으로서 링컨은 미국의 전신기 개발자인 스미스소니언 협회의 회장 조지프 헨리와 긴밀한 작업을 했다.[26] 그는 '인간의 소식을 순식간에 전달하기 위해 이용되는' 번개에 대해 찬사를 보냈다. 링컨은 육군성 내에 있던 전신센터에서 오랜 시간을 보냈으며, 간결함만큼이나 명쾌함이 필요한 이 기구에서 여전히 서툴고 부정확한 언어들이 사용되고 있다는 사실에 대해 참을 수 없어 했다.[27]

헤이는 링컨이 군사기술자들 중에서 현대적 언어를 효과적으로 사용하는 사람을 발견하게 되었을 때 무척 만족해했었음을 회고했다.

> 그 사람은 알렉산드리아의 철도원이었던 허먼 호프트Herman Haupt였다. 그는 체이스가 말한 것처럼, 자신의 양어깨 위에 별 두 개짜리 장군의 머리를 갖고 있었다. 대통령은 최소한의 단어로 가장 원하는 정보를 전달하는 그의 사무적인 성격의 전보문에 특별한 감명을 받았다. 그것은 우유부단하고 툴툴거리며 모호하고 부정확한 전 총사령관 [매클렐런]의 전보문과 명확히 대비되는 것이었다.

그랜트 장군에 대한 링컨의 존경심은 부분적으로, 군사 작전에 대해 설명하거나 주장을 펼칠 때 애매모호했던 매클렐런과는 달리 그가 언어를 적확하게 사용했기 때문이다. 링컨은 훗날 그랜트의 전기를 출판한 마크 트웨인이 그랬던 것처럼, 한때 수학을 가르치기도 했던 육군사관학교 출신의 이 장군이 서술적인 산문의 대가라는 사실을 알아차렸다. 전투가 잠시 소강상태에 접어들 때 그랜트는 말 위에 앉은 채로 부하들에게 건넬 모범적인 지시사항들을 작성하곤 했다. 존 키건John Keegan은 그러한 기술을 웰링턴 공작의 기술과 비교하기도 했다. 더 나아가 키건은 '미국의 역사 연구에서 영원한 수수께끼라 할 "남북전쟁에서 북부가 승리한 이유"를 설명해줄 문서가 단 하나 있다면 그것은《미국 그랜트 장군의 개인적인 회고록The Personal Memoirs of U.S. Grant》이다'라고까지 말했다.[28]

제임스 맥퍼슨은 링컨이 언어의 힘으로 전쟁에서 이겼다고 주장했다.[29] 이러한 두 가지의 반쪽 진실은 적어도 하나의 완벽한 진실을 내포하고 있다. 즉, 논점이 분명한 언어들은 그랜트와 링컨이 놀라울 정도의 상호교감과 군사적 의견일치를 이룰 수 있게 한 매개물이었다는 것이다.[30]

1864년 8월 17일에 링컨이 보낸 전보에는 오해의 가능성이 전혀 없었다. '계속 불독처럼 물고 늘어지고 물어뜯어 숨통을 끊어버리시오, 최대한으로.' 이 전보문을 읽은 그랜트는 폭소를 터뜨리며 '대통령께선 그 어떤 고문들보다 배짱이 있다'고 말했다.[31] 링컨이 전보문에 사용한 수사에는 단음절과 스타카토식의 박자가 있다.

받아들이지 마시오. 확고한 자세를 유지하시오.

그 지점에서 확고히 지키시오. 마치 강철 사슬처럼.

매일, 매시간 경계하고 강압하시오.

과거의 다소 느슨한 어구들로 표현하기에는 현실의 사건들이 너무나도 빠르게 진행되고 있었다. 웅변가로서 링컨은 전후에 관한 트웨인의 통찰력을 한발 앞서 파악했다.

'설교 시작 20분 후에는 구원받을 수 있는 죄인이 없다.'[32]

당연하게도 절묘한 비결은 단순히 짧게 말하는 것이 아니라 최소한의 단어로 최대한의 이야기를 전하는 것이다. 링컨이 자신의 두 번째 취임연설문에서 사용한 600단어에 대해 '내가 느끼기로는, 그 연설문 속에는 수많은 지혜가 담겨 있다'며 자랑스러워했던 것은 타당한 일이었다.[33] 대략 그 연설에 사용했던 단어의 반 정도밖에 사용하지 않았던 게티즈버그 연설문의 경우는 더욱더 그러하다.

단어를 남발하지 않으려는 의지는 수사학자들이 '접속사 생략asyndeton'이라 부르는 — 짝을 이루는 단어를 생략하는 — 전보문체적인 특성에서 잘 드러난다.[34] 주장의 강도를 늦추기 위한 '그리고'나 '그러나'가 없는 삼중의 표현법은 마치 북소리에 박자를 맞추는 것처럼 들린다.

we are engaged......
We are met......
We have come......

we can not dedicate......
we can not consecrate......
we can not hallow......

that from these honored dead……

that we here highly resolve……

that this nation, under God……

government of the people,

by the people,

for the people……

탄생과 시련과 재탄생을 암시하는 이미지들에도 불구하고, 그의 연설은 놀라울 만큼 꾸밈이 없다. 언어는 자연스럽게 역동성을 띠게 되고, 그 골격이 쉽게 파악되어 마침내 문법마저도 수사법의 한 형식이 된다. '그것'이나 '그들'과 같은 대명사를 사용해 간접적으로 언급하거나, '전자'나 '후자'와 같이 주저하는 듯한 지시어를 사용하지 않고 가능한 한 자주 선행사를 반복함으로써 링컨은 끊임없이 내부적 관련을 맺는 체계를 만들어내면서 자신의 문장들을 맞물려 돌아가도록 한다. 분명히 드러나는 반복에 의한 이러한 연결은 연설문 속의 부분부분들을 하나로 연결하여 눈길을 잡아끄는 수단이 된다. 비유적인 언어나 전형적인 수사법을 사용하지 않음으로 해서 수사적 장치는 거의 드러나지 않는다.

지금으로부터 87년 전, 우리의 선조들은 이 대륙에서 자유 속에 잉태되고 만인은 평등하게 창조되었다는 명제에 봉헌된 새로운 나라를 탄생시켰습니다.

지금 우리는 거대한 내전에 휩싸여 있으며, 그렇게 잉태되고 그렇게 봉헌된 어떤 나라가 과연 오랫동안 존재할 수 있을 것인지를 시험받고 있습니다.

우리는 그 전쟁의 커다란 터전 위에 모였습니다.

우리는 이 나라를 살리기 위해 목숨을 바친 사람들에게 마지막 안식처가 될 수 있도록 그 싸움터의 일부분을 헌납하기 위해 여기에 왔습니다. 우리의 이 행위는 너무나 마땅하고 적절한 것입니다.

그러나 더 큰 의미에서, 이 땅을 봉헌하고 축성하며 신성하게 하는 자는 우리가 아닙니다.

여기 목숨 바쳐 싸웠던 그 용감한 사람들, 전사자 혹은 생존자들이, 이미 이곳을 신성한 땅으로 만들었기 때문에 우리로서는 거기에 더 보태고 뺄 것이 없습니다. 세계는 오늘 우리가 여기에 모여 했던 말을 별로 주목하지도, 오래 기억하지도 않을 것입니다. 그러나 그 용감한 사람들이 여기서 수행한 일이 어떤 것이었는지는 결코 잊지 않을 것입니다.

그들이 싸워 그토록 고결하게 전진시킨, 그러나 미완으로 남긴 일을 수행하는 데 헌납되어야 하는 것은 오히려 우리들 살아있는 자들입니다. 우리 앞에 남겨진 미완의 큰 과업을 완수하기 위해 지금 여기 이곳에 바쳐야 하는 것은 우리들 자신입니다. 우리는 명예롭게 죽어간 이들로부터 더 큰 헌신의 힘을 얻어 그들이 마지막 신명을 다 바쳐 지키고자 한 대의에 우리 자신을 봉헌하고, 그들이 헛되이 죽지 않았음을 굳게 다짐합니다.

신의 가호 아래 이 나라는 새로운 자유의 탄생을 보게 될 것이며, 국민의, 국민에 의한, 국민을 위한 정부는 이 지상에서 결코 사라지지 않을 것입니다.

Four score and seven years ago our fathers brought forth on this continent, *a new nation, conceived* in Liberty *and dedicated* to the proposition that all men are created equal.

Now we are engaged in **A GREAT CIVIL WAR**, testing whether *that nation*, or any nation *so conceived and so dedicated*, can long endure.

We are met on a great ***battle-field*** of **THAT WAR**.

We have come to dedicate a portion of ***that field***, as a final resting place for those who here gave their lives that *that nation* might live. It is altogether fitting and proper that we should do this.

But, in a larger sense, we can not dedicate—we can not consecrate—we cannot hallow—this ground.

The brave men, living and dead, **who struggled here**, have consecrated it, far above our poor power to add or detract. The world will little note, nor long remember, what we say here, but it can never forget what they did here.

It is for us, the living, rather, to be dedicated here to the unfinished work which they **who fought here** have thus far so nobly

advanced. It is, rather, for us to be here <u>dedicated</u> to the great task
remaining before us—that from **THESE HONORED DEAD** we
take increased devotion to that cause for which they gave the last full
measure of devotion—

that we here highly resolve that **THESE DEAD** shall not have
died in vain—that this nation, under God, shall have a new birth of
freedom—and that government of the people, by the people, for the
people, shall not perish from the earth.

위의 별도로 인쇄되어 있는 각 항목들은 전술된 것과 후술된 것이 반복
설명되는 요소로 연계되어 있다. 단지 처음과 마지막 단락만이 (연계시킬
수 없기 때문에) 이러한 상호적인 연결의 형태로 설정되어 있지 않다. 이
러한 모든 '지시어'를 사용하는 어구가 기술적인 의미에서 문법적인 선
행사들을 대체하고 있지는 않다.

그러나 링컨은 그러한 것들로 하여금 유추 작업을 수행하도록 만들
었다. 행사에 참석해 있는 사람들에게 확장된 두 가지 (분리된) 용법으로
그 용어들이 제시되기 전에 국가는 다시 한 번 '봉헌되고' '헌정된다'고
선언되었다. 상이한 문맥들 속에서 이처럼 몇 개의 단어들에만 의존하
는 것을 통해 주제의 간결함이 강조되었던 것이다. '저 나라'를 위해 '저
들판'과 '여기에서 죽어간' 망자들과 같이, 진술을 반복적으로 집중시킴
으로써 이와 유사한 연결 작업들이 거의 무의식적으로 수행되고 있다.

일촉즉발의 순간과 장소에 대한 거듭되는 언급에서 링컨은, 그 짧은

문장 내에서 '여기'라는 단어를 여섯 번 사용하고, 지시형용사인 '저것'은 다섯 번, '이것'은 네 번씩이나 사용한다.[35] 어휘가 적게 사용되었다 해도 문장이 허술하게 보이지 않는 것은 미묘하게 혼합된 문장 구조 때문이다. 찰스 스마일리Charles Smiley는 그 연설문 속에서 '여섯 개의 대조법과 여섯 개의 대구법 구조를 갖춘 문장들, 두 개의 수구首句 반복, 그리고 네 개의 두운頭韻'을 구별해냈다. '평이한 연설'은 결코 기교가 없어야만 하는 것이 아니다. 링컨은 최초의 현대전쟁을 인간답게 하고 또 속죄하기 위해 힘차고 간결한 언어를 만들어냈던 것이다.

링컨이 그 연설에서 긴 라틴어 어원의 단어들 대신 간략한 앵글로색슨의 단어들을 사용하여 '세속적인' 문체를 만들어냈다며 극단적으로 단순화한 주장을 펼치는 사람들도 있다. 이러한 사람들은 깊은 관심을 갖고 그 연설을 읽지 못하는 사람들이다.

링컨은 자유 속에 태어난born in freedom 국가로 표현하지 않고 자유 속에 잉태된conceived in Liberty 국가라 표현하며, 하나의 진실에 서약한 vowed to a truth 국가라고 표현하지 않고 하나의 명제에 헌정된dedicated to [a] proposition 국가, 그리고 병사들의 헌신devotion을 보여주는 봉헌된 consecrated 국가라고 표현하고 있다. 온통 라틴어 어원의 단어들인 것이다. 심지어 링컨은 과거에 '명제proposition'와 같은 '비문학적인' 단어를 사용한다는 비판을 받기도 했다.[36] 이러한 비판은 오해에서 비롯된 것들이다. 비록 링컨이 전원묘지 운동으로부터 다산의 이미저리를 빌려와 사용하긴 했지만, 그가 전달하는 메시지는 (그 자체가 그리스어에 어원을 둔 라틴어인) 전보문적인telegraphic 문체라 할 수 있다.

251

그는 민주주의의 일반원리와 자명한 이치들을 유클리드 수학의 '명제들'과 비교하여 이야기하기를 좋아했다. 그는 군더더기 없는 사고를 지닌 초월주의자였다. 그는 추상적인 단어들이 잘 어울리는 과학의 시대와 교감하고 있었기 때문에 현대의 언어로 이야기했다. 그의 한결같은 주장은 '있는 그대로 말하기'와 같은 거친 방법보다는 연설의 내부적인 '연결'과 '실행 가능성'이 더 중요하다는 것을 암시한다. 그는 농업적인 미래가 아닌 기계론적인 미래를 연설하고 있었다. 그의 연설은 그 자신이 전투를 위해 시험을 거쳐 발전시킨 그 기계처럼 경제적이면서 간결하고 내부적으로 연결이 되어 있다. 비록 그 언어들이 전쟁의 와중에서 평화의 무기가 되기를 기대하고 동원된 것이지만, 그에게 언어는 바로 무기였다.

이것은 대부분의 미국 사람들이 갖고 있는, 한 국가의 건국 법령에 대한 사고방식을 바꾸기 위한 완벽한 수단이었다. 링컨은 대니얼 웹스터와는 달리 법이나 역사에 대해 주장하지 않았다. 그는 역사를 만들었다. 그는 이론을 개진하려 하지 않고 다만 상징을 제시했다. 그 상징은 경험에 의한 시험을 거친 것이었으며, (얼음 속의 불처럼) 침착한 추상적 개념 속에 감성적 긴박감을 지니고서 완벽하게 표현된 국가적 가치를 호소하는 것이었다. 그는 지적 혁명을 성취하기 위해 세상을 변화시켰던 것이다. 그 어떤 언어도 그것을 이룰 수는 없었다. 언어가 그것을 이루어냈다는 것은 기적인 것이다. 게티즈버그에 모인 군중 앞에 서있었던 그 짧은 시간에 그는 아직까지도 깨어지지 않는 마법의 주문을 엮어낸 것이다. 선혈과 상처로부터 새로운 국가를 이끌어낸 것이다.

에필로그 *Epilogue*

그 밖의 연설

도덕적으로 오염되어 있던 게티즈버그의 공기를 정화할 때 링컨이 지나치게 과장했다는 생각을 갖게 한다. 그곳에 뿌려진 선혈과 추악한 것들을 관념적인 명제의 위생학적 실험으로 변질시킴으로써 전쟁을 고상한 것으로 만들어버렸던 것이다.

이는 다른 맥락에서 살펴보면 그가 궁극적으로 원했던 것이기도 하다. 그는 미국이 독립선언서에서 출발한 국가라는 자신의 이상을, 분열을 일으키는 특정한 일들을 뛰어넘는 위치에 놓아두고 싶어했기 때문에 노예제도에 대해서는 언급하지 않았다. 그러나 그 전쟁은 단순한 지적 사건이 아니었으며, 노예제도에 대한 부담은 무시할 수 없는 것이었다. 그렇기 때문에 게티즈버그 연설은 링컨의 정치철학이라는 측면에서는 설득력을 지니고 있지만 링컨의 사고방식을 전체적으로 드러내는 데에는 실패한 것이다. 그의 사고방식을 알기 위해서는 또 다른 중요한 연설인 두 번째 취임사 — 죄악이라는 요소가 밑그림 속에 추가되어 있는

— 가 보충되어야 한다.

링컨은 전쟁과 관련된 문제에 대해서는 전혀 낭만적인 인물이 아니었다. 그는 블랙 호크 전쟁Black Hawk War(1832)이라 불렸던 인디언 사냥에 국민군 장교로 근무했다. 그는 이 전쟁을 이끌었던 대통령(앤드루 잭슨)에 대한 악평을 거두어들이지 않았다. 또한 포크 대통령에 대해서는 탐욕과 허위를 앞세워 1846년에 멕시코를 전쟁 속으로 끌어들였다며 더욱 매몰차게 비난했다. 포크 대통령에 대한 신랄한 공격으로 인해 그는 국회의원으로서 상당 기간 동안 적대감을 감수해야만 했다.

나는 이미 그가 잘못된 길에 들어서 있음을 분명하게 인식하고 있습니다. 마치 아벨의 피가 그랬듯이, 그는 이 전쟁에서 흘린 피가 그에 대한 항의의 뜻으로 하늘에 호소하고 있음을 느끼고 있습니다. 두 나라를 전쟁 속으로 몰고 가려 했던 근본적으로 뚜렷한 동기 — 이제 그것과 관련된 나의 견해 표명을 멈추지 않겠습니다 — 를 지니고 있던 그는 면밀한 조사를 피해갈 수 있다는 생각으로, 대중의 시선을 군사적인 영광이라는 과도한 햇살에 고정시켜놓았습니다. 그것은 피의 소나기 위로 떠오르는 매혹적인 무지개이며, 파멸로 이끌려는 독사의 눈입니다. 그 핏속에 뛰어들어 멕시코가 정복될 것이라는 안이한 계산에 결국 실망하게 될 때까지 거듭거듭 피를 닦고 있었던 그는 이제 자기 자신이 어디에 있는지도 모른다는 것을 깨닫게 된 것입니다. 어떻게 하여 반쯤은 미친 사람이 열병에 들며 꿈속에서 웅얼거리는 듯한 소리가 최근에 내놓은 전쟁 전반에 대한 그의 교서에 담길 수 있다는 것입니까! 그의 정신 상태는 능력에 넘치는 과업을 수행하느라 편안히 안주할 곳을 찾지 못한 채, 불타오르는 땅 위에서 고통에 빠져버린 동물처럼 오락가락하고 있습니다.

링컨은 포크가 가졌던 동기들을 정확히 지적해내는 것이 도움이 되지 않는다는 것을 알고 있었다. 노예제 옹호론자들이 (멕시코마저도 폐지해버린) 노예제도를 다시 도입할 새로운 영토를 찾고 있다고 주장하는 의견에 충분히 공감하고 있었기 때문이었다. 현대의 역사가들은 이것이 근본적인 동기였을 것이라고 의심하고 있었으며 그것은 곧 불길한 결과로 나타났다. 링컨은 이러한 결과가 줄곧 대통령의 마음속에 존재해 있었던 것이라는 시어도어 파커의 음모론적인 견해를 확실히 공유했다. 파커는 '이것은 확고하게 노예제도를 축출해버린 정부가 통치 중인 땅에서 노예제도를 성립시키려 한 첫 번째 경우였다'고 언급했다.[1] 자신이 전투를 치르고 있던 전쟁이 사악하다는 것을 알고 있던 그랜트 장군은 남북전쟁을 멕시코 전쟁의 논리적인 결말이라고 생각했다.

점령과 분할 그리고 영토합병은 그러한 움직임의 처음부터 최종적인 순간까지 노예 주들이 미국연방을 구성할 수 있도록 하려는 음모였습니다. 국가도 개인과 마찬가지로 자신들이 저지른 침략에 대해 벌을 받게 되어 있습니다. 우리들은 현대의 가장 처절하고 값비싼 전쟁을 그 벌로서 받았던 것입니다.[2]

링컨은 블랙 호크 전쟁에서 수행했던 자신의 역할에 대해 조롱하면서 퇴역군인들의 으스대는 행태를 묘사했다.

> 규칙과 규정은 대부분 이런 것이었습니다. '어느 누구도 2킬로그램 이상의 대구나 어깨장식을 걸칠 수 없다. 또는 그 어느 누구도 27미터 이상의 볼로냐 훈제소시지를 장식띠로 걸칠 수 없다. 그리고 두 사람이 비슷한 복장을 하면 안 되며 만약 비슷한 복장을 해야만 하는 경우라면 가장 비슷하게 옷을 입은 사람은 벌금형에 처한다.'

링컨은 비록 가장 '명분이 있는 전쟁'이라 할지라도 전쟁은 사악한 것임을 인식했다. 멕시코 전쟁은 전적으로 사악한 것이었다. '건국의 아버지들'이 치른 독립전쟁도 역시 어둡고 잔혹한 거래였던 것이다.

> 전쟁은 굶주림을 불러일으켰으며, 핏속을 헤엄치게 하고, 불 위에 올라타도록 했습니다. 그리고 아주아주 오랜 시간이 흐른 뒤엔, 전쟁의 결과로 찾아온 슬픈 정적을 고아들의 울음소리와 과부들의 절규가 끊임없이 깨뜨립니다.

전쟁지도자로서 링컨은 최대한 비폭력적인 방법을 택했다. 그는 난폭함이 사람들의 본래 의지와 관계없이 어떻게 작용하는지를 알고 있었다. 그는 자기 자신이 투쟁의 준비 과정 속에 함몰되었던 것에 대해 무척 수치스러워했으며 성미급한 장교를 비난했다.

'논쟁에 빠지게 되는 것을 경계하라. 그러나 빠져들었다면 상대방이 너를 조심하도록 해야 한다는 것을 명심하라'[햄릿 1.3.65~67]는 아버지의 조언은 훌륭한 것이지만 가장 좋은 것은 아닙니다. 절대 논쟁은 하지 마십시오. 자부심 많은 사람치고 개인적인 다툼에 시간을 허비하는 사람은 없습니다. 더 나아가 자신의 성품을 손상시키거나 자제력을 상실해 번거로움을 겪을 필요도 없습니다. 기껏해야 평등한 권리를 지니고 있음을 증명해주는, 더 큰 문제들도 양보하십시오. 또한 비록 명백한 당신의 권리라 할지라도 작은 것들은 양보하십시오. 권리를 다투기 위해 개에게 물리는 것보다 당신의 길을 양보하는 것이 더 훌륭한 일입니다. 그 개를 죽인다 하더라도 물린 상처를 치유해주지는 못할 것입니다.[3]

링컨은 변호사들에게 소송을 부추기지 말라고 했으며 그는 자신의 업무에서 가능한 한 많은 논점들을 양보했다. 그는 노예제도의 확산에 대해 공격할 때마저도 편파적인 모욕은 주지 않으려 노력했다. 그는 존 브라운을 확실히 진압했던 시어도어 파커와는 달리 노예제도를 반대함에 있어 폭력에 호소하게 될 상황을 꺼려했다. 그는 1850년의 협약안 파기에 따른 결과를 1854년에 다음과 같이 예견했다.

공동협약의 정신, 그것은 우리들에게 헌법을 가져다준 정신이며 합중국을 몇 번이나 구했던 정신입니다. 그것을 우리는 목 졸라 죽이려 하고 있으며, 우리들로부터 영원히 내팽개치려 하고 있습니다. 그 정신 대신 우리들이 갖고 있는 것은 무엇입니까? 남부는 승리에 들떠 무리한 시도를 획책하며, 북부는 배신감에 노여워 자신들의 잘못을 질책하며 복수심에 불타오릅니다. 한쪽은 선동하고, 다른 한쪽은 저항합니다. 한쪽은 조롱하고 다른 한쪽은 무시합니다. 한쪽은 공격하고 다른 한쪽은 보복합니다.

양측의 적개심이 서서히 끓어올라 점차 그 수위를 높여나가는 구조는, 링컨이 고뇌하던 청년 시절에 선술집의 말다툼에서 익히 보아온 그런 것이었다. 사회 전체가 그러한 다툼에 몰두해 있을 때 그 전개과정은 공포스러운 것이다. 투키디데스는 그러한 일들의 진행과정을 이렇게 설명한다.

'먼저 발생한 잔혹한 행위에 대한 의구심은 사람들로 하여금 치밀한 공격과 무절제한 보복이라는 방법을 동반한, 이루 말로 할 수 없을 정도의 무자비한 고안품을 만들도록 이끌어간다.'[4]

링컨은 이러한 과정에 대해 투키디데스의 설명만큼이나 서서히 흥분시켜나가는 언어를 통해 분석했다.

실질적인 전쟁이 다가오면서 피는 점점 뜨거워지고 마침내 피를 뿌리게 됩니다. 익숙한 통로를 흐르던 사상이 강압에 의해 혼돈 속으로 흘러듭니다. 속임수가 잉태되고 번성하게 됩니다. 확신은 사멸되고 광범위한 의구심이 지배하게 됩니다.[5] 사람들은 자신의 이웃에게 먼저 죽임을 당하지 않기 위해 저마다 자신의 이웃을 죽이고 싶다는 충동을 느낍니다.[6] 전에 이미 말했듯이, 이런 모든 일들이 정직한 사람들 사이에서 일어나고 있습니다. 하지만 이것이 다는 아닙니다. 외부로부터 불결한 모든 새들이 날아들어오고, 더러운 파충류들이 모습을 드러냅니다. 그로 인해 혼란 속에 범죄가 더해집니다. 그때마다 강력한 대책들을 내놓지만 기껏해야 가혹한 조처일 뿐인 그것들은 잘못된 집행 때문에 더욱 악화됩니다. 오랜 원한을 갚기 위한 살인과 자기 자신을 위한 살인은 그 어떤 가면을 쓰고 진행된다 해도, 기껏해야 원인을 덮어버릴 뿐입니다.

이것은 게티즈버그에서 연설한 해에 링컨 자신이 수행하고 있던 전쟁에 대해 쓴 것이다. 그에겐 전쟁의 '고귀함'에 대한 환상 따위는 전혀 없었다. 전쟁은 또 다른 죄악들을 덮어버리는 것일 뿐이다. 전쟁이 오래 진행되면 될수록 이성적인 목적들을 넘어서게 된다. 고귀한 열망마저도 만행에 의존하게 되는 것이다. 그것은 마치 사기를 북돋는 리 장군의 능력이 남부의 인물과 자산을 더욱 확실히 고갈시켰던 것과 같은 일이다.[7]

링컨의 묘사는 그가 전쟁의 내부적 역학을 이해하고 있었음을 보여준다. 그것은 클라우제비츠가 양측이 서로서로 영향을 주고받는다는 이른바 인간의 상호작용Wechselwirkung이라고 명명한 것과 같은 이치다. 즉, '그리하여 양측은 상대방에게 서로의 방법을 따르도록 강요하게 되는 것이다. 그렇게 시작된 상호 작용은 이론에 의하면 필연적으로 극단적인 상황에까지 이르게 된다.'[8] 적어도 외형적으로 보면 남북전쟁뿐만 아니라 그 전쟁을 수행하는 링컨 자신도 이런 우울한 평가를 확인해주고 있다. 결국 그랜트 장군이 군사역사가들 사이에서 '전략적 전멸'이라고 알려져 있는 전술을 채택하게 된 것은 단순히 대통령의 지시에 따른 행동이었던 것이다.[9] 그럼으로 해서, 우리들이 살펴보았듯이, 제임스 맥퍼슨은 링컨이 '무조건적인 항복 정책'을 향한 자신의 요구를 점점 더 강하게 펼쳤다고 주장했던 것이다.

링컨이 사적으로는 인간적인 면모를 지니고 있었음을 의심하는 사람은 없다. 그는 자신에게 주어진 특사나 사면권을 활용할 수 있을 때마다 그것을 통해 전쟁의 엄혹함을 누그러뜨리려 했다.

이미 나에게 제출되어 있는 기록에 의하면 앤드루스 사건은 매우 유감스러운 경우입니다. 그러나 이 문건을 받기 전에 나는 그의 처벌을 전쟁기간 동안 감금하고 강제노역을 시키라는 것으로 경감시켰습니다. 그렇게 조치한 것은 그 사건에 정상참작할 부분이 있어서가 아니라, 단지 내 스스로 처형 업무는 훗날에 하려고 노력하고 있기 때문입니다.

1863년에 작성된 일기에서 헤이는 다음과 같이 쓰고 있다.

오늘은 대통령과 홀트 판사를 모시고 군사법정에서 판결을 위해 6시간을 보냈다. 대통령께서 사형선고를 받은 병사를 용서해줄 수 있는 빌미를 열심히 찾아내려 하는 것을 지켜보며 흐뭇했다. 대통령은 사건에 비열함이나 잔혹함이 개입돼 있다고 판단될 때에 한해서만 냉혹하다. 그럼에도 대통령은 비겁함 때문에 발생한 사안들에 대해 사형으로 다스리는 것을 특별히 싫어했다. 그는 심약한 자들을 총살시키는 것은 그들에게 너무나 큰 공포심을 심어주는 것이라 했다. 한 번 탈영했다가 다시 입대한 어떤 병사에 관한 사건에서 그는 '총살시키기보다는 전투에 참가시키라'는 의견을 붙였다.

그러나 링컨은 반란을 가능한 한 가장 신속하게 종식시키기 위한 결정을 내리는 데에는 가혹했으며 그러한 결정을 내리기에 곤혹스러운 상황에서도 전혀 머뭇거리지 않았다. 그는 전혀 융통성을 보이려 하지 않았다. 1862년에 펠프스 장군이 루이지애나를 점령하고 있는 동안 가혹하게 굴었다는 이야기를 전해 들은 그는 다음과 같은 반응을 보였다.

만약 나의 권한이 펠프스 장군보다 더 가혹할 수 있다는 것을 알게 된다면, 그것을 확인하려 하지 않는 것이 나을 것입니다. 그들은 예전처럼 합중국에 자리 잡고 있기만 하면 이처럼 가혹한 모든 일들을 피할 수 있다는 사실을 잘 알고 있습니다. 만약 그들이 그렇게 하고 싶지 않다면, 가벼운 것보다는 무거운 시련을 감수해야 하는 것이 아닐까요?

전쟁이 교전 중인 당사자들 상호 간의 변화에 영향을 끼치면서 링컨으로 하여금 점점 더 극단적인 선택을 하도록 만드는 것은 자연스러운,

어쩌면 거의 불가피한 일일 수도 있다. 이러한 상황은 실제로 무조건적인 항복을 주장하게 만들었으며, 그것은 '최후의 일인까지' 싸우겠다는 결의를 그 반대급부로서 선택하게 만드는 것이다. 투키디데스는 평화롭게 장례 연설을 했던 이성적인 페리클레스마저도 마치 함정에 빠진 사람처럼 다음과 같은 연설을 했음을 밝혀냈다.

> 이 전쟁은 당신들의 제국을 위한 것입니다. 제국을 잃게 된다면 당신들의 통치로 인해 발생했던 모든 증오를 되돌려 받게 될 것입니다. 그러한 공포로 인해 고상한 정책의 채택을 주창하며 중립적인 입장을 지니려는 사람들이 있지만, 더 이상의 양보는 있을 수 없습니다. 당신들은 강탈한 권력으로 제국을 유지하고 있습니다. 어쩌면 그렇게 차지한 것이 잘못일 수도 있겠지만, 돌려주는 것은 더 치명적인 잘못을 야기합니다.[10]

버나드 녹스Bernard Knox는 이 연설문을 히틀러가 벙커에서 했던 연설과 비교했다. '제국' 대신 '노예제도'를 끼워 넣기만 하면 리 장군을 비롯한 남부 지도자들의 입장을 대변하는 연설이 된다. 전쟁은 점차 전부가 아니면 전무라는 식으로 변해갔다. 클라우제비츠가 언급했듯이 증오는 이제 섬뜩한 전투 행위에 임하고 있는 예민해진 전사들에게 꼭 필요한 힘이 되어갔다.[11]

그러나 링컨은 그런 점에서는 예외였으며 그의 목표와 수사법은 들뜨지 않았다. 그가 근원적으로 분쇄하고자 하는 위치로 반군들을 몰아갔다고 평가하는 것은 부정확한 판단이다. 제임스 맥퍼슨은 전투의 후반부에서 '전면전'의 양상을 찾아볼 수 있다고 했다.[12] 그러나 우리들이 이미 살펴본 바와 같이 링컨은 반란군의 진압을 외국 군대와의 전쟁으로 생각하지 않았다. 만약 '항복'을 국내 소요사태가 아닌 국제법상의 용어로 사용하는 것이 적절한 것이라면, 그의 잠정적인 노예해방 선언은 조건부 항복의 제안이 되는 것이다. 그렇게 되어, 그 후 몇 달 내에 남부의 주들이 합중국으로 돌아오게 된다면 그들은 노예를 다시 소유할 수 있게 되는 것이었다.

전쟁이 진행돼감에 따라 링컨이 자기주장의 불가피성을 느꼈던 레닌이나 비스마르크처럼 '타협하지 않는 독재자'가 되어갔다는 에드먼드 윌슨의 주장은 기본적인 사실관계부터 잘못 파악한 것이다.[13] 전쟁 리더십의 역사에서도 거의 찾아볼 수 없는 링컨만의 독특한 특징은 바로 그가 승리지상주의나 독선에 빠지지 않고 상대방에 대한 비방을 거부했다는 점에 있다. 그는 반군을 진압하여 합중국을 지키겠다는 것을 공공연히 언급했으며 그 외의 부수적인 결과물들은 신의 섭리에 따르려 했다. 즉 명백하지는 않지만, 이 모든 것은 신비스러운 하늘의 섭리가 만들어낸 산물이라는 것이다.

> 만약 나의 뜻대로 했다면 이 전쟁은 절대 시작되지 않았을 것입니다. 만약 나의 방식대로 하려 했다면 이 전쟁은 이 지경이 되기 전에 끝났을 것입니다. 하지만 전쟁은 아직도 계속되고 있습니다. 우리는 그분께서 우리들로선 신비롭고도 알 수 없는 자신만의 현명한 목적을

위해 전쟁을 용납하고 있음을 굳게 믿고 있어야 합니다. 우리들의 편협한 이해심으로는 그 목적을 이해할 수 없다 해도 세상을 만든 그분께서 여전히 이곳을 통치하고 있음을, 우리들은 믿고 있어야만 합니다.[14]

그의 생각은 줄리아 워드 하우가 쓴 〈공화국의 전쟁 찬가Battle Hymn of the Republic〉에서 언급된 십자군다운 정의로움을 벗어나지 않는다.[15] 하늘의 섭리에 복종한다는 링컨의 생각은 겸양의 정신에 근거한 것이며, 그것은 전쟁기간 동안 '단식일'과 '추수감사절'에 발표된 일련의 성명서에도 반영되어 나타났다. 성명서를 통해 그는 모든 사람들에게 이러한 폭력적인 상황을 만들어낸 죄업들에 대해 회개할 것을 요청하고 있다.

한때 신의 축복으로 통합돼 번영을 이루며 행복했던 우리들의 사랑하는 조국은 이제 파벌과 내전에 싸여 괴로움을 겪고 있습니다. 이제 우리는 엄청난 고난을 내리시는 하나님의 손을 인식하고 한 국가로서 그리고 각 개인으로서 우리가 자초했던 실수들에 대한 뼈아픈 기억을 되살려 그분 앞에 겸손함을 보이며 자비를 구하는 기도를 드리는 것이 가장 적절한 태도일 것입니다. 비록 우리들이 다 받아야 하는 응징이지만 더 이상의 벌은 사하여 주시기를 기도해야 합니다. 우리들의 군대가 축복받을 수 있기를, 그리하여 온 나라에 걸쳐 법과 질서와 평화를 효과적으로 다시 확립할 수 있기를 기도해야 합니다. 그분의 인도와 축복 아래, 건국지도자들의 노고와 희생을 통해 시민과 종

교의 자유라는 헤아릴 수 없는 은혜를 얻게 되기를, 그리하여 본래의
훌륭함을 복원하게 되기를 기도해야 합니다.[16]

적에 대한 증오가 한껏 고조되어 있는 상황에서는 언사나 주장 그리고
전투에 임하는 군대의 독선이 서서히 강화되는 경향이 있다. 링컨은 스
스로 집단이 야기할 수 있는 그러한 경향들을 침착하게 약화시켜나갔
다. 그는 국민들을 향해 회개하는 전쟁을 펼칠 것을 요구했다.

> 지금 우리의 국토를 황폐하게 만들고 있는 이 내전의 엄청난 재앙에
> 대해 두려워할 필요는 없습니다. 그것은 우리가 저지른 뻔뻔한 죄악들
> 에 가하는 형벌일 수도 있습니다. 그것은 하나의 국민들로 이루어진
> 우리의 국가를 다시 일으키기 위해 꼭 필요한 목적일 수도 있습니다.

이것은 노예제도라고 하는 역사적 죄악의 연대 책임에 대해 언급한 것
이며, 전쟁에 대한 링컨의 마지막 성명서에 고뇌에 찬 광채를 더하는
것이었다. 게티즈버그에서 자신이 경의를 표하고 있는 사람들의 원죄를
거론하는 것은 적절치 않은 일이었다. 그곳에서 그는 피를 흘린 뒤의
재탄생에 대해 이야기했지만 두 번째 취임연설에서 언급했던 과거에 저
지른 범죄들을 씻어내자는 이야기는 하지 않았다. 마지막 연설에서 전
쟁은 선지자의 장부에 기입되어 있는 마땅히 치러야 할 역사의 책무를
갚는 것이며, 그 장부에는 채찍질과 총검에 의해 흘렸던 피의 대가가
정확하게 대차를 이루어 기재되어 있다고 했다.

266

두 번째 취임연설의 클라이맥스에서 링컨이 활용한 성서의 글귀는 게티즈버그 연설에서 성聖 누가를 인용할 때처럼 암시적인 것은 아니었으며, 또한 분열된 집 연설에서 활용한 우화처럼 상투적인 것도 아니었다. 링컨은 마태복음 18장 7절의 '죄를 범하게 하는 일들로 인하여 세상에 화가 있도다'라는 함축적인 글귀를 인용했다. 예수는 불가피하게 죄를 범하게 되는 일이 있더라도 그것에 대한 벌은 엄격해야만 한다고 보았다. 링컨의 표현들은 침울했으며 체념이 깃든 것이었다.

> 남과 북 어느 쪽의 기도도
>> 신의 응답을 받지 못할 것입니다.
> 지금까지 어느 쪽도
>> 신의 충분한 응답을 받지 못했습니다.
> 전능한 하나님은 그 자신의 목적을 갖고 계십니다.
> '사람을 죄짓게 하는 이 세상은
>> 참으로 불행하여라.
> 이 세상에 죄악의 유혹은
>> 있게 마련이나
> 남을 죄짓게 하는 자는
>> 참으로 불행하도다!'

그리고 네 개의 문장이 이어진다. 그중 세 문장은 유장한 미문으로서 과거의 국가적 탈선으로 만들어진 역사적 원칙을 암시하고 있다.

미국의 노예제도가 바로 그 같은 세상의 죄악 중의 하나이고 신의 뜻에 의해 이 세상에 있을 수밖에 없는 죄의 하나라고 한다면, 그러나 신이 정한 시간 동안 지속된 그 죄를 신께서 이제 그만 거두시려 한다면, 그리고 그 죄를 짓게 한 자들로 인한 재앙을 징벌하고자 신께서 남과 북으로 하여금 이 끔찍한 전쟁을 치르게 하신 것이라면, 살아계신 하나님을 믿는 자들이 언제나 그분의 것이라 생각하는 그 신성한 뜻이 아닌 다른 어떤 뜻을 우리가 이 전쟁에서 찾을 수 있을까요?

링컨이 '미국의 노예제도'를 국가 전체에서 비롯된 단일한 죄로 언급했다는 것에 주목해야 한다. 그 점에 대해 그는 '남과 북 양측'이라는 표현을 써가며 뚜렷하게 밝히고 있다. 마태복음의 말씀처럼 죄가 발생하게 된 동인은 하나이며 그것은 구별될 수 없는 미국 국민이라는 것이다. 게티즈버그 연설에서 국민 전체가 하나로서 봉헌되었으며 그 국민의 정부는 (웹스터를 비롯한 사람들의 헌법이론에 의해) 오로지 하나의 전체로서 전복될 수 있는 것이다. 이제 국민들은 죄를 지은 것에 대해 연대 책임을 지게 된 것이다. 링컨은 이 문장을 그 어느 측의 기도도 받아들여지지 않았음을 밝히며 시작했다. 이제 양측이 다 기도를 드리지만, 평등과 자유로 봉헌된 자식으로서 국가의 회복을 함께 기도드리는 것으로만 응답을 받을 수 있다.

이 거대한 재난의 전쟁이 하루 빨리 끝나기를 우리는 간절히 바라고 열심히 기도합니다.

그러나 그런 결과를 얻기 위해서는 그에 상응하는 대가를 치러야만 한다. 다음은 링컨이 장엄한 결론을 이끌어내기 위해 배치해놓은 사려 깊은 미문의 두 번째 문장이다.

> 그러나 품삯 한 푼 주지 않고 노예의 땀으로 모은 250년의 재산이 모두 다 탕진될 때까지, 3천 년 전의 말씀에 이르듯, 채찍으로 남의 피를 흘리게 한 자가 스스로 칼에 맞아 그 피 한 방울 한 방울을 자기 피로 되갚게 되는 날까지 이 전쟁을 지속시키려는 것이 신의 뜻이라면, 우리는 그저 '하나님의 심판은 참되어 옳지 않은 것이 없도다'라고 말해야 할 것입니다.

이 인용문에 배치된 대구들은, 시편 19절에서 따온 마지막 인용문이 강탈에 대한 어떠한 변명도 미리 배제시키고 있듯이 치러야 할 대가가 정확하다는 것을 암시하고 있다.

> 재산이 모두 다 탕진될 때까지
> 자기 피로 되갚게 되는 날까지
> 노예의 땀으로 모은
> 채찍으로 남의 피를 흘리게 한 자가
> 스스로 칼에 맞아

여기에서 비록 '탕진'이 '되갚다'와 깔끔하게 대비되고 있지만 19세기

269

의 용법에 따르면 이것은 회계학적인 용어들이다. '가라앉은 자금sinking fund'과 같은 구문은 재정적인 빚을 변제한다는 의미이다.

이러한 피의 비전에서 전환하여 링컨은 이 미문의 마지막 문장에서 상환을 이끌어낸다.

> 누구에게도 원한을 품지 말고, 모든 이를 사랑하는 마음으로, 신께서 우리들에게 보게 하신 그 정의로움에 대한 굳은 확신을 가지고 우리는 지금 우리에게 안겨진 일을 끝내기 위해, 이 나라의 상처를 꿰매기 위해, 이 싸움의 부담을 짊어져야 하는 사람과 그의 미망인과 고아가 된 그의 아이를 돌보고, 우리들 사이의 그리고 모든 나라들과의 정의롭고 영원한 평화를 이루는 데 도움이 될 모든 일을 다 하기 위해 매진합시다.

'신께서 우리들에게 보게 하신 그 정의로움'에서 드러나듯 지식에 관한 주장을 할 때의 링컨만의 특징적인 제한이 담겨 있다. 이것은 거의 다음과 같은 문장들의 후렴구라 할 수 있다.

> 그가 내게 허용해주신 빛……
> 우리들이 그것을 이해하고 있듯이……
> [신께서는] 내가 그것이 무엇인지를 배우게 된다면……
> 그분께서 우리들에게 주신 가장 밝은 빛 안에서……

링컨은 '우리들이 수행하고 있는 과업을 마무리하기 위해' 통합된 국민을 요구하고 있는 것이며, 그것은 전쟁이 아닌 하나의 명제에 최초로 헌정된 '미완의 과업'이자 '우리들 앞에 놓인 위대한 책무'인 것이다. 이 연설문은 게티즈버그의 연설을 보완하면서 또 완성시키는 것이다. 이 연설이야말로 게티즈버그 연설과 나란히 놓일 수 있는 유일한 것이다.

부록

링컨이 실제로 연설했던 원본

게티즈버그 연설문은 너무 간결하여 그 본래의 표현을 명쾌하게 밝혀내기 어렵다. 어떤 것을 권위 있는 원문으로 간주할 수 있을 것인가? 링컨은 현장에서 실제 어떻게 연설을 했던 것일까? 그 점에 대해 각각의 속기록들은 차이점을 드러내고 있다. 그가 실제 연설을 할 때의 텍스트, 그러니까 링컨의 연설 원문은 어떤 것일까?

그 원문이 현재 남아있다고 확신할 수는 없다. 그렇지만 만약 원문이 있다면 링컨은 분명 그것에 기초하여 연설했을 것이다. 나중에 수정을 한 텍스트의 경우라면? 수정된 것이라고 짐작되는 텍스트는 현재 적어도 네 가지가 존재하고 있다. 그렇다면 어떤 것을 더 정확한 수정 텍스트로 볼 수 있을 것인가? 큰 차이점이 없다면 일반적으로 가장 마지막에 수정된 것을 채택하는 것이 옳을 것이다. 실제 그날의 행사와 가장 가까운 시점에 작성된 텍스트가 있다면, 또 그것이 확실하게 증명될 수 있다면, 현재의 편집 실무에서 우선적으로 인정되어야 할 것이다.

1. 신문기사들

당시 게티즈버그에는 잘 알려진 네 개의 신문사에서 파견한 필경사들이 있었다. 그중에서도 연합통신(조지프 L. 길버트)과 보스턴《데일리 애드버타이저》(찰스 헤일)에서 파견한 사람들이 가장 정확하다.[1] 조지프 길버트의 경우, 그 행사가 끝난 직후에 링컨의 연설문에 대해 실제적인 상의를 했다. 그 사실로 인해 몇몇 학자들 사이에서는 그의 버전이 더욱 권위 있는 것으로 취급되고 있다. 그러나 윌리엄 바턴은 실제로 링컨이 연설했던 것에만 근거하여 작성되었기 때문에 헤일의 텍스트가 더 정확한 것이라고 주장한다. 길버트의 경우에는 오히려 링컨이 실제 연설을 할 때 사용했던 텍스트를 참고했을 가능성이 있다는 것이다.[2]

전반적으로 열악하게 작성된 나머지 두 개의 사본에서는 길버트와 헤일 두 사람이 모두 놓친 '미약한poor('더하거나 빼낼 우리들의 미약한 능력'에서)'이라는 단어를 포착해낸 것 같다. 비록 링컨이 손에 쥐고 있었던 최초의 원고에는 등장하지 않는 표현이지만, 네 개의 사본에는 한결같이 '신의 가호 아래under God'라는 표현이 있는데, 이것은 실제로 그렇게 연설되었다는 것을 확인해주는 것이다.

나중에 나타난 링컨의 연설문 사본들은 최초의 연설문 초안들보다는 신문에 게재된 것에 더 가깝다. 링컨의 비서관이었던 존 니콜레이는 그러한 사본들을 작성할 때 연합통신의 기자와 상의했다고 밝혔다.[3] 그러므로 신문에 게재된 내용을 권위 있는 원문으로 삼으려는 사람들은 나름대로 강력한 근거를 갖추고 있는 셈이다. 그런 사람들은 일반적으로 다른 사본들에 나타나는 'poor(미약한)'라는 단어를 보강하고

'refinished(새로 단장한)'라는 단어를 'unfinished(미완의)'로 수정한 길버트의 사본을 원본으로 활용한다.

2. 니콜레이의 원고(초고)

로이 바슬러와 데이비드 먼스 그리고 로이드 던랩은 국회도서관에 보관돼 있는 이 육필원고를 '초고'로 인정하고 있다.[4] 원고의 상태가 너무 깨끗한 점으로 보아 구상 단계의 초안이라고 보기는 어렵고 그들도 분명 '현존하는' 초안이라는 의미로 인정하는 것으로 보인다. 링컨이 자신의 생각을 종이에 옮겨 쓸 때, 한 가지 이상의 초안이 있었으리라고 추측하는 것은 당연하다. (먼스와 던랩은 '두 번째 초안'에서 어색한 부분들이 어느 정도는 유지되고 또 새롭게 고쳐지면서 최종 원고가 되었을 것이라고 생각한다.) 이 원고를 연설 당시의 텍스트로 추정하는 이유는 다음과 같다.

1. 이 원고를 가지고 있던 니콜레이는 링컨이 이 원고를 손에 쥐고 있었다고 말한다.

2. 그 원고의 첫 페이지에는 대통령 관저의 로고가 인쇄되어 있었으며 뉴욕《트리뷴》지의 기자는 링컨이 연설문을 읽고 있을 때 그것을 보았다고 한다.

3. 연필로 작성된 두 번째 페이지의 경우, 연설 당일 아침에 링컨이 연필로 자신의 연설문을 작성하고 있는 것을 보았다는 사람들이 여러 명 있다.

4. 이 두 장의 원고에는 접혀 있던 자국이 있는데 공동묘지 행사장에 있던 증인들의 말에 의하면, 링컨은 그 연설문을 자신의 주머니에서 꺼냈으며 접혀 있던 종이를 펼쳤다고 한다.

이러한 근거들은 거의 확실한 것으로 보이며, 이 문제에 정통한 많은 사람들이 이 원고가 바로 링컨이 위대한 연설을 했을 때 갖고 있었던 것임을 확신하고 있다. 그러나 다음과 같은 반론들도 있다.

1. 이 원고에는 링컨이 실제 연설했던 것을 수록해놓은 세 개의 신문 기사에 등장하는 주요한 세 개의 구절이 없다. 즉흥연설을 싫어하는 링컨이 이 짧고도 중요한 3분 분량의 원고에서 세 번씩이나 어떤 구절을 빠뜨릴 수 있었을까? 그 구절들 자체의 중요성을 감안해보면 그렇지 않았을 것으로 보인다.

2. 첫 번째 누락은 잉크로 작성된 첫 번째 페이지와 연필로 작성된 두 번째 페이지의 연결 부분에서 나타난다. 하나의 완전한 구절을 누락시킨 것 외에도, 그 연결 과정은 왜곡되어 있으며 또 비문법적이다.

첫 번째 페이지의 마지막 행은 '그것은 오히려 우리들 살아있는 자들이 이곳에 서서'라고 되어 있다. 연필로 작성된 두 번째 페이지에서는 '이곳에 서서'라는 표현에 금이 그어져 있고 그 위에 '우리는 여기에서 봉헌되어……'라고 수정되어 있다. 그렇게 수정하여 '우리 앞에 남겨진 그 미완의 큰 과업을 다하기 위해 지금 여기 이곳에 바쳐져야 하는 것은 오히려 살아있는 우리들 자신입니다'라는 문장으로 되어 있다.

그러나 이것은 왜곡된 것일 뿐만 아니라 신문에 게재된 (그리고 링컨 자신이 나중에 제시한) '우리 앞에 남겨진 그 미완의 큰 과업을 다 하기 위해 지금 여기 이곳에 바쳐져야 하는 것은 오히려 살아있는 우리들 자신입니다'라는 문장 앞에 나오는 '여기에서 그들이 그토록 고결하게 수행했던 미완의 과업에 바쳐져야 하며'와 같은 표현도 누락되어 있다.

이 원고가 연설 당시에 사용된 것임을 추정하기 위해서는, (a)그 짧은 연설을 준비할 때 링컨이 너무나 부주의하여 두 번째 페이지를 문법에 맞지 않게 첫 번째 페이지로 연결했으며, 연설을 해야 하는 순간까지 문장을 다듬지 않은 채 그대로 두었고 (b)또한 그가 그 과정에서 한 단락을 누락시켰을 뿐만 아니라 (c)그 누락시킨 문장을, 원고에 써넣지 않고서도 연설 중에 기억해냈거나 또는 (d)새로운 문구를 즉석에서 추가하여 그 전체 연설을 즉흥적으로 했다고 가정해야만 한다.

이러한 상황은 헌돈의 증언이나 다른 장소에서 있었던 링컨의 연설에서 알 수 있듯이, 원고를 작성할 때의 신중한 준비와 완벽한 원고를 작성하기 위한 열망 등, 우리들이 알고 있는 것과는 상반되는 일이다. 이 두 장의 원고가 연결되어 있는 부주의한 방식은, 링컨 자신이 그토록 심혈을 기울였으며 시간에 맞추어 연설을 하기 위해 서둘러 여행길에 올랐던 정황에 비추어볼 때 연설을 할 때 의존했던 원고였을 것이라고 생각할 수 없게 한다. 비문법적인 서술 관계와 구절을 누락시킨 점에서 두 번째 페이지가 더 신빙성이 없어 보인다.

3. 그러나 첫 번째 페이지에서마저도 허술한 점이 엿보인다. 첫 번째 페이지가 원고 작성 과정에서 초기(최초는 아니지만) 단계의 것임은 분

명하다. 이 원고의 '우아하고 명징한$_{dignum et justum}$' 구절은 실제 연설되었던 부분과 차이가 있다. 이 원고에는 '이것은 어쩌면, 가장 타당한 일일 것입니다'라고 되어 있지만 신문에는 (그리고 링컨이 나중에 제시한 원고에는) '우리의 이 행위는 너무도 마땅하고 적절한 것입니다'라고 되어 있다. 다시 한 번, 링컨은 자신의 손으로 작성한 원고를 기자들이 받아 적고 있는 현장에서 머릿속으로 수정을 하여 연설을 했던 것일까? 그 정도로 멋진 수정이 그 순간까지 미루어져왔을 것으로는 보이지 않는다. 링컨에게는 자신의 짧은 원고를 손볼 시간이 있었다. 연설이 있기 전날 밤과 행사 당일 아침에 원고를 작성하고 있는 모습이 사람들의 눈에 띄었으며 대부분의 사람들은 그가 완전한 원고를 작성하여 게티즈버그에 왔을 것이라고 생각하고 있었다.

4. 작성된 원고와 연설 그 자체를 옮겨놓은 것 사이에 존재하는 상이함 — '이 국가는 분명히' 다음에 '신의 가호 아래'라는 표현이 삽입된 것 (후에 이 표현은 '분명히'라는 단어 뒤로 옮겨졌다) — 은 가장 유명한 것이다. 이것은 문장 요소를 지우고 대체어로 대치하거나 또는 문법을 재구성하는 것을 동시에 해야 하는 다른 두 가지의 표현보다 수정하기가 훨씬 더 쉽다. 두 개의 단어를 상대적으로 안정된 문장 사이에 끼워 넣는 것은 어려운 일이 아닐 것이다. 그렇지만 몇몇 사람들이 추정하듯 만약 기도문과 조시弔詩가 낭독되고 에버렛의 길고 긴 연설이 진행되는 동안 새로운 단어들이 떠올랐다면 원고 사이에 연필로 그것들을 끼워 넣는 것도 어렵지는 않았을 것이다. 만약 '이 국가……' 부분을 연설하는 바로 그 순간에 신성한 영감이 그의 머리를 스쳐 지나갔다고 추측하는 것이 아니

라면, 너무나 단순하여 마지막 순간에라도 원고 자체에 수정을 할 수 있음에도 즉흥연설을 할 필요는 없었을 것이다.

따로 떼어내어 생각한다면, '신의 가호 아래'라고 수정하는 것이 불가능하지는 않다. 그러나 실제 연설된 것과 차이를 보이고 있는 다른 부분들과 연계해보자면 링컨이 지닌 특징에 비추어볼 때 있음직하지 않은 행동이라 할 수 있다. 즉, 그가 메모만을 갖고서 그만큼 엄청난 관중들 앞에서 즉흥적인 연설을 했을 것으로는 볼 수 없다. 그것 자체로는 결정적이지 않지만, 그 전의 논점들과 조합해보면 나름대로의 근거를 갖는 또 다른 고려 사항은 링컨은 연설할 때 강조하려는 단어들에 밑줄 그어두기를 즐겨했다는 점이다. 이러한 단어들이 어느 정도 대구를 이루는 경우에도 그렇게 했다. 즉 상하원 연설에서 '새로운 것과 오래된 것이 마찬가지이듯 — 남부와 북부도 마찬가지인'이라고 했을 때도 그렇다.

초고에는 예상되는 그러한 단서가 전혀 없다. 그러한 것이 당연히 있어야 할 것으로 생각되는 경우에도 그렇다('우리가 여기에서 말하고 있는 것은, 그들이 여기에서 행동했던 것만큼'이라는 문장에서나 '우리들이 말하고 있는 것…… 그들이 행동했던 것'과 같은 문장에서도 밑줄은 없다). '행동했던'이라는 단어 밑에 연필을 거칠게 앞뒤로 그어둔 것은 있지만, 그와 상관관계에 있는 '말해진'이라는 단어 밑에는 있음직한 밑줄이 없다. 그리고 그 연필 자국은 연설문의 다른 곳에 링컨이 사용했던 부드러운 심의 연필 자국이 아닌 거칠고 날카로운 것이다. 그것은 어쩌면 나중에 추가된 것일 수도 있는데, 그렇다면 왜 그랬던 것일까? 물론 밑줄에 대한 필적 감정이 없

었으므로 링컨이 여러 종류의 연필을 사용했다는 것에 대해서도 확신할
수는 없다.

비록 반증을 이끌어내기는 어렵지만, 이것이 연설 당시에 사용된 원
고라고 보기엔 물리적으로 불가능하다는 측면도 있다. 그것이 연설용
원고였다는 것도 증명되지 않았으며 연설용 원고라는 것도 믿기 어렵
다. 링컨이 관저에서 열차를 타러 갈 때 원고를 반으로 접어 양복주머
니에 넣었을 수도 있다. 연설문의 작성 과정을 추측해볼 때 그것은 공
동묘지에서 실제로 연설된 것과 거의 근접한 마지막 모습을 지니고 있
기 때문이다.

제임스 A. 로버트 경사는 연설이 있던 그날 링컨이 몇 장의 종이 위
로 연필을 이리저리 움직이는 것을 보았다고 한다. 비록 연설문의 일부
분은 아닐지라도 우리들이 현재 갖고 있는 연필 원고가 그때의 원고 중
의 하나일 수도 있는 것이다. 그런가 하면 그날 아침에, 그 방에 있었던
니콜레이가 그 초안을 챙긴 후 나중에 백악관으로 갖고 돌아왔던 다른
원고와 혼동했을 수도 있다. 이런저런 가능성은 끝이 없다. 그리고 이
러저러한 개연성은 더욱 한정되어 있다. 우리들이 연설문 원고를 갖고
있다는 사실도 어쩌면 믿을 게 못되는 것인지도 모른다.

3. 윌스의 원고(리틀 브라운 출판사?)
그렇다면 연설 원문에 어떤 일이 있었던 것일까? 가장 마지막으로 연설

원문을 지니고 있었던 사람은 연합통신 기자인 조지프 길버트였다. 그러나 그는 잠깐 동안만 그 원문을 지니고 있었을 뿐이다. 게티즈버그에서 혹은 워싱턴으로 돌아오던 열차 안에서 다른 사람들이 그것을 보여달라고 부탁했을 수도 있다. 어쨌든 연설 원문이 게티즈버그에 남아있지는 않았던 것 같다.

링컨의 초청인이며 그 행사의 주최측이었던 데이비드 윌스는 워싱턴으로 공문을 보내, 행사의 다른 공식 기록들과 함께 보관할 예정이므로 연설 원문(그는 그것을 '원본'이라 불렀다)을 보내줄 것을 요청했다. 그에 대해 링컨이 답장을 했을 것으로 보이는데, 그 답신도 링컨의 행사 참석을 요청했던 초청장에 대한 답신과 함께 분실되었다.

링컨에게 보낸 윌스의 첫 번째 초청장은 단순히 짧은 헌사를 해달라는 것만이 아니었으며 자신의 저택에서 하룻밤을 묵어달라는 내용을 담은 것으로 별도의 편지를 작성하여 그 뜻을 전했던 것이다. 중요하지 않은 편지들에 대해서도 답신을 해 링컨이 호의로 작성된 공식적인 제안에 대해 답신하지 않았을 것으로는 여겨지지 않는다. 현재 남아있는 윌스의 문서들은 여러 곳에 분산되어 보관돼 있으며, 그것들이 17명의 주지사와 그들의 대리인들 — 공동묘지 조성과 봉헌식 그리고 조성될 묘지의 관리와 관련된 계약자들과 연사들, 시인들, 대리인들 등 — 과 주고받았던 엄청난 양의 우편물들 가운데 하나였을 것임은 분명하다. 윌스가 커틴 주지사에게 봉헌식에 참가차 올 때 국기를 가져와달라며 급히 보냈던 때늦은 전보에서 그의 다급한 일 처리의 한 단면을 여실히 알아볼 수 있다.[5] 이런 점에 비추어 볼 때 링컨이 그에게 보낸 연설 원문과 초청에 대한 답신을 그가 분실했다 해도 그다지 놀랄 만한 일은 아니다. 그러므로 윌스는 후에, 분명 링컨이 보낸 것이 아닌 필사본을 보았노라고 말했을 것이다.[6]

아직 한 가지 가능성은 충분히 검토되지 않았다. 즉, 윌스가 링컨의 연설 원본을 보스턴의 에버렛에게 보냈을 수도 있다는 사실이다. 봉헌식 때까지 워싱턴에 머물고 있던 에버렛은 윌스에게 편지를 보내 그날의 모든 연설문에 대한 출판을 제안했다. 에버렛은 보스턴에 있는 자신의 출판사가 '비록 미국에서 제일 좋은 출판사는 아니어도 훌륭한 출판사 중의 하나'라며 다음과 같은 제안을 했던 것이다.

> 그 책자에 당신이 포함시키기를 원하는 어떤 것이라도 제공해주신다면 나는 즐거운 마음으로 그 출판 과정을 꼼꼼히 관리할 것이며, 어떠한 물량일지라도 실비로 인쇄하고 또 제작하여, 이 책자에 관심을 갖고 있는 국내의 사람들에게 배포할 것입니다.[7]

윌스는 이러한 인쇄 제안에 대한 좀더 상세한 내용을 요구했으며 에버렛은 11월 28일 보스턴에서 그 답장을 보냈다.

> 교정의 용이함과 최대한 잘 만들겠다는 열망을 고려하지 않고 이 책자를 호튼 씨에게 맡겨 인쇄하지는 않겠습니다. 어쩌면 필라델피아에서 활동하는 서적상에게 출판하도록 하는 것이 더 나을 수도 있습니다. 그러나 호튼 씨를 인쇄업자로서 굳이 제외할 필요는 없을 것입니

다. 그는 필라델피아와 뉴욕의 출판사들과 동시에 거래를 하고 있습니다.[8]

가장 길게 연설했던 에버렛은 연설문의 출판을 자신이 관리하길 원했다. 그는 자신의 오랜 경험을 통해 인쇄업자 선정에는 신중하려 했다. 바로 그러한 이유 때문에 그는 나머지 연설문들을 자신에게 보내줄 것을 요청했던 것이며, 신문에 게재된 것을 신뢰하지 않았던 것이다. 윌스는 연설문들을 모았으며 목사의 축도만을 별도로 보냈다.

결국 호튼이 아닌 리틀 브라운에서 출간된 기념 출판물을 에버렛이 진행했다는 사실을 워싱턴에서도 충분히 알고 있었다는 것은, 국무부가 봉헌식 전날에 있었던 수어드 장관의 연설문도 기념 출판물에 포함시켜줄 것을 요구하는 편지를 출판사에 보낸 것에서 확인할 수 있다. 에버렛은 1864년 1월 2일에 이 제안에 대해 윌스의 승인 — 오히려 그가 더 원했겠지만 — 을 요청했다. 그는 윌스의 답장을 기다리며 인쇄를 미루었다. 윌스의 편지는 분실되었지만, 수어드의 연설문이 포함된 것으로 보아 분명 긍정적인 답장이었을 것이다. 에버렛은 1월 30일까지 자신이 '공식 발매본'이라 명명한 두 사람의 연설문(공동묘지 조성과 봉헌식에서 있었던 다른 문건들과 함께)을 링컨에게 보내지는 못했다.[9]

윌스는 링컨이 자신에게 보내주었던 연설문 복사본을 에버렛에게 보냈던 것일까? 만약 그랬다면, 공식 기록 보관소와 같은 장소를 마련하여 그날 행사의 모든 기록들을 모아두려 한다는 자신의 목적에 위배되는 행동을 한 것이 된다. 비록 그의 계획은 공식 문건을 보스턴에서 재

발행하자는 에버렛의 제안으로 변경된 것으로 보이지만, 윌스는 그 후로는 에버렛의 연설문을 게티즈버그에 보관하자는 요청을 하지 않았다. 오히려 그는 여러 문건들을 에버렛에게 보냈다. 여기에서 또 한 가지, 그 무렵 윌스는 계속 진행 중이었던 매장 작업에 쫓기고 있었다는 것을 감안해야 한다. 그는 (기념조형물 설계에 대한 설득을 비롯하여) 여전히 해결해야 할 많은 문제들을 지니고 있던 보상기구와 위원회를 이끌어야만 했다. 윌스는 그 원고들을 에버렛에게 넘김으로써 책임에서 벗어나는 것을 오히려 반겼던 것으로 보인다. 윌스는 1864년 3월 22일 인쇄에 지불해야 하는 비용(1,357달러)을 주지사인 커틴에게 보고했다.[10]

만약 윌스가 링컨의 원문을 에버렛에게 보내지 않았다면, 에버렛은 원고를 어디에서 구했던 것일까? 그가 구할 수 있는 다른 원고가 있다면 그것은 그 자신도 신뢰하지 않는 신문기사밖에 없었다.[11] 게다가 리틀 브라운 출판사에서 발행한 책자의 원문은 신문들에 수록된 것들과 정확하게 일치하지 않는다. 윌스는 그 책자에 수록된 다른 내용들도 제공해주었으며 그것은 기도문과 애도가 그리고 심지어는 애도가에 쓰인 음악에 대한 것까지 포함돼 있다. 윌스 자신도 에버렛의 제안에 따라 책자에 수록될 용도로 새로운 편지를 작성했는데 그 내용은 연사들의 전쟁에 관한 자세한 묘사는 바람직한 것이었으며 또 게티즈버그 행사에 깊이 감사한다는 것이었다. 이것이 에버렛이 봉헌식과 관련된 모든 정보에 대해 '공인 원본'이라 부른 텍스트이다. 표제에는 이런 문구가 씌어 있다.

공동묘지의 조형물 건립 기금 조성을 위해 발행되었음

그 후에 나타난 링컨의 연설 자필원고 세 가지는 모두 다 자선의 용도로 제공되었다는 사실을 분명하게 기억해두어야 한다. 만약 에버렛이 윌스가 제공한 원고를 사용했다면 그것이 바로 자선 용도로 쓰인 최초의 텍스트일 것이다.

만약 11월에 링컨이 윌스에게 보냈던 텍스트를 에버렛이 인쇄에 활용했다면(그럴 가능성이 있어 보인다) 이것이 행사 당일과 가장 가까운 텍스트일 것이며 이른바 원본이라 불리는 것들 중에서 가장 우선시되어야 하는 것이다. 이 텍스트는 신문에 게재된 것들에 가장 근접하지만 그것들과 똑같지는 않다. (예를 들어 이 텍스트에는 '신의 가호 아래'라는 문구가 포함되어 있지만 문장 속에서 신문에 게재된 것과는 다른 위치에 나타난다. '그 국가는 분명, 신의 가호 아래……'.)

만약 이것이 윌스의 텍스트라면 그의 문서들 중에서 그것을 찾으려 하는 것은 쓸데없는 짓이 될 것이다. 모든 텍스트들은 인쇄를 위해 게티즈버그가 아닌 보스턴에서 관리를 했으며, 또한 에버렛이 세심하게 보관해두었던 문서들 어디에도 윌스에게 무언가를 돌려보냈다는(혹은 돌려주기를 기대한다는) 기록은 찾아볼 수가 없다. 나중에 보거 박사의 감사 기도문을 받았다고 확인해주는 서한에서도 그것을 돌려보냈다는 언급은 전혀 없다.

4. 헤이의 텍스트(두 번째 초안)

먼스와 던랩은 링컨이 윌스의 11월 23일 자 편지에 대한 답장으로 사본을 보내지는 않았을 것이라고 한다. 도대체 왜 그처럼 합리적인 요청에 대한 링컨의 반응이 그랬을 것이라고 생각하는 것일까? 링컨은 그보다 중요하지 않은 사람들로부터 받은 요청에도 사본들을 보내주었다. 게다가 그는 자신의 연설이 주목받고 인정받기를 원했다. 사본을 보내는 일은 그러한 자신의 뜻을 실현시키는 일이며 윌스가 계획하고 있던 그런 종류의 기념행사를 지원하는 것 또한 자신의 뜻을 성취하는 한 가지 방법이었던 것이다.

먼스와 던랩은 윌스의 사본을 존 헤이의 소유물로 보아야 한다고 할 필요가 있다. 그들은 그의 텍스트가 윌스의 요청을 들어줄 목적으로 작성했던 것이라고 믿고 있다. 그들은 링컨이 그렇게 작성한 것을 헤이에게 주었을 것이며 그것을 헤이의 가족들이 보관해두고 있었다고 주장한다.

헤이의 텍스트는 그것이 존재하고 있다는 뉴스가 발표되었던 1906년까지는 일반인들에게 알려지지 않았다. 자신의 사본만을 근거로 연설문의 원본에 대해 논의해왔던 니콜레이도 자신의 친구인 헤이의 사본에 대해 모르고 있었던 것으로 보인다. 헤이의 사본이 1909년에 복사본으로서 출간되었을 때 그것은 논쟁을 불러일으켰으며, 먼스와 던랩은 '링컨이 작성한 다섯 가지 사본 중에서 가장 이해하기 힘든 것'이라고 했다. 얼핏 보기에 이 텍스트는 상태가 깨끗한 니콜레이의 '초고'보다 먼저 작성된 것으로 보인다. 이 사본에는 고쳐 쓴 곳이 몇 군데 있어 마치 초안 원고처럼 보이며 또 몇몇 사람들은 그것을 초안 원고로 간주하기도 한다.

수집가인 윌리엄 해리슨 램버트가 그 사본의 존재를 처음으로 밝혀냈는데, 그는 링컨이 잘 정리된 사본을 챙겨서 게티즈버그로 갈 때 이초안 원고는 워싱턴에 남겨두고 갔을 것이라고 추정한다. 그러나 헤이의 텍스트가 니콜레이의 텍스트보다 실제 연설된 것을 수록한 신문의 내용에 더 근접하다는 것을 발견해낸 다른 사람들은 헤이의 것이 니콜레이의 것보다 나중에 작성된 것이라고 생각한다. 이러한 생각은 그 사본이 존 헤이를 위해 특별히 작성된 것이라는, 헤이의 집안에 내려오는 이야기를 통해 확인될 수 있다.

그렇다면 먼스와 던랩은 왜 윌스에게 전달하기 위해 작성된 이 사본이, 어떤 특별한 이유로 인해, 대신 헤이에게 전달된 것이라고 생각하는 것일까? 그들의 추리는 다소 복잡하다. 윌스는 '원본'을 요청했는데, 그 원본의 의미는 당연하게도 연설할 때 사용한 원고를 지칭하는 것일 테지만, 먼스와 던랩은 이것의 의미가 초안 원고였을 것이라고 생각한다. 그리고 그들은 링컨이 그 초안 원고를 새로이 만들어냈다고 추정한다. 기억을 되살려 작성했거나 아니면 있는 그대로 건네주기를 꺼려, 미완성으로 남아있던 초안에 근거해 다시 작성했다는 것이다. 그들의 생각대로라면, 헤이의 사본은 날조된 초고인 것이다.

링컨이 왜 그런 것을 만들어냈을까? 먼스와 던랩은 그와 유사한 사례를 제시한다. 링컨은 1863년 12월 8일에 개최된 신시내티 보건박람회에 전시용으로 노예해방선언문의 초안 원고를 요청받았다. 그는 약간 수정을 한 원고의 복사본을 보내면서 원본은 너무나 많이 훼손되어 보내주기 어렵다는 설명을 덧붙였던 것이다. 그렇지만 그 경우에는 링컨이 왜 그렇게 했는지에 대한 설명이 덧붙어 있다. 그리고 요청받은 원고는 인쇄용으로 쓰인 원본이었으며 연설을 할 때 사용했던 연설 원고가 아니었던 것이다.

그렇지만 이런 모든 신비화는 논점을 벗어나 있다. 먼스와 던랩이 작문상의 수정이라고 취급한 부분은 아마도 필경사들의 교정이었을 것이다. 최초에 원고가 작성되는 과정에서 수정사항을 재현해내려는 시도는 없었다. 그것의 가장 명쾌한 실례는 끼워 넣기로 되어 있던, 탈자부호와 함께 있던 행 위쪽의 단어들을 생략했다는 사실이다. 즉 '완수되지 않은 [∧ 과업]the unfinished [∧ work] which' 그리고 '[∧ 우리들] 앞에 놓여 있는 과제task remaining before [∧ us]'의 경우가 그렇다. 그 어구들은 사라진 단어들 없이는 아무런 의미도 없다. 그리고 글을 쓰고 있는 필자가 그러한 어구들을 쓸 것이라고 볼 수는 없으며 만약 써넣었다면 그것은 중요한 단어가 빠졌음을 알게 되었을 경우밖에 없다. 그러한 일은 어떤 원본을 두고 필사할 때 일어날 수 있는 일이며 특히 급히 서둘러 필사할 때 그런 일이 일어날 수 있다.

이러한 실마리를 전제로 하여 다른 '교정 사항들'을 살펴보기로 하자. 'We are met(우리들은 만났습니다)'이라는 표현을 그 전의 문장에서 반복 사용했던 링컨은 그 문장에 금을 그어 지우고서 적절한 서두로 'We have come(우리는 이곳에 왔습니다)'이라는 표현을 새로이 적어 넣어야 했다. 이것은 동어반복dittography(중복오사)을 피하는 아주 단순한 경우이다. 더욱

흔한 경우는 다음과 같은 것이다. 즉, 'gave gave the last full measure of devotion(넘쳐날 듯한 마지막 헌신을 주고, 주고……)'의 경우이다.

특히 자신이 작성한 원고를 필사할 때 흔히 일어나는 또 다른 실수는 자신의 시선보다 앞서 나아가는 머릿속 생각으로 인해 다른 대명사나 전치사를 사용하게 된다는 것이다. 즉, 정관사 'the'가 'a'가 된다거나 'for'가 'of'로 되고 또 'that'이 'the'로 되는 등의 경우를 들 수 있다. 그것을 눈으로 발견하게 되었을 때, 필사를 하고 있던 사람은 (바꾸어도 큰 문제가 없는) 처음에 사용했던 원래의 그다지 중요하지 않은 단어들로 돌아가게 되는 것이다. 이런 세 가지 경우가 바로 헤이의 텍스트에서 발생하고 있다.

이러한 것들이 단 한 가지만 제외하고 헤이의 사본에 나타나는 '잘못 작성된' 모든 오류들에 대한 설명이 된다. 그 한 가지는 특별히 주목을 받는 점인데, 그것은 링컨이 처음에는 '우리들의 [∧ 보잘것없는] 능력'이라는 문장에서 빠뜨렸다가 나중에 탈자부호 위에 써넣은 '보잘것없는'이라는 단어이다. 그것은 니콜레이의 사본과 신문기사 사이에 드러났던 상이한 부분들 중의 하나였다. 그렇기 때문에 헤이의 사본이 니콜레이의 사본 이후에 그리고 연설 전에 작성된 것이 아니겠느냐는 의문을 자연스럽게 품도록 했던 것이다. 그러나 두 사본에 동일하게 나타난 누락 부분을 근거로 이것을 '과업'과 'in' 의 누락과는 종류가 다른 실수라고 할 만한 근거는 어디에도 없다. 이 경우에는 그 두 가지의 누락과는 달리, 그 단어가 빠진다고 해도 구문이 제대로 그 뜻을 유지한다는 것이다. 그러므로 그 단어를 다시 삽입하는 것은 원래 문장의 복원이라기보다는 문장 교정으로 보이기도 한다. 그렇지만 이 경우는 후자일 가능성이 있다. 그리고 이러한 종류의 다른 실수들과 유사하다는 점에서 부주의로 인한 누락일 것이라는 추정에 이르게 한다.

헤이의 사본을 직접 쓸 때 링컨이 다소 급하게 작성했다는 것이 나타나 있다. 헤이의 사본은 초반에는 작고 깔끔한 필적으로 시작된다. 두 번째 행에서는 50개 이상의 문자가 채워져 있다. 그러다가 끝 부분에 이르러서는 글씨들의 간격이 넓어지고 좀 더 흘려 쓴 필적이 되어가면서 한 행의 문자 수가 (50여 자에서 40여 자로) 대략 20% 정도 감소하고 있다.

이러한 모든 점들은 이 사본이 개인적인 소장을 위해 작성된 기념품이라는, 헤이의 가문에 전해 내려오는 이야기를 확인시켜준다. 그렇기 때문에 헤이의 입장에서는 니콜레이가 자신의 사본을 자서전에 수록했던 것과는 달리 자신이 보관하고 있는 사본을 링컨의 원본 대열에 자진하여 끼워둘 이유가 없었던 것이다. 헤이는 텍스트상에 드러나는 상이한 부분들이 필자 자신이 가한 변형이 아니라 너무 급하게 필사를 하는 과정에서 나타난 실수들이었다는 것을 알고 있었던 것이다. 그리고 아마 링컨 스스로 깨끗한 원본을 보면서 필사했을 것이다. (보면서 필사한 것이 어느 것이었든 간에) 필사용 원고를 보고 베낀 것은 우리들에게 그것 이상의 결과를 보여줄 수는 없다. 이 사본에 붙어 있는 '두 번째 교정본'이라는 호칭이 니콜레이의 사본을 '첫 번째 교정본'이라 부르는 것보다 더 정당할 이유가 아무것도 없다.

5. 스프링필드 텍스트(에버렛본)

리틀 브라운 출판사에서 발행된 연설집을 대통령에게 선물로 보내면서 작성한 편지에서 에버렛은 이렇게 밝혔다.

> 메트로폴리탄 박람회의 여성분과 위원장이며 뉴욕 주지사의 부인이 신 피시 여사께 제 연설문의 필사본을 보내드리기로 약속했습니다. 만약 저의 연설 필사본과 당신의 헌사 필사본을 — 혹시 보관하고 있 으시다면 — 함께 묶어 펴낼 수 있게 된다면 더욱더 소중한 책이 될 것이라 생각합니다.

만약 에버렛이 이미 데이비드 윌스로부터 필사본을 받았다면 그는 왜 연설의 필사본을 요청하고 있는 걸까? 그는 왜 링컨이 그것을 보관하고 있는지 물어보고 있는 걸까? 여기엔 다음과 같은 가능성들이 있다.

1. 윌스의 사본은 명백하게 말 그대로 사본일 뿐이다. '필사본'을 요 청하면서 에버렛은 실제 연설에 사용한 원문을 원했던 것일 수도 있다. 그러나 이러한 가능성에 반하는 사실로는 다음과 같은 것들이 있다.

(a) 링컨이 그에게 연설 원문을 보내지 않았다(그것은 대통령 관저의 레터 헤드를 사용하지 않았다).

(b) 그가 원했던 것은 대통령의 자필원고였다.

(c) 에버렛은 박람회용 책자에 자신의 글이나 연설문 원본을 수록하 려 하지는 않았을 것으로 보인다.

2. 더 그럴듯한 설명은 리틀 브라운 출판사에 보낸 링컨의 원본이 너무 지저분했거나 훼손되었거나 혹은 공매에 부칠 목적으로 제작하는 야심 찬 헌정본에 사용하기에는 크기나 형식이 부적합했다는 것이다(또는 그 원본이 단순히 인쇄업자의 공정 과정에서 소실되었을 수도 있다).

만약 윌스가 보내준 사본을 에버렛이 소홀히 할 수 없었다면, 그 사본을 목사들의 연설문과 애도문 등 또 다른 원고들과 함께 인쇄업자에게 보냈을 것이라는 점을 염두에 두어야만 한다. 그리고 우리가 이미 알고 있듯이 그것을 윌스에게 다시 돌려주어야 할 필요는 없었던 것이다. 수어드의 연설문을 수록할지 말지에 대한 결정을 내리지 못해 인쇄를 대기시키고 있던 리틀 브라운 출판사로 그 원고들을 보내고 난 직후에, 에버렛 자신의 연설문을 받고 싶다는 피시 여사의 요청을 분명히 받았던 것 같다. 그때까지만 해도 에버렛은 자신의 연설이 게티즈버그 행사에서 가장 중요한 것이라고 확신하고 있었다. 적어도 피시 여사가 링컨의 연설문도 함께 보내달라는 요청을 하지 않았던 것은 알 수 있다. 링컨의 연설문도 함께 수록하고 싶다는 관대한 제안은 에버렛 자신이 했던 것이다.

에버렛이 정성을 들여 준비했던 그 책에는 리틀 브라운 출판사에서 인쇄되었던 것과 함께 필사본이 마주 보게 인쇄되어 있었다. 그 두 가지 원고에는 서로 일치하지 않는 부분들이 있는데, 그 책을 위해 자필로 쓴 머리말에서 마치 그 필사본이 자신의 초안 원고인 것처럼 설명해 두었지만 그것은 명백히 초안 원고는 아니다. 그 책에는 인쇄물에서 오려 붙인 삽화들이 적절한 위치에 장식적으로 배치되어 있다. 리틀 브라운에서 간행된 책에서 잘라내고 붙여서 오른쪽 면에 있는 초안 원고와 일치시키고 삽화들을 원고에 맞추어 배열하는 것도 매우 많은 시간이 걸리는 작업이었을 것이다. 만약 에버렛이 실질적으로 자신의 초안 원고 전체를 다시 필사했다면 그 책을 준비하는 일에는 필시 많은 시간이 필요했을 것이다. 이런 점이 결국 그가 박람회에서 그 책을 공매하지 못했던 이유를 설명해주는 것이 된다. 에버렛은 원고 마감 전에 그 작업을 끝마치지 못했을 것이다.

공매에 부쳤던 책의 57쪽과 58쪽에 수록되어 있는 링컨의 자필원고는 에버렛이 리틀 브라운 출판사에서 출간했던 책에 수록되어 있는 것과 다르다. 현재 널리 알려져 있는 판본에 있는 것처럼 '신의 가호 아래'라는 구절이 삽입되어 있기 때문이다.

6. 볼티모어 박람회 원고(밴크로프트 필사본과 블리스 필사본)

역사학자 조지 밴크로프트는 1864년 2월에 개최된 볼티모어 보건박람회에서 석판인쇄본으로 판매하기 위해 링컨에게 자필로 작성한 연설문을 부탁했다. 첫 번째로 보내온 원고가 석판본으로 만들어지고 있던 다른 원고들과 형식이 맞지 않았기 때문에 블리스 대령은 링컨에게 적절한 크기의 용지를 보내주었다. 그 종이에 작성된 필사본이 링컨이 직접 쓴 마지막 원고였다. 석판본의 형식에 필요한 여백과 함께 문자들이 행에 맞추어 깔끔하게 작성되어 있어 여러 필사본 중에서 가장 훌륭한 모양새를 갖추고 있다. 링컨이 공식적으로 작성한 최종본이기 때문에 이 필사본이 가장 널리 인쇄되는 원고가 되었다.

필자는 이 필사본을 가장 기준이 되는 원고로 삼았다. 이 필사본은 문체라는 측면에서 다른 것들과 비교하여 한 가지 중요하게 개선된 점이 있었다. 링컨은 '그들이 (여기에서) 마지막 신명을 다 바쳐 지키고자 한'이라는 표현에서 'here(여기에서)'를 삭제한 것이다. 일곱 번째 등장하는 이 '여기에서'는 다른 모든 판본에는 다 들어가 있다.

링컨은 분명 매우 짧은 연설문에서 특정 단어를 여섯 번씩이나 사용했다는 것을 의식했던 것이다. 링컨이 지속적으로 그러한 개선을 시도하고 있었다는 것은 그가 '원본'보다는 완벽한 문장에 더욱 많은 신경을 썼음을 나타낸다. 초안 원고와 연설 원고 또는 윌스의 사본 등을 추적하는 것이 그를 흐뭇하게 했을 수도 있다. 그러나 이러한 일들이 그를 심각한 고민에 싸이게 했다는 사실을 누가 믿을 수 있을까?

어느 곳에서 연설을 했을까?

게티즈버그에 있는 군인묘지를 참배하는 관광객들은 거의 예외 없이 링컨이 연설한 곳을 묻는다. 이 지점과 관련하여 국립공원 관리국의 안내판은 일관되게 분명한 장소를 가리켜왔는데, 이곳에는 현재 국립 현충비Soldiers' National Monument가 웅장한 자태를 드러내며 서있다. 이곳은 윌리엄 손더스의 기본 계획 속에 포함되어 있던 명예의 전당으로, 반원형의 묘지 행렬 중심부에 위치하고 있다. 그것은 이 지점이 줄곧 설계의 중심지였음을 의미한다. 링컨이 연설을 할 당시에는 현충비가 세워져 있지 않았으므로 이곳은 연설하기에 가장 적당한 공간으로 간주되었다.

게다가 이 장소는 연설 이후 수년 동안 사회의 주목을 받는 장소가 되었다. 묘지 관리에 책임이 있는 북부 주들의 대리인들이 현충비의 건립을 위해 1864년 6월에 모였다. 많은 사람들이 건립장소에 대해 추측을 하고 있었기 때문에 현충비와 관련된 사업은 관심 속에 진행되었다. 현충비는 봉헌식에 참석했던 군중보다 훨씬 많은 사람들이 모인 가운데 1869년 7월 1일에 세워졌다. 제노바에서 콜럼버스를 기념해 세웠던 비를 모델삼아 고전 양식으로 만들어진 현충비 기둥 아래에 링컨 연설의 결말 부분을 첨가하였다. 그렇게 해서 이 명예로운 장소는 공신력을 지니게 되었다. 이밖에 다른 어떤 곳이 연설장소로 짐작될 수 있겠는가?

그러나 1865년 위원회가 묘지와 관련해 발간한 보고서 사본의 작은 문건에는 연설이 행해진 장소가 이제까지 알려진 지점과는 다르다는 주장이 들어있다. 이것은 보고서의 사본이라기보다, 위원회의 의장인 데이비드 윌스가 선거로 뽑힌 서기書記 셀렉에게 건네준 자필 사본이었다. 셀렉은 위스콘신 주의 대리인으로 활동하고 있었다. 셀렉은 자신의 사본에 서명을 했으며 같은 글씨체로 쓰여진 기록이 책자의 말미에 붙어 있다.

> 1863년 11월 19일 게티즈버그 국립묘지에서 링컨 대통령이 연설을 할 때 서있었던 장소는 가로 3.6미터, 세로 6미터 크기의 연단이었으며 북서쪽을 향해 있었다. 이 장소는 비망록이 붙어 있는 책의 묘지 지도에 연필로 표시된, 군인묘지 바깥 12미터 북동쪽에 위치하고 있다.

언제 어떤 상황에서 셀렉이 이런 기록을 첨부했는지 알 수 없지만 이 증언은 진지하게 고려돼야 한다. 셀렉의 주장이 사실이라면 연단은 반원 형태 묘역墓域의 바깥, 그러니까 군인묘역으로부터 대략 2시 방향에 위치해 있어야 한다. 이 지점은 이른바 '피켓 장군의 진격지'라고 알려진 장소보다는 마을 쪽을 향하고 있었다. 이곳은 마을에서 쉽게 닿을 수 있는 지점이었으며 스피커 앞의 청중들은 서있기에 넓고 편한 장소를 확보할 수 있었을 것이다. 스피커가 연단과 나란히 설치돼 있었기 때문에 묘역은 이들 뒤에 위치해 있었을 것이다.

루이스 워런은 1964년에 발간된 《링컨의 게티즈버그 선언: 새로운 자유의 탄생Lincoln's Gettysburg Declaration: A New Bitrh of Freedom》에서 셀렉의 이러한 주장을 뒷받침했다. 그는 행렬의 이동 경로와 묘역의 상태라는 두 가지 근거를 들어 자신의 주장을 입증했다. 연단이 지금 현충비가 서있는 곳에 있었다면 (연설) 장소로 모여들던 사람들의 행렬이 알려진 바대로 이루어지기는 불가능하다고 할 수 있었다. 게티즈버그 시내 광장으로부터 나있는 길은 외곽에서 갈라지는데, 왼쪽 길로 접어들면 곧바로 묘지의 옛날 정문에 다다를 수 있어 현충비가 있는 곳으로 가고자 하는 사람들은 대부분 이 길을 따라 이동하곤 했다.

그러나 공식적인 통로는 오른쪽으로 나있는 길을 이용하는 것이었는데 이 길을 따라가면 태니타운로Taneytown Road 방향으로 좌회전을 한 다음 한 번 더 좌회전을 해야 현충비가 있는 지역으로 갈 수가 있었다. 연단이 부채꼴 모양의 묘역 하단부에 위치했다면 태니타운로에 바로 인접해 있었을 것이고 행렬은 분명히 이 길을 이용했을 것이다. 게다가 이 지점은 행사에 참가한 사람들이 매장지를 침범하지 못하도록 하는 데 적합했다고 워런은 덧붙였다. 사람들이 묘역을 침범하지 못하도록 했던 배려와 관련해서는, 수주일 사이에 천 기가 넘는 묘지들이 반원형의 지역 안에서 어지럽게 새로 만들어졌고 또 새로운 매장을 위해 표시해놓은 지역이 존재했다는 사실을 생각해보면 결코 가볍게 취급되어서는 안

될 문제였다.

장소와 관련된 셀렉의 주장은 1964년 워런의 책이 발간되었을 때부터 1973년 프레더릭 틸버그가 이와 반대되는 끈질긴 주장을 발표할 때까지 상당한 호응을 얻었다. 게티즈버그의 공원과 관련된 역사를 오랫동안 연구해온 틸버그는 《펜실베이니아 역사Pennsylvania History》에 자신의 글을 게재했는데 당시 그는 은퇴한 상태였다.

1863년, 연단이 서있던 자리가 높아 사방에서 잘 보였고 연단 아래로 묘지들이 산재해 있었다는 점을 강조한 틸버그의 주장은 당시 언론에 자주 등장했다. 그가 주장한 지점들은 셀렉이 가리키는 지점과 전혀 일치하지 않았다. 묘역이, 나중에 현충비가 들어설 자리로부터 경사져 아래쪽으로 떨어져 있는 지점에 위치한 반면 셀렉이 주장한 지점은 경사면 하단부, 다시 말해 부채꼴 모양의 묘역 바깥에 위치하게 되어 결과적으로 융기한 지형보다는 비탈면의 아랫부분에 위치하게 된다. 이 지점은 사방에서 잘 보이는 위치가 아니다. 게다가 사람들이 연단 뒤로 넓게 솟아 있는 묘지들을 쳐다보는 형상을 하고 있다. 이 연단은 지금 현충비가 서있는 자리보다 7미터쯤 낮은 지점에 위치했을 것이다.

틸버그는 워런의 주장에 동원된 두 가지 근거를 반박하는 데에 그리 만족할 만한 성과를 거두지 못했다. 행렬의 이동 경로와 관련하여 그는 군중이 오른쪽 길을 선택한 것이 납득할 수 없는 우회로를 선택한 것이 아니라, 행렬이 묘역을 통과해 현충비가 서있는 중앙부 경사로를 따라 올라갔다면 있을 수 있는 일이라고 주장했다. 그러나 이 주장은 무질서하게 새로 단장된 묘역을 군중이 침범해서는 안 되었다는 워런의 주장과 배치된다.

이에 대해 틸버그는 그때까지 매장된 대부분의 묘지들은 행렬과는 멀리 떨어진 무명용사 묘역에 존재했었다는 답변을 내놓았다. 그러나 단지 몇 기의 묘지만이 있었다고 해도 — 사실 그 지역의 3분의 1이 묘지로 차 있었기 때문에 몇 기만이 존재했었다는 말 자체가 성립이 되지 않는다 — 이와 같은 대행렬에는 방해가 되었을 것이다. 묘지를 짓밟고 지나가면서 죽은 이에게 존경을 표할 수는 없는 것이다.

결국 이 단계에서는, 이론에도 불구하고 셀렉의 주장이 공감을 얻게 되었다. 그리고 틸버그도 신시내티 《데일리 가제트》지의 화이틀로 리드 Whitelaw Reid의 지지를 받았는데, 11월 23일에 그가 급하게 송고한 기사에는 다음과 같은 내용이 들어있었다.

'연단은 후일 현충비가 세워질 자리에 솟아 있었으며, 그 앞에는 반원형으로 이루어진 두 곳의 묘역이 각 주의 비율대로 준비되어 있었다.'

셀렉의 주장은 사람들의 인정을 받은 것처럼 보였고, 현충비가 위치한 지점도 국립공원 관리국의 표식이나 문헌 그리고 영화 등에서 계속 거론된 것에 힘입어 다시 한 번 근거를 확보할 수 있었다.

그러나 1982년 세 번째의 지점이, 틸버그의 이론을 계승한 공원역사가인 캐슬린 게오르크(현재 캐슬린 게오르크 해리슨이라고 불리는 인물)에 의해 거론돼 설득력을 얻게 되었다. 그녀가 자신의 주장을 정식으로 출판하지 않았기 때문에 공식적인 명칭을 붙여줄 만한 논란은 없었다. '브라운 가家의 납골묘 근처'라는 식으로 부르는 것은 대단히 어색하므로 여기서는 '해리슨의 지점'이라고 부르겠다. 해리슨은 묘지에 모여들었던 군중을 찍은 두 장의 중요한 사진을 활용했는데, 한 장은 에버그린 묘역의 입구를 바라보고 찍은 것이고, 다른 한 장은 그 묘역의 입구에 서있는 망루의 2층에서 찍은 것이다. 그녀는 당시 사진에서 식별할 수 있는 지형지세 등의 자세한 모습이 지금과 어떻게 다른지를 비교해보았다. 이런 작업은 사진까지 실어가면서 출간되었던 책을 통해 전에도 시도된 적이 있었지만 연단이 지금 현충비가 서있는 곳에 있었다는 것을 전제로 하고 있었다.

그녀의 조사는, 비록 입증된 것일지라도 반드시 기정사실로 받아들여지는 것은 아니라는 사실을 보여주었다. 선입관을 벗어버리면 사물을 있는 그대로 볼 수 있는 새로운 시각을 갖게 된다. 해리슨은, 지금은 그녀의 남편이 된 보조자와 함께 11월 말경의 어느 날 사진을 찍기 위해 길을 나섰다. 사진에 등장하는 당시의 상황과 똑같은 조건하에서 직접 사진을 찍어볼 생각이었다. 눈으로는 원본사진에 나타나 있는 것처럼 전체적인 조망을 할 수 없었기 때문에 그 작업은 아무런 성과도 없었지만, 그녀는 줄곧 정중하게 그 실험에 나를 참여시켰다. 그녀가 지칭하는 지점이 지금은 울타리를 쳐서 분리된 연방묘역의 바깥쪽에 위치하고 있었기 때문에 처음에는 받아들이기 어려웠다.

해리슨의 지점은 에버그린이라 불리는 게티즈버그의 묘역에 위치한다. 이 지역은 1860년대에 데이비드 매카너기가 조성했는데 그는 데이비드 윌스와 경쟁해 군인묘역 조성 임무를 주지사인 커틴으로부터 따낸 인물이다. 해리슨이 주장하는 지점은 1950년대에 세워진 브라운 가의 납골묘 바로 위이거나 근처이다. 해리슨은 수년 동안을 국립공원 관리국 내의 회의론자들을 설득해, 연단이 에버그린 묘역 쪽에 있었다는 새로운 표지판을 만들도록 했다. 소요 자금 문제로 이 작업이 더디게 진행되고 있기는 하지만 대부분의 공원 관리국 안내인들은 현재 표지판의 정보를 수정해 알려주고 있다.

해리슨이 사진을 판독한 바에 따르면, 국기 게양대는 현재 현충비가 있는 곳에 세워져 있었다. 입구 쪽을 바라보고 찍은 사진에는 게양대가 입구의 왼편에 보이고 그 뒤로 세미테리 힐Cemetery Hill의 일부가 보인다. 대부분의 묘지들은 사진 바깥의 왼편에 있다. 연단과 에버렛을 위한 텐트는 입구 오른쪽의 국기 게양대보다 경사면 위쪽에 위치하는데 그 뒤로 컬프 힐Culp's Hill이 사진의 오른쪽 바깥편으로 보인다. 입구 쪽에서 찍은 사진에는 이런 위치들이 당연히 반대로 자리 잡고 있다. 연단은 왼쪽에 있고, 국기 게양대는 거의 중앙에 자리하고 있으며, 묘역은 오른쪽으로 보인다.

이 지점은 상당한 설득력을 가지고 있다. 당시에는 묘역 사이를 가르는 울타리가 없었다. 군중은 자연스럽게 두 지역을 구분 없이 하나의 공간으로 받아들였다. 해리슨 지점의 주변뿐만 아니라 연단과 국기 게양대 사이에는 묘지가 전혀 없었다. 연단이 경사면 위쪽에 설치되었다면 묘역 위쪽에는 너른 공간이 생겼을 것이고, 군중은 묘역이 내려다보이는 위치에서 묘역을 침범하지 않는 적당한 공간을 확보할 수 있었을 것이다. 입구 쪽을 바라보고 찍은 사진에는 군중의 후미가 일렬을 이루어 반원형 지역의 일직선 부분에서 끝나는 것을 볼 수 있다.

결과적으로 모든 것이 아래를 굽어 내려다볼 수 있는 지점을 강조했던 신문의 기사들과 잘 부합되었다. 양 측면에서 해리슨의 지점은 현충비가 세워져 있는 지점보다 실제적으로 알맞은 자리이고, '연단은 격전이 벌어졌던 장소이면서 주변에서 가장 높은 지점에 세워졌다'는 연합통신의 기사와도 잘 어울린다고 할 수 있다.

하지만 연단이 나중에 현충비가 세워질 자리에 있었다는 화이틀로 리드의 주장은 도대체 어떻게 된 것일까? 우선 또 다른 신시내티 신문(11월 23일 자 《데일리 커머셜》)에 게재된 기사를 참조해볼 수 있을 것이다. 그 기사에는 부채꼴 매장 지역의 직선들이 모여 '현재는 국기 계양대가 서있지만 현충비를 건립하기로 예정된 장소의 중심에 반지름을' 형성하고 있다고 보도했다.

리드가 어떻게 해서 연단이 서있던 자리를 훗날 현충비가 들어설 자리로 생각하게 되었는지를 알아차리는 것은 어려운 일이 아니다. 그는 다른 기자가 사용했던 정확한 기하학 용어를 사용하지 않고 연단의 위치가 반원형 열의 '앞쪽에' 있었다는 식의 더 일반적인 표현을 사용했다. (기술적으로 보아 현충비는 당연히 호형의 끝 부분 앞에 위치하기가 어렵다.) 해리슨의 지점에 위치한 연단은 경사면에 있는 무덤들의 위쪽에 있었으며 지형 중에 우묵한 곳이 한 곳도 없어 자연적 장애물로 인한 경사면과의 연결도 끊어지지 않아 전체 묘역을 한눈에 바라볼 수 있는 중심에 위치하고 있다.

나직한 '개방형 울타리'는 한동안 설치되지 않았기 때문에 외부인으로서는 옛 묘역과 새로운 묘역의 정확한 경계를 알 수 있는 근거가 전혀 없다(현재의 높은 철제 울타리는 1934년에 설치되었다). 게다가 리드는 줄지어

303

서있는 군대와 이리저리 옮겨 다니던 말들 그리고 묘역 이곳저곳을 움직여 다니던 군중 등 그 현장을 분할하여 보았던 것이다. 대부분의 군중은 옛 묘역으로 향하는 출입문을 통과하여 현장에 모여들었던 것이다.

그것을 통해 통로를 알 수 있게 되었다. 대부분의 군중이 더 직접적인 접근로를 택했다가 막히게 되자 진행이 용이한 우회로인 소로를 택했을 것임을 예상할 수 있기 때문이다. 새로 만들어진 무덤들 주변을 돌아 연단에 접근하여 군중이 통과할 것으로 예상했던 통로와는 동떨어진 길을 통해 정면 관람석에 도달했던 것이다. 그 길은 원형교차로였으며 고관들은 말을 타고 있었다. (사실 1.6킬로미터도 채 되지 않는 통로에 진입한 모든 말들은 행사를 빛나게 하기보다는 매우 성가신 존재였다.) 그 행렬이 만약 (태니타운로 지역에 펼쳐져 있는) 전투장소를 지나쳐 올라왔다면 더욱 화려하게 보였을 것이다.

해리슨의 지점은 확고하게 인정받은 것으로 보인다. 가장 훌륭한 게티즈버그 사진 모음집의 저자인 윌리엄 A. 프라사니토는 확신을 갖게 되었으며 해리슨의 사진판독을 수용하여 자기 책을 개정할 것이라 밝혔다. 적어도 게티즈버그의 자그마한 전투에서 마침내 승리를 거둔 것이다.

네 개의 장례 연설

르네상스 시대의 예술작품을 공부하는 학생들이라면, 어떤 장소를 위해 만들어진 작품은 그 특정한 장소의 특성을 충분히 고려해 평가돼야 한다는 사실을 배우게 된다. 티치아노(이탈리아의 화가, 1488/1490~1576 - 역주)의 〈성모승천〉은 베네치아의 프라리 성당 끝에서도 잘 보일 수 있을 정도의 크기로 그려져 있다. 베르니니의 '성녀 테레사의 법열法悅 상像'은 로마 가톨릭교회의 부속 예배당을 위해 만들어졌는데, 그늘진 곳의 창문을 통해 들어온 햇빛이 이를 비춰주고 있으며, 그 성스러운 몸부림은 조각된 청원자들의 차분한 시선과 대비하여 강조되고 있다. 더 넓은 관점에서 바라보면 세인트메리 빅토리우스 교회 전체가 이러한 구조로 되어 있다.

링컨의 걸작 또한 19세기를 풍미하던 웅변술과 장례식의 정경 그리고 망자를 위한 시 등을 탄생시킨 사건을 그 배경으로 하고 있다. 어떤 예술가든 프라리 성당의 제단 뒤에 새로운 예술품을 만들어 넣을 때는 다른 예술작품들을 고려하여 작업한다. 링컨의 연설은 역사적인 순간과 포괄적인 틀 속에 자리매김되어야 한다. 티치아노에게 다가가려면 프라리 성당의 끝까지 걸어가야 하듯, 우리는 에버렛에게 시간을 할애해야 한다. 에버렛의 연설은 그 자체로는 더 이상 우리의 흥미를 끌 수 없을지도 모른다. 그러나 그의 연설은 이제 다음에 있을 훌륭한 연설을 빛나게 하는 요소로서 살아남게 될 것이다. 만일 사람들을 게티즈버그에 모이도록 했던 에버렛의 엄청난 흡인력이 없었다면 링컨은 불후의 명연설을 남길 기회를 잡을 수 없었을 것이다.

또, 에버렛의 연설은 더 큰 역사적 흐름을 배경으로 하고 있다. 티치아노의 작품을 둘러싸고 있는 것은 프라리 성당이지만 프라리 성당을 둘러싸고 있는 것은 베네치아이다. 이와 같이 링컨은 에버렛이라는 배경에서 자신의 역할을 수행하고 있지만 에버렛은 아테네와 케라메이코스, 페리클레스 같은 그리스 문화 부흥 운동과 관련된 내용을 강조하고 있다. 민주화된 애국심에 대한 숭배가 19세기에는 특별히 가치 있는 것으로 받아들여졌고, 미국 최초의 진정한 그리스 연구가라고 할 수 있는 에버렛의 상황에선 더욱 그랬다. 게다가 아테네의 민주주의와 제국주의를 결합시키려 했던 페리클레스의 연설은 미국에서 놀랍도록 오랫동안 효력을 발휘해왔다. 동부 지역의 사립고등학교에서는 지배층이 지녀야 할 애국심의 표본으로 제시되기도 했다. 2차 세계대전 당시 링컨과 페리클레스의 비교를 통해 무지한 세계 제국에 서방의 젊은 민주주의를 널리 알리게 되었던 것이다.

전쟁이 끝난 후, 케네디 일가는 에디스 해밀턴Edith Hamilton과 헌팅턴 케언스Huntington Cairns의 헬레니즘에 특히 관심이 많았다. 따라서 케네디의 유명한 연설이 마치 고르기아스의 그리스 장례 연설을 흉내낸 듯한 수사기법을 담고 있는 것도 이상한 일이 아니다.

존 F. 케네디의 취임연설을 들었거나 읽었던 사람들의 기억을 되살려 내 보면, 우리는 다음과 같은 두 가지의 유명한 고르기아스식 문장을 발견할 수 있을 것이다.

두려움에 의해 타협하지 않게 해주십시오.
그러나 타협하는 것을 두려워하지는 않게 해주십시오.

국가가 당신을 위해 무엇을 해줄 것인가를 묻지 마시고,
당신이 국가를 위해 무엇을 할 것인가를 물어보시오.

필자가 고르기아스의 짧은 장례 연설을 예시한 것은 서구의 수사학이 고르기아스의 전통을 이어받은 특징을 지니고 있기 때문이고, 링컨이 대조법을 즐겨 사용했던 것도 고르기아스의 방법을 흉내낸 것이라고 알려져 있기 때문이다.

1. 에버렛의 연설

아테네의 예

1. 한 해 동안의 노고를 접고 편히 쉬고 있는 너른 들판을 내려다보며, 이 고요한 하늘 아래 서서, 저 멀리 장엄한 자태로 솟아 있는 앨러게니 산맥과 발밑의 우리 형제들의 무덤 앞에서, 신과 자연의 웅장한 침묵을 깨우는 보잘것없는 목소리를 내야 한다니 그저 망설여질 뿐입니다. 그러나 여러분이 저를 불러주신 의무는 다하고자 하오니 부디 너그러운 아량으로 들어주시기를 바랍니다.

2. 아테네에서는 전사자들에 대한 장례가 공적인 자금으로, 가장 엄숙한 분위기에서 행해질 수 있도록 법으로 규정되어 있었습니다. 화장한 유골은 조심스럽게 수습되어 고향으로 이송되었습니다. 그곳에서, 매장되기 전 3일 동안 영예로운 곳에 안치되어 살아남은 자들의 마지막 예물이라 할 친지들의 봉헌물을 받습니다. 그중에는 꽃과 무기 그리고 각종 귀중한 장식품과 무늬를 그려 넣은 화병 등이 있었습니다(이 물건들은 2천 년 뒤 현대 유럽의 박물관을 장식하게 되는 놀랄 만한 예술품들입니다). 도시의 각 부족들을 위한 삼나무로 만든 10개의 장례식용 관과 확인되지 않은

전사자들을 기리기 위한 11번째의 관도, 그들의 명예를 더럽히지 않고
또 유물들을 캐낼 수 없도록 명예로운 장소에 보관합니다. 넷째 날에는
애도의 장례 행렬이 이어지며, 어머니와 아내 그리고 누이와 딸들이 행
렬의 선두를 이끕니다. 그러면서 망자에 대한 애통함을 소리내어 부르
짖는 것이 고대의 일반적인 풍습입니다. 망자의 남자 친척들과 친구들
이 그 뒤를 잇고, 시민들과 일반인들이 행렬의 마지막을 장식합니다.
이러한 행렬을 유지한 채 사람들은, 밀티아데스Miltiades의 아들인 키몬
Cimon이 가꾸어놓은 저 유명한 케라메이코스로 향합니다. 그곳에는 소
로와 연못, 기둥이 있으며 숲 속은 제단과 사당으로 가득 차 있습니다.
정원은 근처의 언덕에서 흘러내려온 시냇물로 인해 항상 푸르름을 잃지
않으며, 미네르바 신의 신목神木으로 인해 그늘이 드리워져 있습니다.
도시와 함께 만들어진 그곳 주변은

아테네의 새들이 한여름 내내 소란스럽게
지저귀는 그곳은 플라톤의 은둔장소이며
올리브나무 숲으로 둘러싸인 아카데미입니다.

그곳의 소로는 죽어간 저명한 인사들의 유적과 대리석에 생명을 불어넣
었던 최고 장인들의 작품이 그 모습을 번득이며 나타나는 곳입니다. 그
곳의 플라타너스 아래 높이 솟은 연단 위에서, 운집한 군중을 앞에 두
고 아테네의 시민들이 장례식사를 낭독할 수 있도록 되어 있었습니다.
　3. 그렇게 하는 것이 아테네에서는 국가를 위해 산화한 분들에 대한

존경의 표시였습니다. 마라톤 전투에서 전사한 분들을 위해서는 따로 특별한 명예의 장소가 마련되어 있었습니다. 그 불멸의 전장에서 벌어졌던 전투야말로 그리스의 운명을 결정짓는 그리스 역사의 가장 중요한 사건이었습니다. 전투의 승패에 따라 빛나는 영광의 시대를 누리며 영원히 살 수 있을 것인지 아니면 저 하늘의 유성처럼 한순간 빛나다 사라지는 존재로 전락할 것인지가 결정되는 중대 사건이었기 때문입니다. 그래서 아테네가 이들 영웅적 순교자들에게 바치는 명예는 다른 어떤 경우와는 다른 것이었습니다. 그들만이 영원토록 명예를 간직할 수 있는 곳에 묻힐 권리가 있었습니다. 그들의 시신을 덮고 있는 봉분을 기념하기 위해 세운 10개의 기둥 위에 그들의 이름을 새겼고(600년 후, 여행자인 파우사니아스가 그 이름들을 발견하게 됩니다) 비록 세월의 위력과 야만적인 폭력의 역사 때문에 기둥들은 사라졌지만 영광의 장소만은 남아 그들이 싸우고 사라져간 장소를 말해주고 있습니다.

그리스의 칼날 아래 페르시아군이 처음으로
굴복하여 엄청난 사상자를 내고 스러져간 격전장.

4. 시민 여러분! 그로부터 23세기가 지난 후, 저는 젊은 순례자로서 페르시아의 침략으로부터 자유와 학문 그리고 예술을 구해낸 이들의 재가 묻혀 있는 언덕과 신성한 땅을 존경의 감정으로 둘러보고, 저 유명한 격전의 현장을 기꺼이 맨발로 다닐 만큼 경건한 마음으로 순회했습니다. 그런 제가, 그리스의 자유로운 토양에 아시아의 전제정치라는 암

흑의 깃발을 꽂으려던 자들보다 결코 덜 도발적이지도, 덜 잔인하지도 않은 자들의 침략을 물리친 사랑하는 형제들의 무덤 앞에 아무런 감흥도 없이 서있을 수 있겠습니까? 살아남은 현명한 정치가들이 세우고, 죽은 이들의 고결한 피로 굳건해진 우리의 숭고한 합중국이 영원히 존속할 것인가 아니면 사라질 것인가 하는 운명을 결정지으며 지난 3일 동안 스러져간 형제들의 무덤 앞에 제가 어찌 아무런 느낌도 없이 서있을 수 있겠습니까? 절대 그렇지 않습니다. 제가 만일 애국심의 발로인 이 모든 헌신이나 애정 등에 무관심하다면, 경건한 감사를 표하기 위해 불원천리 이곳으로 오신 신사숙녀 여러분들은 모욕감으로 경악하실 것이며, 이곳에 잠들어 계신 영령들 또한 비분강개하여 땅속에서 들고 일어날 것입니다.

5. 영령들의 친구이자 동료 시민인 우리들은, 위대한 펜실베이니아 주 행정장관의 초대와 우리 합중국에 충성하는 그 밖의 17개 주의 주지사들의 후원에 힘입어 이곳에 모였습니다. 이곳에서 우리는 7월의 마지막 3일 동안 격전을 치르며 장렬하게 산화하여 이제 이곳 우리 앞의 언덕과 평원에 몸을 누이신 영령들에게 마지막 존경을 표합니다. 영령들의 시신은 수습되어 오늘 우리가 경의를 표하고 있는 이곳 묘지에 봉헌되었습니다. 눈을 들어 평원을 바라보면, 대지는 온통 용맹하고 충성스러웠던 영령들이 최근에 흘린 피로 물들어 있습니다. 국가를 위해 산화한다는 것이 얼마나 아름답고 가치가 있는 일인지 미처 몰랐습니다. 살아남은 자들의 안전과 명예를 위해 산화하신 분들에 대한 감사와 존경의 표시가, 역사의 여명기에서부터 지금까지 제대로 되어왔었던가를 예

전에는 미처 몰랐습니다. 그리고 만약 이러한 헌사를 누구에겐가 바쳤다면, 오늘 우리가 저들 영령에게 바치는 축복보다 더 정당했던 경우가 있었을까요?

남부의 공세

6. 형제 여러분, 생각해보십시오. 만일 우리 발밑에 잠들어 계신 분들이나 살아남아 국가를 위해 용맹하게 싸우신 동지들이, 결코 잊을 수 없는 3일 동안의 전투에서 의무를 게을리해 패배했다면, 우리 국가와 우리들에게는 어떤 결과가 일어났을까요? 지금 이 순간 한번 생각해봅시다. 만일 저 고귀한 포토맥 부대가 용감무쌍하게 메릴랜드와 펜실베이니아의 침략을 무찌르지 못하고 이 격전의 언덕에서 내몰렸다면 미합중국은 어떻게 되었을까요? 볼티모어에서 당황하여 어찌할 바를 모르고 패배했거나 적에게 짓밟혀 사방으로 패주했다면 미합중국의 운명은 어떻게 되었을까요? 그런 불행한 일이 일어났다면, 기념의 도시(볼티모어)나 해리스버그 그리고 필라델피아와 북부연합의 수도인 워싱턴의 운명은 적의 수중에 놓인 비참한 신세가 되었을 것이고, 당연히 적들은 기뻐 날뛰며 연이은 승리를 자신하고 파죽지세의 기개를 가졌을 것입니다.

7. 그렇기 때문에 우리는 이 점을 명심해야 합니다. 이는 또한 이번 전투에서뿐만 아니라 모든 전쟁에 적용되는 말인바, 남녀노소를 막론하고 군대 없는 국민이 잘 훈련된 적들의 군대와 대항하는 것은 불가능합니다. 대부분이 목조주택인데다 튼튼한 성벽으로 보호받지 못한 마을의 주민들이 아무리 숭고하고 강인한 의지력을 소유하고 있을지라도, 노부

모를 돌봐야 하고 처자식이 주렁주렁 달린 남자들이 적의 대포와 고지에서 날아오는 탄환에 맞서 어떻게 싸울 수 있겠습니까? 유능한 적장의 지휘에 따르는 고도로 훈련된 노련한 병사들을 도대체 어떻게 막아낼 수 있겠습니까? 아닙니다, 형제 여러분! 군대는 군대로 막아야 하고, 포대砲隊는 포대로 막아야 하며, 기병대는 기병대로 대항하고, 조직을 갖춘 1천 명의 군대는 똑같이 잘 조직되고 튼튼한 육체를 지닌 현명한 1천 명의 군인으로 대항해야 합니다. 그러므로 비무장한 민간인인 우리들이, 우리의 발밑에 영광의 자리를 차지하고 누워 있는 용맹스러웠던 영령들의 뜻을 기리고 전투에서 살아남은 불굴의 전사들을 칭송하는 것은 부끄러운 일이 아닙니다.

펜실베이니아와 메릴랜드의 형제 여러분! 여러분의 저 비옥한 들판은 적들의 목전에서 되찾은 것이며 도시들은 적들의 약탈과 위협에 굴복하지 않았습니다. 그렇지 않았더라면, 모든 것은 재가 되어버렸을 것입니다. 워싱턴은 적의 수중에 들어가고, 국가의 심장부는 커다란 타격을 입었을 것입니다.

8. 제 이야기를 듣는 여러분 중 누가, 온 국가를 전율케 했던 저 7월 4일의 설렘을, 영광의 소식이 울려 퍼지던 그 감격의 날을, 게다가 빅스버그를 동시에 함락시켰다는 더욱 기쁜 감격을 잊을 수 있겠습니까? 미드 장군이 이끄는 포토맥 부대가 침략자들을 다시 한 번 물리쳤다는 미합중국 대통령의 확신이 전국에 울려 퍼지던 날의 감격을 잊을 수가 있겠습니까? 2천만 자유민의 경의가 전사하신 분들을 기리기 위해 하늘에 울려 퍼지는 이때 미국의 모든 애국적 인사들의 감사를, 국가에 헤

아릴 수 없는 공헌을 남긴 영령들과 살아남은 장교들에게 바칩니다. 격전의 현장에서 쓰러져간 순교자들로 인해 우리들의 충성스런 가슴에는 애도와 존경의 박동이 끊이지를 않습니다. 살아남은 분들의 수고와 고통에 대하여 자그마한 보답이나마 해야 합니다. 진심에서 우러나온 봉헌이 이 영광스러운 묘지에 울려 퍼지기를 바랍니다.

9. 포토맥 부대의 순교자와 살아남은 영웅들에 대한 우리의 의무를 조금이라도 놓치지 않고 다하기 위해 잠시 동안이라도 우리 모두 7월 첫째 날의 전투에서 그 정점에 이른 일련의 사건들을 되돌아봅시다. 헌법을 채택한 이후 사상 최초로 거행된 대통령 선거가 남부의 참여 없이 진행되었기 때문에, 30년도 전에 자랑스럽다는 듯이 한 세대 전체를 통해 준비되고 계획된 이 거대한 반란이 국가의 수도를 점령하고 공문서와 외국과의 조약들을 점유하게 된 것은 필연적 수순이라 하겠습니다.

제가 알기로는 실제로 이 일은 1860년과 61년의 겨울에, 반란에 결정적인 영향을 미친 주모자들의 허락을 받고 시작된 것입니다. 그런데 이 일이 1861년 3월 4일 일어난 담대하고 돌발적인 사건의 영향을 받은 것이라 생각하는 것은 어리석은 일입니다. 또한 이 반란에는 책임 있는 주모자들이 아니라 권력에 대항하는 극적인 사건에서 살인을 함부로 저지르려고 하는 이름 없는 불한당들이 준비한 또 다른 음험한 계획이 있었다는 충분한 증거가 있습니다. 반란군은 밀사를 영국에 보내, 워싱턴이 자신들의 손아귀에 들어오고 수도와 정부의 공문서들을 남부연합이 차지하기 전에는 새로 부임하는 미국공사를 미합중국의 사절로 받아들이지 말기를 강요했습니다. 이런 협박과 너무나도 잘 어울리게, 남부군의 전쟁장관은 몽고메리에서 자신의 상관들과 동료 그리고 5천 명의 청중 앞에서 1861년 4월 12일에 일어난 섬터Sumter 요새에 대한 침공 소식을 전하며 5월이 가기 전에 자신들의 깃발을 워싱턴의 의사당 지붕에 휘날릴 것이라고 공언했습니다.

10. 이런 위협이 있었던 바로 그 순간 반란의 물결은 목화를 재배하는 주들에 한정되어 있었으므로, 노예제도를 유지하는 주들을 모반으로 이끌어내는 유일한 희망은 유혈 충돌을 일으켜 남부의 가슴에 불을 지르는 방법뿐이라는 것을 잘 알고 있었습니다. 이를 선동한 것은 찰스턴 신문이었는바, 그런 이유로 인해 섬터 요새가 공격받았고, 이런 불경스러운 음모를 충동질하기 위해 리치먼드에서 파견한 사절들은 피를 한 방울만 흘려도 버지니아는 사우스캐롤라이나의 편에 설 것이라고 약속했습니다.

11. 반군 지도자들의 이런 기본 계획에 따라 워싱턴을 점령하는 것이, 그들에게는 남부연합의 중심지로서 단순히 공공건물을 확보한다는 의미보다 경계 주를 흡수하기 위한 사전 준비가 될 수 있는데다, 합중국(북부연합)의 수도를 장악하고 있다는 점이 유럽인들에게 정당성을 부여받을 수 있는 일이기도 했습니다.

12. 저는, 남부 반란자들의 주장처럼 전쟁이 자치정부의 권리를 수호하기 위한 자구책의 일환으로 일어났다고 하는 것은 핑계라고 생각합니다. 만약 그 점이 확실하게 마음속에 와 닿지 않는다면, 다음과 같은 사실들을 예로 들어 밝히고자 합니다. 이 싸움은 실제로 목화를 재배하는 주들의 야심찬 인물들이 주도한 전쟁입니다. 그들은 처음에는 노예제

도를 유지하는 남동부 버지니아나 노스캐롤라이나 그리고 테네시와 아칸소의 일부 지역에 해당하는 경계 주들을 감정에 호소해 끌어들이다가 급기야는 무력을 동원해 메릴랜드와 웨스트버지니아 그리고 켄터키와 동부 테네시와 미주리 주 등을 자기편에 가담시키려 했습니다. 그리고 침략당했다는 반란 주모자들의 떠들썩한 주장에도 불구하고, 반군 게릴라와 군대로부터 자신들의 연방을 지지하던 주민들을 방어하기 위한 목적 말고는 합중국 군대의 어느 하나도 마지막으로 거론한 주들에 진입한 적이 없었습니다.

13. 1862년 침공의 참혹한 결과에도, 반군 정부는 지난 여름에 계획에 따라 워싱턴을 향한 공세를 다시 펼친다는 결정을 내렸습니다. 5월에 챈슬러스빌에서 패배하고도 굳건하게 버티고 있던 후커 장군 때문에 남부군은 래퍼핸녹강의 관통로에 공세를 펼치지 못하고 술수에만 의존했습니다.

남부군은 두 가지 방안을 가지고 있었습니다. 첫 번째는 북쪽 방향으로 신속히 이동하는 것으로, 군대의 일부가 블루리지산맥의 동쪽에서 작전을 펼침으로써 후커 장군을 기본 작전 지역에서 유도해내는 것이었습니다. 그렇게 하면 저들은 손쉽게 워싱턴으로 접근할 수가 있고, 워싱턴이 스튜어트 기병대의 공격에 노출되면 리 장군 자신은 풀스빌 근처에서 포토맥강을 건너 수도를 함락시킬 수 있으리라는 것이었습니다. 그러나 이 작전 계획은 완전히 수포로 돌아갔습니다. 반군 장군의 계획을 후커 장군이 곧바로 탐지했고, 그는 프레더릭스버그로부터 신속하게 움직이면서 대오를 흐트러뜨리지 않고 센트레빌에서 리스버그까지 워싱턴 진입로를 방어하는 곳곳에 병력을 배치하였습니다. 이런 훌륭한 조치로 인해 그를 유인해내려 했던 반군 장군의 시도는 수포로 돌아가고 말았습니다. 한편, 수적인 우세에도 불구하고 스튜어트 기병대 또한 플레젠튼 기병대의 불굴의 작전에 굴복해 자신들에게 할당된 작전의 임무를 수행할 수 없었습니다. 이와 같이, 후커 장군의 군대를 포토맥 강의 남쪽에서 무찌르고 워싱턴으로 진격해 들어가리라던 리 장군의 첫 번째 목표가 좌절되었습니다.

14. 리 장군의 견해에 대한 반발로 수립된 것으로 알려진 두 번째 계획은 기수를 북쪽으로 돌려 실제로 메릴랜드와 펜실베이니아를 침공함으로써 후커 장군의 주의를 수도에서 멀리 돌리게 한 다음 급습해 볼티모어와 워싱턴으로 진격해 들어가는 것이었습니다. 본질적으로 1862년의 작전을 답습한 리 장군의 계획 중 이 부분은 적지 않은 패배를 겪었으며 합중국 군대가 명예롭게 지켜내 오늘 우리들이 이 고지에 집결해 있는 것으로 분명히 증명되었다 하겠습니다.

15. 반란군의 장군은 책략을 사용해 후커 장군을 제압하기 위해 갖은 노력을 다했지만 시간만 허비하고 말았습니다. 리 장군이 프레더릭스버그에서 군대를 일으킨 것은 6월 3일이었으며, 그의 주력부대는 24일이 되어서야 메릴랜드에 입성할 수 있었습니다. 처음에 의도했던 블루리지 산맥의 동쪽을 이용해 포토맥강을 건너는 대신 그는 어쩔 수 없이 셰퍼즈타운과 윌리엄스포트를 이용할 수밖에 없었는데 이는 실제적으로는 강의 북쪽에서 그의 전 계획이 꼬이는 결과를 가져오게 되었습니다. 산맥의 이동로를 보호하고 리 장군의 움직임을 눈치채지 못하도록 교란함

은 물론, 강을 건너려는 북부연합의 장군을 저지하기 위해 기병대와 함께 블루리지산맥의 동쪽으로 파견된 스튜어트는 비벌리 포드와 알디 그리고 어퍼빌에서 플레젠튼에게 무참하게 짓밟혔습니다. 스튜어트의 원래 임무는 후커 장군의 진격을 저지하는 것이었음에도 그는 리 장군의 부대와 연락이 닿을 수 없는 곳까지 퇴각해 2주일 동안 고립되어 있어야 했습니다. 리 장군은 이 상황을 자신의 보고서에서 불쾌하게 한 번 이상 언급한 바가 있습니다. 자, 이제 중요한 사건 몇 가지를 살펴보고 넘어가겠습니다.

16. 이웰의 부대에서 파견된 젱킨스 휘하의 부대가 6월 15일에 체임버즈버그까지 관통해 들어갔습니다. 이 움직임은 처음에는 단순히 무력을 시위하고 보급품을 약탈하기 위한 목적으로 시작되었습니다. 하지만 이는 전 국토를 놀라게 하는 긍정적 효과를 가져왔는데 정부뿐만 아니라 이곳 펜실베이니아와 자매 주들까지도 그에 대한 철저한 사전 대비를 해서 침입을 물리치도록 하는 촉매제 역할을 했습니다.

체임버즈버그에서 이틀을 보낸 후 이웰과 연락이 끊어질 것을 염려한 젱킨스는 약탈품을 가지고 해거스타운으로 철수했습니다. 거기서 그는 며칠간 머무른 뒤 컴벌랜드 협곡을 휩쓸고 사우스 산의 측면으로 내려와 자신의 약탈 부대를 웨인스보로까지 진격시켰습니다. 22일에는 이웰의 잔류 부대가 강을 건너 협곡의 상류로 이동했습니다. 이들 뒤로 윌리엄스포트와 셰퍼즈타운에서 건너온 롱스트리트와 힐이 24일에 도착, 계곡을 밀고 올라와 27일에 체임버즈버그에 자리 잡았습니다. 이런 식으로 모여든 병력이 대략 보병 9만 명, 기병 1만 명 그리고 포병 4~5

천 명 선이었으며 이들 10만 5천 명의 무장 병력이 펜실베이니아에 집결했습니다.

17. 기병대를 빼앗겨 어떤 정보 획득 수단도 없는 리 장군은 그때까지도 후커 장군의 동태에 대한 보고를 받지 못하고 있었습니다. 그러나 북부연합군이 한순간도 지체하지 않고 추격에 나설 것임을 정확하게 판단한 리 장군은 산맥의 동쪽인 메릴랜드와 펜실베이니아에 북부연합군을 묶어두고 윌리엄스포트 방향의 통로를 확보하기 위해, 자신이 체임버즈버그에 도착하기도 전에 이웰에게 명령해 칼라일과 요크로 부대를 파견토록 했습니다. 얼리 휘하의 이 파견대는 위에 언급한 지역을 6월 26일에 통과했습니다. 게티즈버그의 동료 시민 여러분, 곧 밀어닥칠 더욱 가공할 만한 장면을 예고라도 하는 듯한 저 놀랍고도 비통한 순간을 다시 환기시킬 필요는 없다고 생각합니다.

북부의 대응

18. 남부군이 컴벌랜드 협곡으로 진격해 들어온 것이 단순히 자신을 워싱턴에서 유인해내려는 술수가 아니라는 점을 간파한 후커 장군은 급히 추격에 나섰습니다. 한편, 우리가 보아온 것처럼 그가 포토맥강을 가로지르려는 것을 방해해서 시간을 끌어보려는 시도가 있었습니다. 이 시도는 전혀 성공할 수가 없는 아둔한 방책으로 남부군 전체를 스튜어트의 기병대와 리 장군의 부대 사이에 배치하는 결과를 가져왔습니다. 리 장군의 부대가 컴벌랜드 협곡에 진을 치고 있는 반면에 스튜어트의 기병대는 산맥의 동쪽과 후커 부대 사이에 놓이게 되었고 그레그 기병대

의 근접 추격을 받게 되었습니다. 스튜어트는 당연히 북쪽을 향해 나아 갈 수밖에 없었으며 이는 전략 부재로 그의 상관이 유용한 정보를 획득할 수 없게 되는 결과를 초래했습니다.

19. 후커 장군은 리 장군을 추격하는 데 단 한순간도 허비하지 않았습니다. 반군이 메릴랜드에 입성한 다음 날, 북부연합군은 에드워드나루를 통해 포토맥강을 건너 6월 28일에는 하퍼나루와 프레더릭에 자리를 잡았습니다. 그날 적군의 주력부대 가운데 일부는 체임버즈버그에 있었으며, 일부는 캐시타운로를 따라 게티즈버그 방향으로 이동하고 있었습니다. 그리고 그사이 이웰의 부대에서 파견된, 위에서 말한 부대가 해리스버그와 컬럼비아의 맞은편인 서스쿼해나에 도착했습니다. 엄청난 전투가 벌어지리라는 것을 의심할 사람은 없었습니다. 하지만 외견상 그리고 어쩌면 실제로 리 장군 측의 계획이 없다는 것으로 인해 전투 장소를 정확히 예견할 수는 없었습니다. 어느 곳에서 전투가 벌어지든 그 결과는 가장 중대한 영향을 끼치게 되어 있었습니다.

20. 이 절체절명의 와중에 미드 장군이 총사령관에 임명됨으로써 후커 장군은 짐을 덜 수 있었습니다. 군대에 관한 상식이 없는 제가 보기에 이는 미드 장군과 그의 전임자 그리고 포토맥군에 대한 전적인 신뢰가 반영된 것이며 대단위 전투가 있기 전날 밤, 지휘본부에 매우 중대한 영향을 미칠 변화가 생겼던 것입니다. 필연적으로 여러 단위의 부대가 적군이 집중할 지점에 대해 전혀 모르는 상태로 이리저리 이동해야 하고 그것은 단 한 시간의 머뭇거림만으로도 전체 군의 진격에 영향을 끼치는 것이었습니다.

21. 28일에 총사령관 자리에 임명된 미드 장군은, 레이놀즈 휘하의 좌익 부대는 에미츠버그로, 우익 부대는 뉴 윈저로 진입할 것을 명령하고 프렌치 장군에게는 11,000명의 병력을 할당해서 볼티모어와 오하이오 철도를 방어해 하퍼나루로부터 워싱턴으로 실어 나르는 국가의 재산을 호송하도록 했습니다. 그때 뷰퍼드 기병대는 미드 장군과 함께 있었고 킬패트릭의 기병대는 하노버에서 리 장군의 주력부대를 찾아 헤매던 스튜어트 기병대와 맞닥뜨려 승리를 거두었습니다. 반군의 입장에서 살펴보면, 힐은 28일에 캐시타운로 상의 파이에트빌에 도착했고 다음날 롱스트리트가 그 뒤를 이었습니다. 게티즈버그에서 바라보이는 산의 동쪽 사면에는 밤이 되면 적 선발대의 야영 불빛이 피어올랐고 국토는 온통 식량을 찾아 헤매는 적들의 무리로 들끓게 되었습니다. 하늘의 먹구름을 잔뜩 머금은 천둥번개가 게티즈버그의 경건한 지역에 곧 들이닥칠 것이라는 점은 이제 의심할 나위가 없었습니다.

22. 6월 30일은 뭔가 중요한 것이 준비된 날이었습니다. 오전 11시 30분에 뷰퍼드 장군은 정찰대를 앞세우고 자신의 기병대와 함께 체임버즈버그로를 이용해 게티즈버그를 통과했습니다. 그가 수집한 정보는 지체 없이 레이놀즈 장군에게 전달되어 결과적으로 게티즈버그를 점령하는 데 큰 역할을 하게 되었습니다. 저 용감무쌍한 장군은 1군단을 이끌고 에미츠버그에서 이 지역 중심부를 향해 10킬로미터까지 진격해 들어와 마시만灣의 오른쪽 둑에 진을 풀었습니다. 한편, 아군의 우익 부대는 맨체스터로 이동했습니다. 같은 날 힐과 롱스트리트의 부대는 체임버즈버그로를 따라 더 앞으로 진격해 들어와 마시 만 주변에 자리를

잡았습니다. 이때 남부군의 장군 페티그루가 이끄는 정찰대가 바로 이 지역에서 얼마 멀지 않은 곳까지 나와 있었습니다.

이리하여, 6월 30일 황혼이 질 무렵에는 반군의 병력 대부분이 북부 연합군의 두 부대가 주둔한 인근 지역에 집결하게 되었으며, 그들은 이틀간의 휴식을 취한 덕분에 교전에 대비할 시간을 가질 수가 있었습니다. 반면 아군은 자신들을 지원해줄 주력부대와 떨어져 하루나 이틀을 보냈고, 도대체 어느 방향에서 적이 공격을 해올지 알 수 없는 상황이었습니다.

첫째 날(7월 1일)

23. 그리고 마침내 국가의 역사에 영원히 기록될 중요한 날이 도래했습니다. 7월 1일 아침 일찍 전투가 시작되었습니다. 지금 이 자리에서, 이처럼 중요한 3일 동안의 사건에 정당성을 부여하고 지위고하 없이 용맹했던 군인들과 민간인들의 의로운 성과를 거론하기에는 제가 너무나 보잘것없음을 굳이 말할 필요는 없겠지요. 국가를 위해 고귀한 생명을 바친 영령들이나, 살아남았지만 치명적인 부상을 당하신 분들, 군대의 전 구성원과 충성스러운 주들이 이 어마어마한 전투에 모두 한마음으로 참여했습니다. 이들 모두는 우리가 존경과 감사를 드려야 하는 구체적 대상입니다.

그림과 함께 놀랍도록 상세하고 정확한 기사가, 전투 상황을 목격하고 때로는 위급한 상황을 직접 겪어야 했던 기자들에 의해 신문에 등장했습니다. 그중에서도 백미는 바로 이 지역 대학의 교수이신 제이콥스 박사님이 작성한 것으로, 저의 보잘것없는 연설로는 감당하기 어려운 풍부한 상황 묘사를 하고 있습니다.

24. 1일 아침 게티즈버그에 도착한 레이놀즈 장군은 기병대와 함께 적들을 저지하기 위해 치열하게 전투를 벌이고 있는 뷰퍼드를 목격했습니다. 전선을 향한 발걸음을 재촉하면서 장군은 부하들에게 에미츠버그로로부터, 세미너리 리지가 뒤에 자리 잡고, 맥밀런과 슈무커 박사의 부대가 위치한 들판으로 이동할 것을 명령했습니다. 한순간도 지체하지 않고 장군은 적들을 공격하면서 동시에 하워드 장군 휘하의 11군단에게는 신속히 진격할 것을 명령했습니다. 레이놀즈 장군은 곧 자신의 부대보다 수적으로 월등히 앞선 적군과 전투를 벌여야 했으며, 선두에서 진두지휘하다가 치명적인 부상을 입었습니다. 더블데이 장군에게 1군단의 통수권이 주어졌으며, 야전의 지휘권은 11군단의 슈르츠 사단, 발로 사단과 함께 11시 30분에 도착한 하워드 장군에게 맡겨졌습니다. 당시 발로 사단장은 심한 부상을 입은 상태였습니다. 하지만 전력이 보강됨으로써 전투는 한동안 아군에게 유리하게 돌아갔습니다. 반군의 반격은 반군 1군단 휘하의 워즈워스 사단에 의해 가장 강력하게 나타났는데, 아처 장군을 포함한 상당수의 병력이 포로로 사로잡히게 되었습니다. 마침내, 근처의 병력과 인근 사단(로드와 얼리 사단)으로부터 병력을 보강받은 남부군은 헤이들러스버그로부터 합세해 내려와 아군 진영의 좌측 전열을 무너뜨림으로써 하루 동안의 성과를 수포로 만들고 말았습니다.

네 시간여의 치열한 전투를 치른 후 아군은 수적으로 두 배에 달하는 반군에게 굴복하지 않을 수 없었습니다. 오후가 저물어갈 무렵 하워드 장군은 지금 우리가 모여있는 이 고지까지 철수해야만 했습니다. 1군단 병력 대부분이 커다란 손실 없이 마을 외곽을 통과해 언덕에 도착할 수 있었습니다. 하지만 11군단과 1군단의 일부 병력만은 낭패를 보고 말았습니다. 적들이 이미 마을로 진입해 들어온 것을 알지 못하고 워싱턴과 볼티모어 중심로를 무리하게 통과하려다 대병력이 뒤엉켜 포로로 사로잡혔던 것입니다.

25. 하워드 장군이 이런 전세 역전에 대해 전혀 준비가 안 돼 있었던 것은 아닙니다. 그는 스타인웨어 장군으로 하여금 11군단의 제2사단을 이끌고 아침에 세미테리 힐을 점령하도록 했습니다. 아군이 언덕까지 후퇴할 무렵 핸콕 장군이 도착했는데, 그는 레이놀즈 장군의 사망 소식을 접한 미드 장군이 자신이 전선에 도착할 때까지 임시로 야전을 지휘하도록 임명한 장군이었습니다. 핸콕 장군은 하워드 장군과 협력하여 즉각 전열을 정비해 이곳의 우측면에서 적의 공격을 격퇴시켰습니다. 허술하기 짝이 없었던 적의 공격은 당연히 신속하게 격퇴되었습니다. 적들의 엄청난 위협과 곤경 속에서도 언덕에서 자신들을 굳건히 지키고 있던 아군은 황혼 무렵에 12군단을 이끌고 도착한 슬로컴 장군과 3군단의 일부를 이끌고 도착한 시클스 장군에 의해 더욱 힘을 얻게 되었습니다.

26. 이와 같은 상황이 첫째 날의 전과戰果라 할 수 있습니다. 진퇴는 있었으나 초기 전투의 승리에 연이어 적들이 더 이상 공세를 펼치지 못하게 한 후 마침내 이 중요한 위치를 점령할 수 있었던 것입니다. 그러

나 게티즈버그의 동료 시민 여러분, 이어지는 그날 밤의 근심과 걱정에 대해서는 제가 굳이 설명을 드리지 않아도 될 듯합니다. 여러분들이 비통한 심정으로 지켜봤던 것처럼, 상당수의 병력을 포로로 잃어버린 아군이 우리들이 살고 있는 이 거리를 지나 퇴각하는 모습은 절망감이 널리 확산될 정도로 우리들을 전율케 했습니다. 특히 하먼 하우스가 처참하게 불탄 것은 그러한 절망의 신호였습니다. 미드 장군이 바로 가까이에 와있음을 알지 못했던 우리들은 좌절감에 사로잡혀 힘든 밤을 보내야 했습니다.

둘째 날(7월 2일)

27. 7월 2일의 미명이 밝기 훨씬 전에 새로운 사령관이 영원히 기억될 영광과 헌신의 땅에 도착했습니다. 진행 중인 전투 상황에 대한 정보를 수집하고 핸콕 장군과 하워드 장군으로부터 아군에게 유리한 지형에 대한 보고를 받은 사령관은 바로 이 지점에서 적들에게 패배를 안겨주겠다는 굳은 결의를 했습니다. 그는 남아있는 병력들에게 가능한 모든 수단을 동원해 게티즈버그로 집결할 것을 명령했고 태니타운에 있던 사령부도 저녁 10시를 기해 해산했습니다. 그는 7월 2일 날 새벽 1시에 전선에 도착했습니다. 아군의 절반가량은 그날의 전투에 지쳐 있었고 나머지도 지원을 위해 무리한 행군을 함으로써 기력을 많이 상실했음에도 불구하고, 한여름 밤의 경계를 늦출 수가 없어 대부분의 병력이 거의 잠을 자지 못한 상황이었습니다.

엷은 구름에 가려진 보름달이 스산한 느낌을 가져다주는 밤이었습니다. 무장한 군인들의 육중한 군홧발 소리와 전투마들의 울음소리 그리고 진지로 움직이는 대포 바퀴의 덜거덕거리는 소리, 그밖에 전투를 준비하는 이런저런 소음들이 한밤 묘지의 정적을 깨우고 있었습니다. 각지에서 모인 부대들은 도착 즉시 지금 우리가 모여있는 이 지점과 남동 및 남서 방향의 산등성이 쪽으로 이동하였습니다. 대포를 놓을 자리가 구축되었고 진지가 만들어졌습니다. 2군단과 5군단이 3군단의 남은 병력들과 함께 도착한 것은 아침 7시였지만 오후 2가 되어서야 세지윅은 6군단을 이끌고 도착할 수가 있었습니다. 그는 전날 저녁 9시부터 출발하여 55킬로미터를 행군해온 것입니다. 북부연합군의 숫자가 반군과 비슷하게 된 것은 세지윅이 도착하고 나서였으며, 반군은 이때 아군과 1, 2마일 떨어져 맞은편에 일렬로 배치되어 있는 상태였으므로 전열의 양쪽 말단부에서는 아군과 반군이 서로 겹칠 수밖에 없었는데, 이 지점에서는 반군의 병력이 아군보다 1만 명 더 많았습니다.

28. 여기서 저는 아군에게는 천운으로 다가온 반군들의 어리석음에 대해 언급하지 않을 수가 없습니다. 햇볕이 한창일 때 전투가 재개되었더라면 전투와 그에 따른 퇴각으로 지쳐 있던 아군은 5, 6군단이 아직 도착하지 않은 상태였으므로 대재앙을 면할 길이 없었을 것입니다. 그런데 날이 밝고 아침의 선선한 시간이 지나가도록 적들은 어떠한 공격의 기미도 보이지 않은 채 오전 한나절과 오후가 지나가버렸습니다. 덕분에 속속 도착한 아군의 병력은 전열을 정비할 수 있었고 나머지 병력들도 지친 몸을 쉴 수 있는 귀중한 반나절의 휴식 시간을 가질 수 있었습니다.

29. 오후 3시와 4시 사이 마침내 죽음의 작업이 시작되었습니다. 적의를 잔뜩 품은 포격을 시작으로 반군 진영의 전 화력이 불을 뿜기 시작했고, 거대한 보병의 무리가 아군 진영의 좌측편을 향해 물밀듯이 공격해오기 시작했습니다. 반군의 공격을 격퇴하기에 유리한 지형을 확보하고자 한 걸음 먼저 이동했던 시클스 장군이 적의 집중적인 포격을 받았으며 롱스트리트와 힐의 선발대로부터 극심한 압박을 받았습니다. 부하들과 함께 용감하게 대항했지만 장군은 심각한 부상을 입고 물러나야만 했습니다. 이것이 둘째 날의 가장 위급한 순간이었지만 1, 2군단의 일부를 포함한 5군단 전체와 6군단의 일부 병력이 3군단을 지원하기 위해 급파되면서 상황은 호전됐습니다. 전투는 격렬했고 많은 사상자를 냈지만 일몰 무렵이 되어서는 아군의 승리가 결정적이었으며 반군은 어찌할 바를 모르고 퇴각했습니다. 가장 특기할 만한 전과는 하루가 저물 무렵 5군단 크로퍼드 장군의 부대가 거둔 것으로, 이 지역 출신의 중대를 거느린 장군의 사단(펜실베이니아 예비대의 두 여단)은 라운드 탑과 리틀 라운드 탑으로 진격해 들어가 훌륭한 전과를 거두었습니다. 반군은 엄청난 수의 사상자와 포로를 남기고 퇴각했습니다.

저녁 8시에는 세미테리 힐에 주둔한 11군단을 향해 반군의 절망적인 공격이 있었지만, 이 시도 또한 막대한 피해만을 입은 채 수포로 돌아갔습니다. 좌측 진영을 위한 병력 파병으로 전세가 약해진 아군의 우측 진영을 공격한 이웰은 스팽글러 연못 근처에서 아군 전열의 일부에 거점을 확보할 수 있었습니다. 이것이 그날의 참패를 만회하려는 반군의 유일한 전과였는데 이 또한 우리가 알고 있듯이 아군에 의해 곧바로 원상 회복되었습니다.

30. 이러한 상황이 이 기록적인 드라마의 두 번째 결과였습니다. 하루 동안의 치열한 전투와 잠깐 동안의 근심, 불안과 사소한 반발이 있은 후, 마침내 우리 병사들은 이날의 전투에 종지부를 찍으며 승리의 월계관을 피흘려 얻어냈습니다. 이러한 길조의 분위기 속에서 하루해가 저물어갔습니다.

셋째 날(7월 3일)

31. 전날 3군단을 지원하기 위해 발걸음을 재촉했던 기어리 장군은 밤 동안 자신의 자리인 우측 편으로 돌아왔습니다. 그는 곧바로 적과 전투를 벌여 날카롭고 결정적인 공격을 퍼부어 전날 내주어야 했던 아군 지역을 다시 회복했습니다. 전선의 이쪽 진영에서 아침 내내 맹렬한 전투가 벌어졌고 6군단인 휘턴 사단의 지원을 받은 기어리 장군은 반군 측에 막대한 피해를 입혔습니다.

32. 사흘째 날은 이같이 기운을 북돋워주는 소식으로 시작돼 아군의 우측 진영에 대한 반군의 맹렬한 공세도 별 소용이 없었습니다. 밤 11시부터 1시 반까지 사방이 고요했습니다. 마치 양측이 최후의 격전을 위해 힘을 비축하고 있기라도 하듯, 폭풍전야처럼 고요했습니다.

마침내 전쟁의 격랑보다 더 끔찍했던 고요함이 무너졌습니다. 아군의 좌측 편과 세미테리 힐을 향한 반군 전열의 3분 2에서 뿜어져 나오는 우레와 같은 포격 소리에 세상이 경천동지했습니다. 맞은편 산등성이에서 불을 뿜는 적 포문의 숫자는 250기에 이르렀고 그 기세는 아군을 압도할 정도였습니다. 두 시간 동안이나 이런 대공세를 펼쳤음에도 아군의 전열을 흐트러뜨리지 못하자 반군은 마지막 총공세를 위해 세력을 규합하기 시작했습니다. 그들의 주된 공격 지점은 아군의 2군단 쪽이었습니다. 기세등등한 반군 보병 전열이 좌·우측 편에서 정예 부대의 지원을 받고 수목이 울창한 세미너리 리지의 정상에서 밀고 내려와 아군의 포대에 맹렬한 공격을 감행하기 시작했습니다. 더블데이 사단과 1군단의 스태너드 여단의 지원을 받은 아군 2군단은 적의 이러한 맹렬한 공세에 충격을 받지 않을 수 없었습니다. 넓은 들판이 순식간에 격전장으로 바뀌었고 병사들의 시체와 부상병들로 넘쳐났습니다. 리 장군의 표현대로 '결연하고 용감무쌍한 전투'를 치른 후 반군의 선봉대가 퇴각할 때까지 전투의 상황은 마치 밀물과 썰물이 교차하듯 들판을 가로질러 치열한 공방을 거듭했습니다.

당시 반군은 힐 군단의 3분의 2와 최종전에 예비해 포화를 면할 수 있었던 피켓 사단의 최정예 부대를 포함한 롱스트리트 군단의 전 부대원으로 구성돼 있었습니다. 아군 좌측 중앙부의 이러한 전황과 달리, 좌측 끝단에서 위치를 고수하고 있던 적들은 수많은 포로를 남기고 도주하기 시작했으며 그 와중에도 적들은 리틀 라운드 탑에서 아군에게 피해를 주고 있었습니다. 중앙부에서는 반군의 가공할 공세에 핸콕 장군과 기번 장군이 부상을 입었습니다. 반군 측에서는 아미스테드 장군이 치명상을 입었고 켐퍼와 페티그루, 트림블 장군 등은 부상을 입은 채 포로로 사로잡혔으며, 가넷 장군은 전사했고 3천5백 명의 장교와 병사들이 포로가 됐습니다.

33. 사흘 동안의 아픔이 이러했으며, 스러져가는 고통으로 전투는 끝이 났습니다. 수요일 아침 기병 간의 사소한 싸움에서 시작돼 금요일 오후에 이르기까지 가공할 전투의 연속이었으며, 지위고하를 막론하고 또 병과의 여부를 가리지 않고 치러낸 성과였습니다. 수적인 우위는 적들에게 있었고 그들을 유능한 지휘관이 통솔했습니다. 북부연합군은 전투에 유리한 지역을 확보하고 있었지만, 첫째 날의 전투와 포토맥 부대와 치른 전투에서 승리한 적들은 자신들이 싸우기에 편리한 시간과 장소를 선택할 기회를 가지고 있었습니다. 승리의 여신이란 언제나 그것을 받기에 합당한 자의 편에만 있는 것은 아닙니다. 이런 불리한 상황에서도 아군은 결정적인 승리를 거두었고 이는 신의 섭리가 드러난 것이라 할 수 있으며, 아군의 고양된 애국심과 정당한 싸움에 대한 자각의 덕택이라고 생각합니다.

전투 직후의 일들

34. 이른바 '값진 성과'를 얻어내고 아군을 무찌르겠다던 기대가 무너지자, 리 장군은 사분오열된 군대가 궤멸하지 않도록 하는 일에만 매달렸습니다. 사상자와 숫자가 확인된 행방불명자만 약 3만 7천 명에 이르렀으며, 이는 애초에 펜실베이니아로 침공해 들어가기로 한 병력의 3분의 1이 넘는 것이었습니다. 신속한 퇴각만이 유일한 살길이라는 점을 깨달은 장군은 4일 새벽을 틈타 철군을 시도했는데, 아군의 좌측 편에 새로운 진지를 구축하는 척하면서 퇴각 중인 부대의 후방을 보호하려 했습니다. 미국 군대에게 씁쓸한 독립기념일이 되어버린 그날 하루는 이렇

게 저물어가고 있었습니다. 황혼 무렵이 되어서야 반군의 본대는 캐시타운과 페어필드의 도로들로 완전히 퇴각했으며, 짧은 밤이 지나고 다음 날 아침 햇살이 비출 때, 엄청난 폭우가 쏟아졌음에도 불구하고 후위 부대는 자신의 위치에 배치되었습니다. 마지막 이틀간의 사투는 여러 가지 면에서 워털루 전투와 비슷한 양상을 띠었습니다. 만약 사흘째 날의 저녁에 미드 장군이 웰링턴 공처럼 강력한 지원군의 도움만 받았더라도, 나폴레옹의 군대가 그랬던 것처럼 반란군의 퇴로는 완벽하게 막혔을 것입니다.

35. 방금 언급한 상황들 때문에 적들의 의도는 4일까지도 오리무중이었습니다. 다음 날 아침이 되어 그가 퇴각했다는 사실이 밝혀졌을 때 우리들의 기병대는 캐시타운에서부터 에미츠버그와 몬터레이의 이동로까지 줄곧 그를 추격했으며, 세지윅의 부대도 페어필드 도로에서 추격을 했습니다. 그의 후위 부대는 페어필드에서 세찬 공격을 받았습니다. 수많은 마차와 구급마차들이 그 산의 고갯길에서 포획됐습니다. 시골마을은 그의 낙오한 병사들로 가득했으며, 부상병들은 문자 그대로 그들이 타고 있던 마차에서 길가의 농가들로 흘러들어갔습니다.

리 장군은 자신의 보고서에서, 버지니아로 후송시킨 북부연합군 포로들에 대해 거듭 언급했습니다. 그 숫자는 어느 정도는 과장된 것이었습니다. 그는 또한 후송돼야 할 자신의 부상병들을 윌리엄스포트로 이송시켰다고 언급하고 있습니다. 그는 후송되지 않았던 부상병의 수에 대해서는 언급하지 않았습니다. 승리군의 인도적인 보호 아래에 있던 부상병의 수는 7,540명이었으며 이들은 그 상황에서 가능한 응급조치를 다 받았습니다. 그들 중 단 한 명도, 제때 조치를 못해 굶어 죽도록 버려두었던 리비 수용소와 같은 대우는 받지 않았습니다. 그럼에도 하나님은 우리들로 하여금, 그처럼 당연한 인류애의 실천에 대한 대가를 요구하지 못하도록 하셨습니다.

36. 퇴각하는 처지였음에도 산등성이에 나있는 좁은 이동로의 지형적 이점을 이용해 쉽사리 방어할 수 있었던 리 장군의 군대는 윌리엄스 포트에 안전하게 도착했으며, 그곳에서 강력히 대항할 수 있는 진지를 구축했습니다. 미드 장군은 주력부대를 이끌고 미들타운을 거쳐 프렌치 장군이 점령하고 있던 터너 지역으로 측면을 이용해 진격해야만 했습니다. 남부의 산악지대로 진격해간 북부연합군은 마시산의 정상에 확고히 진지를 구축해놓은 반란군 12연대와 마주치게 되었습니다. 그 지역에 대한 정찰이 이루어지고 난 후, 13일에는 공격을 위한 준비가 갖추어졌습니다. 그즈음에 내린 비로 강물이 불어나 있었기 때문에, 미드 장군은 다음 날이면 적군들이 교전에 임할 것이라 예측했습니다.

14일 아침, 날이 밝으면서 미드 장군은 선제공격에 나섰지만 반란군들이 밤을 이용해 도망쳐버렸다는 것을 알게 되었습니다. 이웰의 군대는 가슴까지 차오르는 강물을 헤치고 황급히 도망쳐버렸던 것입니다. 당시 3일 동안 가장 중요한 임무를 수행했으며 퇴각하는 적군을 끈질기게 압박했던 기병대가 급파되어 두 문의 대포와 수많은 포로들을 포획했습니다. 폴링 워터스에서 이루어졌던 교전에서 페티그루 장군은 치명적인 부상을 당했습니다. 반란군을 계속 추격하던 미드 장군은 베를린에서 포토맥강을 건넜습니다. 그리하여 다시 한 번 워싱턴을 향한 적의 진군을 막았던 것이며, 적군들을 산속의 협곡인 블루리지로 몰아냈던 것입니다. 군사 작전이 개시되고 6주가 지난 후, 리 장군은 자신의 군대가 만신창이로 변해 래퍼핸녹강의 남쪽에 머물고 있음을 알게 되었던 것입니다.

37. 바로 이것이 무척이나 부적절하게 전해져왔던, 영원히 기억돼야 할 그 사흘간의 역사이며 그 직전과 직후에 일어난 사건들의 전말입니다. 반란군에 의해 촉발된 이 참변의 책임을 덜어보기 위해, 반란군은 자신들이 수세적인 입장에서 단순히 저항만 했던 것처럼 꾸며대고 있습니다. 양측 군대의 엄청난 손실은 이러한 그들의 기만을 바로잡아줄 충분한 답이 될 것입니다. 아울러 이 사흘간의 전투가 용기와 완고함 속에 치러졌음을 입증할 것입니다.

현대에 치렀던 위대한 전쟁들 가운데, 승리자이며 정복자가 이렇듯 엄청난 희생을 감수했던 경우는 어디에도 없었습니다. 이 전투기간 동안 레이놀즈, 위드, 주크 장군 등 적지 않은 수의 북부연합군 장군들이 전사했습니다. 그리고 발로, 반즈, 버터필드, 더블데이, 기번, 그레이엄, 핸콕, 시클스, 워런 장군은 부상을 당했습니다. 장교들과 사병들은 2,834명이 전사했으며 13,709명이 부상당했고 6,643명이 실종되었습니다. 남부군의 경우 전사한 사람들은 아미스테드, 박스데일, 가넷, 펜더, 페티그루, 셈즈 장군이며 헤스, 후드, 존슨, 켐퍼, 킴벌, 트림블 장군은 부상을 당했습니다. 장교들과 사병들 중 부상자를 포함하여 포로로 잡힌 숫자는 공식적으로 확인된 것이 13,621명입니다. 후송돼야 할 부상병과 전사하거나 실종된 병력에 대한 적군의 발표는 없었습니다.

판단할 수 있는 정황 자료에 근거해 산출해보면 약 23,000명이 될 것입니다. 또한 미드 장군은 대포 3문과 41개의 기병연대기를 포획했으며 24,978정의 소화기를 전장에서 수거했습니다.

38. 이제 저 끔찍한 전투가 마무리될 때 이곳의 언덕과 평원에서 펼쳐졌던 음산한 광경에 대한 묘사는, 다른 사람의 개인적 탐사의 몫으로 남겨두어야겠습니다. 웰링턴 공은, 패배 다음으로 가장 슬픈 일은 승리라고 말했습니다. 전투가 끝나고 난 후 전장을 휘감는 공포와 비통한 광경과 소리들…… 저는 이런 장면들을 관을 덮는 보자기로 덮어버리고 싶습니다. 그 어떤 말로도 그 장면을 직접 보지 못한 사람들에게 적절히 묘사해줄 수 없으며, 직접 보았다 해도 그의 가슴속에 따뜻한 심장이 있다면 자신이 살아있다는 것을 견딜 수 없어 할 것이기 때문입니다.

한 방울의 향유가, 생명을 주는 신성한 한 방울의 향유가, 이 쓰라린 참상의 컵 속에 섞여 들었습니다. 대포 소리가 거의 그쳐갈 무렵, 기독교의 자비심을 지닌 형제와 자매들이, 동정심 가득한 성직자들이, 연민에 찬 천사들이 바싹 말라버린 혀를 축여주기 위해, 끔찍한 상처를 감싸주기 위해, 친구든 적이든 이별의 고통을 달래주기 위해, 죽어가는 그들의 입술로 속삭이는 마지막 사랑의 인사말을 들어주기 위해 바삐 전장과 병원으로 달려갔습니다. '이 자그마한 물건을 사랑하는 아내에게 전해주십시오. 하지만 내가 죽기 전까지는 가슴에 품고 있도록 해주십시오.' '어린 누이에게 슬퍼하지 말라고 전해주세요. 조국을 위해 기꺼이 죽는 것이니까요.' '아, 저의 어머니께서 이리로 오시고 있네요.'

모세의 형 아론이 죽은 자와 산 자들 사이에 서있었던 이래로, 이처럼 자비로운 성직자들이 또 있었을까요?

그 어떤 나라의 사람들보다 여성들에게 경의를 표하는 것이 미국인들의 특징이라고 합니다. 그것이 사실인지 아닌지에 대해서는 단언하지 않겠습니다. 그러나 이것만은 말하려 합니다. 이 끔찍한 전쟁이 시작된 이래로, 고결한 이 나라의 여성들은 스스로 최고의 존경과 감사를 받을 자격을 갖추게 되었다는 것입니다. 그들은 모두 힘든 일에 익숙하지 않음에도 가사일에 매어 있던 그 손으로 평균인들의 노동량을 훌쩍 넘어서는 노동을 매일매일 수행했습니다. 또한 병원과 보건시설의 천막 속에서, 그리고 기독교 단체에 소속되어 그들은 어떤 돈으로도 살 수 없는 봉사를 실천했습니다. 노동과 봉사는 그들 스스로 행복하게 받아들이는 보상이었습니다. 수천 명의 부인네들과 나이 어린 소녀들이 이 포근한 수고와 봉사를 통해 기쁨을 경험했습니다. 이것에 비하면 댄스장과 극장에서 느꼈던 기쁨은 단조롭고 불만스러운 것일 뿐이었습니다.

현세에서 그 기쁨은 충분한 보상일 것입니다. 그러나 더욱더 큰 기쁨이 그들을 위해 준비되어 있습니다. 그렇습니다. 자비심 많은 형제자매들이여, 조국을 위해 피흘린, 어쩌면 가장 겸손한 사람들이라 할 고통받는 부상병들의 상처를 감싸주고 있을 때, 훗날 여러분들에게 '네가 내 형제 중의 한 명에게 선의를 베풀었다면, 그것은 나에게 베푼 것이다'라고 말해줄 사람이 누구인가를 잊지 마십시오.

반군들의 죄

39. 시민 여러분, 이제 여기 고귀한 무덤들 사이에 서있는 우리들에게 가장 중요한 질문 한 가지를 해야겠습니다. 이토록 엄청난 생명을 희생시켰으며 이 모든 고통을 가져온 전쟁에 대한 책임은 누구에게 있는 것일까요? 합법적이며 헌법에 기초한 미합중국 정부일까요, 아니면 그 정부에 대항해 반란을 일으킨 야망에 들뜬 사람들일까요?

나는 정부에 대항해 '반란을 일으켰다'고 말했습니다. 최근 영국의 얼러셀 외무장관이 스코틀랜드에서 온건하고도 중재적인 연설을 통해, 우리의 영국 선조들도 찰스 1세와 제임스 2세에게 반란을 일으켰으며 또한 우리의 미국 선조들도 조지 3세에게 반란을 일으켰으므로 그러한 표현을 쓰는 데에 아무런 편견도 개입시켜서는 안 된다고 암시하는 듯한 발언을 했습니다. 그러한 것들이 분명 존중할 만한 선례가 될 수는 있습니다. 그러나 그 사건들은 오로지 폭압적인 정부에 대한 반란의 당위와 정당함을 증명하고 있을 뿐입니다.

그 사건들은 제임스 2세의 아들이 조지 1세에게 반란을 일으켰던 것이나 찰스 에드워드의 손자가 조지 2세에게 반란을 일으켰던 것과는 다른 것입니다. 게다가 나의 견해로는 가족 간의 언쟁보다 더 나을 것이 없는 이러한 왕실의 다툼들은 미국연방을 향한 터무니없는 음모와 비교조차 될 수 없는 일들입니다. 이러한 선례들은 또, 1860년 11월에 남부연방의 부통령이 그들의 행위를 비난하며 말했듯이, 목화를 재배하는 주의 '낙심한 위대한 인물들'이 '우리에게 아무런 대가도 요구하지 않는 역사상 가장 인정 많은 정부'에 대해 반란을 일으키는 것이 정당하거나 당연하다는 것을 증명해주지는 않습니다. 이러한 선례들이 제아무리 좋게 보아준다 해도 제퍼슨 데이비스(남부연합 대통령으로 남북전쟁 당시 남부군을 이끎 - 역주)가 이끌던 정부하에서 남부의 충성스럽지 못한 노예 소유주들이 일으킨 반란에 대한 납득할 만한 근거를 만들어주진 못합니다. 제퍼슨 데이비스는 1860~61년의 의회 회기 중에 이렇게 말했습니다.

'이 정부는 인간이 조직한 최고의 정부입니다. 정부는 더할 나위 없이 완벽하게 운영되고 있으며 국민들은 역사에 기록된 그 어떤 나라의 국민들과 비교할 수도 없을 만큼의 번영을 누리고 있습니다.'

그랬던 그가 요직을 독점하지 못하게 될 위기에 처한 남부의 야심 찬 정치인들과 함께 바로 그 정부에 대해 반란을 일으킨 것입니다. 만약 식민지의 사람들이 의회에 동등하게 참여할 수 있었으며 제임스 오티스와 패트릭 헨리, 워싱턴, 프랭클린, 애덤스, 핸콕, 제퍼슨 그리고 저마다의 개성을 지닌 사람들이 두 세대에 걸쳐 군주의 신뢰하에 제국의 정부를 운영했다면, 조지 3세에 저항한 미국 반란자들에 대해 편견 없는 후손들은 과연 어떻게 생각했을까요?

만약 크롬웰과 그의 추종자들이 왕자를 왕위에 즉위시키는 데 중요한 역할을 한 조언자들로서, 내각에 부분적인 변화가 생겼다는 이유로 한데 뭉쳐 그전의 모든 것을 잊고 트렌트강 남쪽에 새로운 정부를 구성하기 위해 전쟁을 일으켰다면, 찰스 1세에 맞서 반란을 일으킨 반군들에 대해 과연 어떻게 생각했을까요? 만약 1688년의 휘그당원들이 제임스 2세의 내각을 구성하고서 그를 망명에 이르도록 만든 법안의 조언자로서 그러한 정책의 주동자로 활동했다면 그들에 대해 어떻게 생각해야만 할까요? 1640년의 청교도들과 1688년의 휘그당원들은 헌법적인 자유를 확립하기 위해 전횡을 휘두르는 권력을 상대로 반란을 일으켰던 것입니다. 만약 그들이 찰스나 제임스 같은 군주들이 평등권을 지지하기 때문에 그들 스스로가 '세계 역사상 최초'로 노예제도라는 토대 위에 과두정권을 세우기 위한 반란을 일으켰다면, 남부 반란군에게 진정한 선례를 제공하게 되었을 것입니다. 하지만 그들의 대의는 핌과 소머스의 웅변을 통한 지지나, 햄프던 또는 러셀의 선혈로 지켜낸 지지는 얻지 못했을 것입니다.

40. 나는 남부연합군이 합중국을 상대로 발발시킨 전쟁을 '반란'이라 부를 것입니다. 이것은 그렇게 부를 수밖에 없으며 이런 문제는 정확한 명칭으로 규정할 필요가 있기 때문입니다. 나는 그것을 죄악이라 말할 것입니다. 미합중국의 헌법이 그렇게 규정하고 있으며 '반란'을 '침략'과 동등하게 다루고 있기 때문입니다. 영국은 물론 모든 문명국가의 헌법과 법률에서 그것을 동일한 입장하에 다루고 있으며, 오히려 더 나아가 무장 반란은 외국의 적들보다 훨씬 더 위험한 것입니다. 미합중국을 상대로 전쟁을 일으키는 행위는 헌법에 모반으로 정의돼 있습니다. 모든 문명국가의 정부는 이 범죄 행위를 백성들이 범할 수 있는 최대의 범죄로 다루고 있습니다. 인간적인 정의를 위해 마련된 법적인 강제력만으로는 부족하여 국법을 위반하는 모든 범죄들 중에서도 모반만은 종교의 탄핵 대상으로까지 지정돼 있습니다.

내가 알고 있는 바로는 유럽 대도시의 규모가 큰 성당은 물론 자그마한 섬나라의 가장 소박한 선교 예배당에 이르기까지, 종교적 의식을 거행하는 기독교권의 모든 교회들이 행하는 탄핵은 우주의 지배자께 탄원하는 영국 교회의 방식과 일치하고 있습니다. 그것은 인간이 가슴속에 품거나 말로 표현할 수 있는 것들 중 가장 두려운 간원으로, 우리들을 '선동과 비밀스럽게 진행되는 음모와 반란'으로부터 구해내는 것입니다. 그리고 올바른 판단을 내려야 합니다. 폭정에 대항하는 반란은 폭압적인 권력을 무너뜨리고 정의와 진실에 근거한 정부를 수립하기 위해 시도된 것이기 때문에 선량한 시민들과 천사들이 평안한 마음으로 바라보는 진취적인 시도이지만, 야심에 찬 인물들이 정당한 이유도 없이 자비로운 정부에 대항해 반란을 일으키는 것은 '사악한 악마'가 하나님께서 1만의 천사들을 보내시고 아들의 오른팔에 전능한 세 갈래의 번개를 주시려 함에 추악한 반란을 일으켰던 것처럼 이를 모방하는 일인 것입니다.

41. 베이컨 경은 '가장 훌륭한 명예의 참된 순위'에서 '국가나 공화국의 창시자'를 가장 첫머리에 놓아두었습니다. 불협화음을 일으키는 요소를 지닌 인간의 성품과 열망, 이해관계와 각 개인들의 다양한 의견, 가족 간의 대립, 씨족과 부족, 기후와 지정학적 위치로 인한 영향, 수년간 축적돼온 평화와 전쟁으로 인한 사건을, 그리고 이러한 적대적인 요소들을 배경으로 구성된 강력한 국가를 건립한다는 일이 만약 어느 한 개인의 노력이나 한 세대에 의해 성취되는 것이라면, 거기엔 인간의 기술을 넘어서는 어떤 것이 있어야만 할 것입니다. 평화로울 때는 현명하고 애국적인 충언으로, 전쟁 시에는 충성스런 영웅적 행위로 인간의 가장 위대한 위업인 건국에 두드러진 공헌을 하는 것은 인간적 우수함을

최대한 높이 고양시키는 것입니다. 베이컨이 명예의 가장 높은 위치에 올려놓았으며, 흐뭇한 미소를 짓지 않고서는 이름을 부를 수 없는 로물루스, 키루스, 카이사르, 오토만, 이스마엘보다 월등히 뛰어난 공헌을 펼친 사람이 있다면 당연히 미합중국의 건설자인 우리들의 워싱턴일 것입니다.

그러나 만약 이러한 인간의 지혜와 미덕의 가장 위대한 과업을 이루거나 그것을 돕는 사람을 축복의 정당한 수혜자들 중에서도 가장 훌륭한 은인이라 한다면, 똑같은 이유로 그 고귀한 과업을 무력화시키고 국가를 파괴하려는 뻔뻔하고 사악한 사람들, 저열하고 이기적인 목적으로 자비로운 정부에 반란을 일으키고 슬기로운 헌법을 없애려 하며 강력한 공화제 합중국을 외국 군주의 발아래 두어 전쟁을 일으킴으로써 국내를 무정부상태에 빠뜨리고 외국의 지시를 받아 파멸시키려는 그들을, 나는 똑같은 이유로 향후 몇 세기에 걸쳐 천만 배 더 끔찍하게 저주를 받을 사람들이라 말할 것입니다.

42. 그러나 터무니없는 이유를 그럴듯하게 포장해 궤변이라는 망토로 그 추악함을 감춘 반군 지도자들은, 우리에게 개별적인 주들이 '독자적인 주권자'들이며 중앙정부는 몇몇 사소한 업무들만을 관장해야 한다고 말합니다. 어이없게도 중앙정부라는 것은 평화와 전쟁, 육군과 해군, 재정, 국토 그리고 원주민들과의 관계와 같은 자신들이 쉽게 관리할 수 없는 일들만을 관리하기 위해 주권자들에 의해 설립된 '대리인'일 뿐이라 주장하고 있는 것입니다.

불행하게도 그들의 이러한 이론에도 불구하고 (개별적인 주들이 저마다의 헌법을 채택했던 것과 마찬가지로 미합중국의 모든 주들이 채택했으며 그들의 모든 헌법보다 우선한다고 선언된) 미국헌법에는 그 어디에도 개별적인 주들을 '주권자'라고 명시해놓은 곳이 없습니다. 실제로 헌법에서는 개별적인 주들을 구체적으로 인정하지 않고 있습니다. 그 법률문서의 원문에 의해 확립된 권한은 '대리인'이 아닌 '미합중국의 정부'라고 명시되어 있습니다. 더 나아가 전문前文을 통해 '미합중국의 국민들'에 의해 제정되고 확립되었음을 밝히고 있는 헌법에는 '주의 입법부 구성원들과 모든 행정부와 사법부의 관료들은 헌법 준수를 서약할 의무가 있다'고 명확하게 규정돼 있습니다. 모름지기 정부의 대리자들이 그의 주권자에게 충성을 서약하는 것이 일반적이지, 주권자가 자신의 대리자에게 충성을 서약하는 것은 여지껏 한번도 들어보지 못한 일입니다.

43. 나는 분명 개별적인 주들이 국지적인 사안들을 관리하는 일에 지배적 권한을 갖는다는 것을 부정하지 않습니다. 그것은 우리들의 혼합적인 정부 형태가 갖는 가장 아름다운 특징 중의 한 가지이기도 합니다. 그러나 개별적인 주들은 미국 국법을 채택함에 있어 국가적 통치권에 속하는 가장 중요한 기능들은 포기한다는 선언과, 미합중국의 헌법에 위배되는 모든 권리를 양보한다는 포괄적이며 헌신적인 조항을 통해 권한을 양위했다는 것 또한 분명한 진실입니다.

구체적으로 열거하자면, 개별적인 주들은 평화와 전쟁 시에 대비해 독립적인 주로서 가장 중요한 특권들을 포기했던 것입니다. 즉, 평화 시에 전쟁을 대비한 군대와 함선을 유지할 권리, 실질적인 침략 없이는 전쟁을 수행하지 않을 권리, 다른 주나 외국 정부와 조약을 체결할 권리, 의회의 동의 없이 수출과 수입에 관세를 부과할 권리, 어떤 조약이거나 동맹·연방에 가입하는 권리, 보복적 약탈과 강제 나포를 허용하거나 신용장을 발행할 권리 등을 비롯한 수많은 권한들을 중앙정부에 명시적으로 귀속시켰던 것입니다. 독립적인 통치권의 성격을 정치적 집단의 문제로 돌리기 위해 개별 주들의 권한을 자신의 영토 내에 우체국도 설립할 수 없도록 제한하는 것과, 정부의 모든 초월적인 권한을 부여한 국가적인 기구를 개별적인 주들의 '대리자'로 명명하고 조건을 축소하는 것은 충성심이나 애국심을 빙자해 탈퇴한 남부 11주의 논리와 억지일 뿐이라는 것을 증명할 뿐입니다.

44. 그리고 저 '유보된 권한!' 그 유보된 권한이라는 것은 무엇일까요? '유보된 권한'을 규정했다는 10차 수정헌법은 끊임없이 잘못 인용되고 있습니다. 수정헌법에 의하면 '헌법에 의해 미합중국에 위임되지 않았거나 개별적인 주들에 금지되지 않은 권한들은 각 주 혹은 국민들에게 유보되어 있다'고 합니다. 물론 미합중국에 위임되지 않은 '권한들'이 유보되어 있을 수 있으며 개별적인 주들에 금지되지 않은 권한들이 있을 수 있지만, 비록 미합중국에 위임되지는 않았다 해도 개별적인 주들이 탈퇴할 수 있는 권리가 있다고 주장하는 것은 어리석은 바보짓입니다.

45. 이런 명백한 어리석음을 제쳐두고서 '어떤 조약이나 동맹 혹은 연방에 가입할 수 없다'거나 '다른 주나 외국 정권과 협정이나 맹약을 맺을 수 없다'고 분명하게 금지하고 있는 헌법하에서, 그 어떤 주라 할지라도 새로운 연방에 가입할 권리가 없다는 것을 증명하기 위해 진지

하게 논쟁할 필요가 있을까요? 탈퇴라는 어릿광대극을 미리 펼쳐 보이며 개별적인 주들이 금지된 권한을 차지하고, 예를 들어 헌법을 제정할 때 개별적인 주들이 전쟁을 선포할 권한을 미합중국에 위임하고 스스로 금지했음에도 불구하고 각 주들에 전쟁을 선언할 권리가 함축적으로 유보돼 있었던 것이라고 강변한다면, 그리고 비록 모든 조약 체결의 권리가 분명히 금지돼 있고 미합중국에 위임돼 있지만 개별적인 주들, 예를 들어 플로리다 주에 스페인과 조약을 맺을 권한이 함축적으로 유보돼 있어서 멕시코만의 열쇠를 외국정권에게 양도할 수 있다고 말한다면, 이러한 명제들을 유지하기 위해 진지함을 보여준다는 것은 터무니없는 시간낭비가 될 뿐입니다.

46. 이런 비열한 궤변들을 길게 들려주는 것을 용서해주십시오. 하지만 이러한 것들이 저 무장한 반란군의 주요 인사들이 참혹하지만 영광스러운 7월에 여러분들의 집 앞에서 저질렀던 행위들입니다. 그리고 그들의 행위는 온 국토를 공격적이며 사악한 전쟁이라는 재앙에 빠져들게 하고 있습니다. 국가의 영원한 안전과 번영을 가져오기 위한 이 전쟁의 종결 방식은 오직 적들의 군사력을 완전히 파괴해버리는 길밖에 없습니다.

나는 다른 곳에서 그들의 주장에 굴복하고 그들의 독립을 인정해 즉시 합중국을 적대적인 두 개의 정부로 분리하기로 결정한다면, 그래서 결국에는 분열하게 된다면 여러 국가 집단의 한 일원으로서 이 나라가 지니고 있는 강점과 영향력은 완전히 소멸하게 될 것임을 증명해 보인 적이 있습니다. 그렇게 되면 외국 정권들에게 이 나라를 굴복시키고자 하는 유혹을 불러일으켜 우리들의 국내 문제에 대한 무차별적인 간섭을 허용하게 될 것입니다. 또한 중부와 서부의 주들로부터 바다로 향하는 가장 자연스러운 출구이자 그 주들의 가장 중요한 내부적 교통로를 강제로 빼앗길 것입니다. 그리고 이 나라의 무역과 해상로를 침탈당하고 우리 해안의 3분의 2와 그곳을 지키고 있는 요새들을 침탈해갈 것입니다. 그뿐 아니라, 각 주를 지배하고 있는 정당으로 하여금 외국 정권에게 자신들의 영토와 항구와 요새와 강의 입구 등을 양도할 수 있도록 허용할 것입니다. 2,200만의 용감하고 진취적인 자유민들로 구성된 충성스러운 주의 구성원들이라면 끝없는 국경분쟁을 가져올 일시적인 휴전의 유혹에 빠져 이토록 소름끼치는 국가적 자살행위에 동의할 수는 없을 것입니다.

47. 내가 반군 지도자들의 요구를 들어주었을 때 연이어 발생하게 될 결과들을 과장했다고 생각하지는 않습니다. 오히려 너무 개략적으로 언급한 것입니다. 그들은 내가 언급한 모든 희생과, 지금 반군 군대가 점령하고 있는 미합중국의 영토를 외국의 적대적인 정권에게 양도할 것을 요구하고 있을 뿐만이 아니라 그들의 손아귀로부터 구해낸 광대한 영토의 포기를 요구하고 있는 것입니다. 메릴랜드, 동부 버지니아의 일부 지역과 웨스트버지니아 전 지역, 남과 북 캐롤라이나의 해안, 조지아와 플로리다, 켄터키, 테네시와 미주리, 아칸소와 미시시피의 대부분 지역, 루이지애나 그리고 텍사스 등과 같은 지역에는 무법적인 게릴라를 제외하곤 무장한 반군이 없습니다. 그 지역은 모두 미합중국에 충성스러운 국민들이 대다수를 차지하고 있습니다.

우리들은 또한 일시적인 자유를 누리기 위해 10배는 더 괴로운 굴종적인 상태로 자신들의 생명을 우리의 군대에 맡겨 위험을 겪고 있는 수천 명의 의지할 데 없는 유색인들에게 보답해야만 합니다. 마지막으로 백인이거나 흑인이거나 합중국의 복원을 위해 노력한 남부의 모든 사람들을 로베스피에르만큼이나 무자비한 공포통치로부터 구해내야 합니다. 공포통치는 반군을 구성하고 유지하는 주요 수단이며 그로 인해 남부의 감옥에는 이미 고귀한 사람들로 가득 채워져 있습니다. 그 사람들의 죄는 단지 흉악한 범죄자가 아니라는 것입니다. 나는 링컨이 대통령에 당선되고 난 후, 단 하루라도 남부의 어떤 주에서 대다수 국민들의 자유토론을 거친 후 찬성표를 얻어 연방 탈퇴 법령을 정당하게 제출한 적이 있었는지 알 수가 없습니다. 사우스캐롤라이나에서는 전혀 그런 일이 없었습니다. 대다수의 국민들이 만약 두려움이나 호감 없이 그 문제에 투표할 수 있었다면 독립전쟁과 헌법제정 시대의 [제임스 L.] 페티그루와 개즈던, 러틀리지 그리고 코티스워스 핑크니와 같은 지도자들을 포기하고 현재의 선동가들을 지지한다는 것은 불가능한 일입니다.

화해

48. 반군과 그 동조자들이 줄기차게 내놓고 있는 제안에 의해 전쟁의 가열찬 진행을 막아서는 안 됩니다. 그들은 비록 전쟁이 초기 단계에 있지만 전쟁의 수행과정에서 발생했던 격분과 쓰라림이, 논쟁을 일으켰던 문제들의 본질과는 동떨어진 상태로 합중국의 복원과 두 거대세력 간의 화합을 영원히 막게 될 것이라고 말합니다. 나는 이러한 의견은

아무런 근거가 없다고 생각합니다.

49. 전쟁으로 불가피하게 발생한 모든 고통 앞에 나는 그 누구보다 더 애통해하고 있습니다. 이 자리에 서서 7월의 처음 며칠간 일어난 광경들을 상기하면서 그 밖의 다른 감정을 지닐 수 있는 사람이 있을까요? 남부와 북부는 줄곧 저를 따라다니며 괴롭히더니 너무도 오랫동안 희망 없는 타협의 길로 들어서도록 이끌었습니다. 그것은 화해하지 않기로 미리 마음을 결정하고 있는 그들을 화해시키려는 맹목적인 노력입니다.

하지만 반군과 그들의 동조자들이 그럴듯하게 둘러대고 있듯이, 국법과 현대 문명과 기독교 정신에 의해 요구되는 타협에 대한 전반적인 고려도 없이 미합중국이 이 전쟁을 수행했다는 것은 진실이 아닙니다. 선진 유럽 국가들의 군사적 역사 속에서라면 그러한 난폭하고 잔인한 행위들을 쉽게 찾아볼 수 있으나 우리의 역사에서는 전혀 찾아볼 수 없습니다. 사실 내전에 거의 예외없이 수반되는 특별한 쓰라림을 고려해 볼때, 미합중국이 수행해온 방식에 대해 떳떳하게 자랑할 수도 있을 것입니다. 물론 부랑자와 탈영병들의 무법적인 행위나 때때로 변방에서 발생하는 하급자들의 부당한 행동을 막는 것은 불가능합니다. 하지만 역사상, 이렇듯 대규모의 지역에서 벌어졌던 내전의 기록 그 어디에서도 미합중국의 정부와 지휘관들이 수행한 것처럼 복수심에 의한 진압이 최소한으로 수행되었던 경우는 없습니다. 그럼에도 반군정부는 퀀트렐과 같은 비열한 인물을 떠안으려 하고 유색인종 부대의 숙영을 거부했으며 자신들에게 붙들린 북부 출신의 자유로운 유색인들을 학대하고 노예로 팔았으며 바다를 해적들로 득실거리게 만들고, 자신들의 영내에 가석방된 죄수들이 넘쳐남에도 정당한 죄수의 교환을 거부하고, 전쟁포로들을 굶어 죽게 하면서 도발했던 것입니다.

50. 또한 만약 지금 군사 작전의 영향과 더불어 몰수법과 노예해방령의 공포가 반군들을 더욱 분노하게 만들어 타협의 가능성이 사라진 것이라고 믿는 사람들이 있다면, 그런 분들에게 전쟁이 시작되기 전에 반군 지도자들과 반군을 지지하는 언론들의 어조는 지금보다 훨씬 더 격앙되어 있었음을 상기해볼 것을 부탁드립니다. 반란이 시작되기 직전에 열렸던 국회의 마지막 회기에서 이런저런 연설들이 있었습니다. 그 연설들은 너무나도 거친 것이어서 그 원고를 쓴 사람들이 분명 광분 상태에 있었음을 보여주고 있습니다. 그즈음 합중국에서 거론되고 있는 모든 의견이나 정서에 가하는 남부 언론의 부자연스러운 경멸과 증오 그리고 모욕적인 언동에 어떤 특이점이 있다면, 북부에서 아직도 타협을 주장하고 있는 사람들이나 행정부가 평화 회복의 희망이 없다는 듯 진위가 의심스러운 정책을 펼치고 있음을 비난하는 사람들에게 그들의 가장 신랄한 경멸이 쏟아지고 있다는 것입니다.

51. 그렇지만 여러분, 우리의 성정은 '사악해 보이는 것으로부터 줄곧 선함을 이끌어내어' 모든 것들을 최선의 상태로 지배하시는 자비로우신 하나님의 뜻으로 이루어져 있습니다. 한 방향으로 나아가려는 열망에 싸인 과격한 감정은 보통 더욱 빨리 폭력적인 모습을 띠게 되는 역방향의 반발을 불러일으키는 것입니다. 상처를 입히고 그것에 대해 보복하는 것이 필요하게 되면 그것은 또 새로운 보복을 불러일으킵니다.

그렇게 영원토록 복합적인 복수의 중요성이 축적된다면 이 세상은 수천 년 전에 이미 지옥이 되었을 것이며 이 지구상의 국가들은 분노와 악마의 동족이 되어 이웃 국가들과 영원한 전쟁을 벌였을 것입니다. 그러나 그렇지 않습니다. 역사는 전혀 다른 교훈을 줍니다.

영국의 장미전쟁은 1455년에 세인트올번스의 전투에서부터 1485년의 보즈워스 전투에 이르기까지 꼬박 한 세대에 걸쳐 지속되었습니다. 흄은 앞의 전투에 대해, '이 전투는 숙명적인 논쟁 과정에서 처음 발생한 유혈사태였으며 30년이 다 되도록 끝나지 않았습니다. 이 전쟁은 12번의 대대적인 전투로 유명해졌으며 터무니없이 격렬하고 잔혹한 장면들을 펼쳐 보였습니다. 이 전쟁을 통해 어림잡아 왕족 중 80명의 왕자들이 생명을 잃었으며 전통적인 영국의 귀족계급이 거의 대부분 말살되었습니다. 그 당시에는 친족 구성원들에 대해서는 강한 애착심을 지니고 있었으며 복수의 정신이 명예의 핵심으로 간주되었습니다. 그로 인해 지체 높은 가문들은 분노에 빠져 화합할 수 없었으며 매순간마다 집단 간의 불화는 더욱더 심화되었습니다'라고 평했습니다. 영국은 그러한 상태로 꼬박 한 세대를 보냈지만 가문의 주장을 화합시킨 헨리 7세가 보즈워스 전투를 치른 후 왕위에 오르기 위해 런던으로 향했을 때, 그는 너무나도 오랫동안 나라를 괴롭혀왔던 '분쟁을 종식시키기 위해 하늘이 파견한' 인물로서 각지에서 갈채를 받았던 것입니다.

52. 17세기에 있었던 영국의 청교도 혁명은 길고도 모진 사전징후를 거친 후 1640년의 장기의회 소집으로부터 시작됐다고 할 수 있으며, 20년간의 불화와 반목과 내전을 겪고 나서 1660년에 찰스 2세의 귀환으

로 끝이 났습니다. 그동안 몰수와 약탈과 엄청난 파괴가 있었고 자부심에 찬 세습귀족들은 먼지 속에 짓밟혔습니다. 국가의 교회는 전복되어 성직자들은 거지가 됐으며 고귀한 고위성직자들은 처형됐습니다. 700년 동안 존속돼오던 군주제가 몰락하고 군사 전제정치가 실시됐습니다. 정통 군주는 단두대로 끌려갔으며 왕을 지지하던 귀족가문들은 추방되고 무력화돼 파멸해버렸습니다. 전쟁포로들은 리비 수용소에서 굶어 죽은 그들보다 더 열악한 운명을 겪으며 노예가 돼 서인도제도로 팔려갔습니다. 한마디로 말해, 모든 일들이 다투고 있는 양 진영을 더욱 비참하게 만들고 더욱 슬프게 만들었던 것입니다.

그러한 상태로 20년이 흘렀습니다. 그렇지만 자연스러운 과도기도 없이 갑작스럽게 '사태 수습의 희망이 전혀 없는 듯이 보일 때, 참수당한 군주의 아들이 피로 얼룩진 아버지의 왕좌로, 말로 표현할 수 없는 만인의 기쁨 속에 되돌아왔던' 것입니다. 기쁨에 찬 군주는 '그 자신이 돌아오려 했을 때 반대를 표명했던 사람들을 전혀 찾아볼 수 없는 것으로 보아 너무나 오랫동안 떠나 있었던 것이 그 자신의 잘못이 아니었을까 생각'했습니다. 클래런던은 '이처럼 멋진 방법으로 또 믿을 수 없을 만큼 신속하게, 신께서는 가장 사악한 자들의 총과 칼을 통해 암살과 참변과 군주 시해의 끔찍한 환경을 조성하며 20년 가까이 사납게 날뛰던 반란을 종식시켰습니다. 반란은 두 개의 왕국을 황폐화시켰으며 세 번째 왕국마저 엄청나게 손상시켜 불구로 만드는 계기가 되었지만 신의 자비로운 보살핌으로 놀랄 만한 단계를 거쳐, 이토록 짧은 시간 내에 모든 상처를 감싸고 치료하는 것은 물론 깊은 상처로 인한 흉터마저도 알아볼 수 없게 되었으며 이는 구원에 더해진 영광입니다'라고 했습니다.

53. 독일에서는 16세기의 종교전쟁 및 찰스 5세의 전쟁과 17세기의 30년 전쟁 그리고 18세기의 7년 전쟁 등 그다지 유명하지 않은 분쟁을 언급하지 않더라도 국내적 투쟁으로 인한 참상을 3백 년 이상 온 나라가 겪어야만 했습니다. 아르첸홀츠는 그중 기간이 가장 짧았으며 또한 가장 문명화된 시기에 발생했던 7년 전쟁이 끝났을 때, '어떤 장교가 헤세에 있는 일곱 개의 마을을 지나쳐가는 동안 단 한 명의 사람만을 볼 수 있었다'고 했습니다. 제국에 포함되어 있던 3백 개 이상의 공국이 자부심에 찬 소규모의 지방 주들이 보여준 격렬한 열정으로 인해 들썩거렸고, 전쟁이 시작되면서 모든 언덕의 꼭대기에는 도적들의 성곽이 볼썽사납게 세워져 있었습니다. 어디에 있는지 아무도 모르지만 아무도 그 권세를 피할 수 없었던 공포스러운 비밀 법정은 온 나라에 걸쳐 모든 사람들의 마음을 공포로 꽁꽁 얼어붙게 했습니다. 지역 간의 증오라는 거대한 솥에서는 종교적 혐오와 그 독액이 펄펄 끓고 있었습니다.

그러나 독일연방에 속한 주들 간의 이토록 끔찍했던 반목에 대한 기억은 거의 남아있지 않습니다. 오늘날 그 나라에서는 이런저런 논쟁이 벌어지고 있지만 그것들은 주로 주도적인 두 세력 간의 경쟁에서 비롯된 것입니다. 이 세상 어느 곳에도 그들만큼 국가적 동질감이 강한 나라는 없습니다.

54. 이탈리아에서는 로마제국이 붕괴되고 난 후, 사회는 본래적인 요소 즉 적대적인 분자들로 분해되어 그것들의 유일한 움직임은 상호

간의 반발뿐이었습니다. 잔인한 도적떼들은 오래 이어져온 체제를 파괴했으며 국토를 무자비한 봉건제도로 뒤덮어버렸습니다. 교회의 보호 아래 새로운 문명이 성장해감에 따라 귀족가문들과 성벽을 두른 도시들은 미친 듯한 충돌에 빠져들었습니다. 교황과 황제 간에 벌어진 세속적인 불화는 국토를 유린했습니다. 지역과 지역, 도시와 도시, 거리와 거리 간에는 냉혹한 전쟁이 아버지로부터 아들에 이르기까지 대를 이어 벌어져, 단테는 자신이 지어낸 공상 속의 지옥을 이탈리아 역사 속의 현실적인 악귀들로 채워 넣을 수 있었습니다. 각 파벌들은 점점 잔인해져, 고향 도시와 모국어의 영광이라 할 그 위대한 시인이 스스로 망명을 떠나자 전 시민을 향한 법령을 공포하여, 만약 피렌체 지방에서 발견된다면 산 채로 태워 죽이라고 명하는 지경에 이르렀습니다.

그러나 이토록 끔찍한 반목과 증오는 적대적인 도시들이 안정적인 정부하의 주들로 묶이면서 정치적인 영향력 아래 놓이게 되었습니다. 오랫동안 끌어왔던 전통적인 증오의 전통은 서서히 사라져갔으며 이제 토스카나와 롬바르디아, 사르디니아와 나폴리 주는 마치 미국보다 퇴보한 것이 부끄럽기나 한 듯, 통일 이탈리아를 한목소리로 주장하고 있습니다.

55. 프랑스에서는 16세기에 있었던 동맹 간의 전쟁과 17세기의 프롱드의 난을 되돌아보지 않더라도, 또한 낭트 칙령의 철회를 야기한 왕국 전반의 끔찍한 광경들을 언급하지 않더라도 우리들은 지난 세기의 끝무렵에 시작된 위대한 혁명에서 세계 역사상 찾아보기 힘든 시민 봉기가 거침없이 펼쳐졌음을 알고 있습니다. 파리에 수립된 공포정치는 마치 국민들을 분열시켜놓았던 가장 극심한 반목이 영원한 이간질과 증오

를 가져올 힘을 갖고 있다는 듯이 그 피 묻은 손을 모든 도시와 마을로 한없이 뻗어나갔던 것입니다. 그들의 실상은 분명 그러했습니다.

그러나 현실은 전혀 다르게 진행되었습니다. 로베스피에르의 몰락 후 7년이 지나고 혈기에 찬 정복자의 강력한 손에 의해 죄악과 비통으로 인한 혼돈은 질서를 찾게 되었습니다. 자코뱅당원들이 프랑스 최고 가문의 피를 손에서 씻어내기도 전에 황제의 대기실에서 재산을 몰수당하고 가족들이 단두대로 끌려가야만 했던 이주민들이 돌아왔습니다. 그리고 다시 한 번 운명의 수레바퀴가 돌고 난 후 루이 18세가 왕위에 다시 오르게 되어, 내각의 신임을 얻기 위해 자신의 형을 처형하는 데 찬성표를 던졌던 시해자 푸셰를 잡아들였습니다.

56. 대통령 각하, 고귀한 미국의 국민들은 당신의 신임을 묻지 않을 것이며, 권력을 향한 무자비한 열망으로 이 땅을 황폐하게 만든 냉혹한 그 사람들을 정부에 참여시킬 것을 요구하지도 않을 것입니다. 더 나아가 그들을 상대함에 있어 사적인 괴로움도 헤아리지 않을 것입니다. 만약 그들이 견딜 수만 있다면, 자신이 제공한 원인으로 수만 명의 동포들이 죽었다는 것을 견디어낼 수 있다면 앞으로도 살아갈 수 있을 것입니다. 자신들이 전복시키려 했던 정부의 보호 아래 어두컴컴한 음지에서 살아갈 수도 있을 것입니다. 또는 유럽에 있는 어떤 정부의 보호를 받기 위해 도망갈 수도 있을 것입니다.

그들 중 일부는 이미 그곳으로 달려가 외국 권력으로부터 자신들이 일으킨 반란에 대한 지원을 요청하기 위해 헛된 노력을 기울이고 있습니다. 그들은 그곳에 머물도록 내버려둡시다. 우리들 앞의 무덤 속에

차갑게 식은 몸을 누이고 있는 가장 평범한 전사자는 살아있는 그들에
겐 오히려 선망의 대상입니다. 나는 자기 나라를 멸망시키려는 음모에
지원을 받기 위해 비굴하게 스스로 외국 군주의 발아래 넙죽 엎드리는
그들이 제공하는 겉만 번드르르한 신임장에는 아무런 관심도 없습니다.

57. 그러나 이제 그 때가 되었습니다. 이제는 저 반군 지도자들이 세
상을 미혹시키고 선동하는 것을 멈추게 해야 할 때입니다. 일반 대중
들은 아무런 괴로움도 느끼지 않고 있습니다. 남부의 국민들은 반군들
이 정당화시키려 애쓰고 있는 저 야비한 핑계를 위해 끝없는 전쟁을 지
속하지는 않을 것입니다. 우리들을 하나의 국민으로 묶어주는 끈은 (인
간 사회를 유지시켜주는 네 개의 위대한 연결고리인) 혈통과 언어, 믿음과 법으
로 구성된 건실한 공동체입니다. 국가적·정치적 관심의 공유, 역사의
공유, 자랑스러운 선조에 대한 자부심의 공유, 은총받은 위대한 유산에
대한 관심의 공유, 이 나라의 지정학적 특징, 여러 지역을 가로지르며
농산품과 공산품을 원활히 교환할 수 있도록 하는 거대한 강들, 기술자
들이 경이로운 두 팔로 동부와 서부를 가르고 있던 산맥들을 평평하게
깎아내어 앨러게니산맥 주변의 주민들과 메릴랜드와 펜실베이니아의
주민들로 하여금 교통과 여행의 영원히 지속될 대문을 활짝 열어젖히게
하는 일, 이러한 통합의 연결고리들이 영원한 힘이며 활력인 것입니다.

그와는 달리 서로를 떼어놓으려 하는 주장들은 공상적인 것들이며,
꾸며낸 것들이며, 순간적인 것들입니다. 남부나 북부에 거주하는 국민
들의 가슴은 통일을 지향합니다. 반란 중인 동부와 서부의 주들에서 너
무나도 명백하여 오판할 수 없는 징후들이 그것이 사실임을 알려주고

있습니다. 노스캐롤라이나와 아칸소는 마침내 저 파멸적인 마술에서 깨어나고 있습니다. 롤리와 리틀 록에서는 정직하고 용감한 사람들이 굳게 닫혔던 입을 열기 시작했으며 독립 언론들은 포문을 열 준비를 하고 있습니다. 그들의 준비된 대포알이 불을 뿜기 시작하면 광기에 찬 백일몽이라 할 반역의 궤변을 만들어내던 주요 인물들은 저 산속의 소로를 통해 도망친 반란군처럼 순식간에 사라질 것입니다. 지쳐버린 일반 대중들은 자랑스럽고 친근한 우리들의 국기가 다시 그들의 의회의사당에서 나부끼기를 열망하고 있습니다. 그들은 축복 속에서만 느낄 수 있었던 이 정부의 권능에 의해 평화와 번영 그리고 행복이 다시 돌아왔다는 것에 안도의 한숨을 내쉴 것입니다.

58. 게티즈버그와 펜실베이니아의 주민 여러분, 그리고 더 먼 주에서 찾아오신 여러분, 이제 다시 한 번 이 영광스러운 무덤들 위에 여러분들의 자비로운 기도를 드려야 할 때가 되었습니다. 비록 슬픔이 앞서는 상황이지만 여러분들은 여기에 있다는 사실에 행복을 느끼고 있습니다. 여러분은 동부와 서부의 사람들과 19개 자매 주들의 사람들이 이 험난한 산마루의 전쟁터에 나란히 서있다는 사실이 국가의 대의를 위해 무척이나 경사스러운 일이라는 것을 느끼고 있습니다. 전쟁에 참여하기 위해 모였을 때 울렸던 것보다 더욱 크게 울리는 나팔소리가 나란히 잠들어 있는 저들의 선잠을 깨울 것이며 이제 여러분은 통일의 새로운 유대감을 느낄 수 있을 것입니다. 신께서 합중국에 축복을 내리실 것입니다. 합중국을 지키기 위해 피 흘린 용기있는 분들이 있기에 합중국은 우리들에게 더욱더 소중합니다. 그들이 지키다 쓰러진 그 장소들,

이 안온한 언덕과 그 아래 펼쳐진 비옥한 평야, 최근까지 전쟁의 낯선 소음이 울려 퍼지던 번영하는 마을의 거리들, 고귀한 레이놀즈가 초원으로 다가오는 적군에 맞서 자신의 확신에 찬 선견지명으로 목숨을 바쳐 그 후 이틀간의 전투를 승리로 이끈 산등성이 너머의 들판, 바람이 골짜기를 스쳐간 후 옛 전쟁터에서 사용하던 조악한 무기를 들고 무시무시한 최신 대포 앞에 불쑥 모습을 나타내던 농부들이 딛고 선 강둑 속의 조그마한 개울물, 세미너리 리지, 피치 오처드, 세미테리, 컬프, 그리고 울프 힐, 라운드 탑, 리틀 라운드 탑 모두 소박한 이름들이지만 지금부터는 소중하고 유명한 이름이 될 것입니다. 시간이 흘러도, 아무리 먼 곳에 있더라도 여러분들은 잊지 못할 것입니다.

페리클레스는 펠로폰네소스 전쟁의 첫해에 패전을 겪고 살아남은 시민들 앞에 서서 말했습니다. '모든 땅은 혁혁한 공적을 세운 이들의 무덤입니다.' 그는 또 모든 시간은 그들의 영광이 깃든 황금시대라고 덧붙여 말하고 싶었을 것입니다. 저 고마워하는 마음으로 가득한 국민들로부터 가장 따뜻한 감사와 가장 확실한 보답을 받을 수 있는 자격을 갖추게 된 미합중국의 육군과 해군의 장교와 병사들이 이루어낸 전쟁의 고귀한 성취를 훼손할 마음이 전혀 없습니다. 하지만 그들 또한 순교한 영웅들에게 작별 인사를 보내는 우리들과 함께 세상의 모든 문명세계에서 이 위대한 전쟁의 보고서를 읽을 것이며, 기록으로 남겨진 가장 최근의 역사와 우리나라의 가장 영광스러운 연대기들 중에서 게티즈버그 전투를 서술한 부분보다 더 빛나는 페이지는 없을 것이라 합창할 것임을, 확신합니다.

2. 페리클레스의 연설

logos / ergon

무덤 속의 전사자들을 위해 연설하는 것이 마치 매우 훌륭한 일이라도 되는 듯이, 사람들은 이러한 의식의 연설자를 칭송하고 있습니다. 그러나 그러한 칭송을 받을 만한 사람이 있다면 자신들의 행위를 통해 스스로 영웅이 된 그들일 것입니다. 여러분이 방금 지켜본 것과 같은, 공개적으로 존경을 표현하는 꾸며진 명예는 이제 충분합니다. 어느 한 사람의 웅변에 매달리기 보다는, 아니면 아예 그럴 것도 없이, 많은 사람들이 드러내 보이는 용기의 진정성이 더 중요합니다. 사실 어떤 사건의 진실성이 의심스러울 때, 그 사건에 정확히 맞아떨어지는 적합한 언어를 구사하는 것은 어려운 일입니다. 그 사건에 대해 잘 알고 있으며 호의를 품고 있는 사람들은 연설자로부터 더욱 많은 감동을 기대하거나 자신이 알고 있는 것보다 더욱 많은 것을 알고 싶어 하겠지만 그 사건에 대해 잘 모르고 있는 사람들은 자신들이 수용할 수 없는 칭찬은 허풍이라 생각하여 거북스럽게 생각하게 될 것이기 때문입니다. (남에 대한 칭찬은 듣는 이들이 자연스럽게 받아들일 수 있을 때에만 허용될 수 있는 것이며, 그로 인한 거북함은 칭찬을 비롯한 모든 것에 대한 불신으로 이끌게 되는 것입니다.) 하지만 우리의 원로들께서 연설을 적절한 일이라 정하셨으니 나는 의식의 관례에 따라 여러분이 알고 있는 정보와 여러분이 느끼고 있는 감정 사이의 균형을 맞추기 위해 노력하려 합니다.

Epainesis

progonoi
dikaion
autochthones

나는 이 연설을 선조들의 이야기로 시작하려 합니다. 그렇게 하는 것이 옳은 일이며 지금 여기에서 선조들을 기리는 것이 적절한 일이기 때문입니다. 바로 여기 이 땅에 머물고 계신 선조들께서는 몇 세대를 걸쳐 우리에게 이 땅을 물려주셨으며 용기로써 이 땅의 자유를 지켜왔습니다. 더 나아가 그들만큼이나 소중한 [마라톤의] 바로 앞 세대는 더욱더 용맹했습니다. 이 땅을 위임받은 그들은 자신들 스스로의 적지 않은 노력을 통해 국경을 현재와 같이 확장시켰습니다. 그러나 대부분 전성기를 넘어서지도 않은 우리들, 바로 지금 살아있는 우리들이 전쟁이나 평화의 목적 외에는 부족한 것이 전혀 없도록 이 영토를 강건하게 이끌어오며 가장 위대한 공헌을 했습니다. 선조들이나 우리의 용맹스러운 저항을 불러일으킨 페르시아 및 그리스의 침략 전쟁들에 대해서는 여러분들도 잘 알고 있을 것이므로 이 자리에서 길게 되짚어보지는 않겠습니다. 그러나 그러한 외부적인 공적들의 이면에 있는 우리를 진정으로 위대하게 만드는 것들, 즉 우리의 군사훈련과 정부 체계 그리고 우리의 본질적인 특성 등에 대해 상세하게 말하려 합니다. 주로 여기에 계신 분들을 칭송하겠지만 이러한 행사에 적합한 이야기들 그리고 시민들은 물론 외부에서 오신 분들에게도 적절한 이야기를 하려 합니다.

politeia

　우리의 정치제도는 이웃 국가들의 제도를 모방하기보다 오히려 모범을 제시해왔습니다. 그러므로 이웃 국가들의 제도와 비교해 우열을 판단할 수는 없습니다. 우리는 민주주의를 표방합니다. 소수만이 아닌 많은 시민들이 통치에 참여하고 있으며 시민들은 상호간의 법적인 관계에서 동등하기 때문입니다. 비록 공직을 수행할 능력이 필요할 때 추첨에 의한 순서를 따르지 않고 각 개인의 능력이 고려하지만, 가난하거나 미천한 출신이라는 것 때문에 이 도시에 공헌할 수 있는 사람을 제한하지는 않습니다. 우리는 모두 정치 생활에 자유롭게 참여합니다. 어떤 사적인 취향에 따르도록 하기 위해 사생활을 감시하거나, 비록 법적인 강제력은 없다 해도 사회적 갈등을 유발시킬 수 있는 검열의 눈초리를 보내지 않습니다. 그럼에도 불구하고 사생활에 대한 관용적인 접근이 공적 의무의 준수를 느슨하게 만들지는 않습니다. 공직을 책임지게 되는 사람은 법에 따라 누구나가 자발적으로 복무하며, 특히 부당한 대우를 받는 사람들을 보호하고 (특별한 규정이 필요치 않은) 합의된 사회적 가치를 존중합니다.

우리의 정치 체제는 우리 이웃들의 것을 모방한 것이 아니라는 점을 말하고자 합니다. 우리의 정치 체제는 다른 어떤 것을 흉내낸 것이라기보다는 오히려 타他의 모범이 되는 것입니다. 우리의 정치제도는 민주정democracy이라고 합니다. 왜냐하면 권력이 소수가 아니라 전체 인민의 수중에 있기 때문입니다. 사적인 분쟁을 해결하는 문제가 발생하면, 모든 사람은 법 앞에서 평등합니다. 공직을 임명하는 일에서 누군가를 타인보다 우대할 때, 중요한 것은 특정 계층에 속했는가 하는 점이 아니라 그 사람이 가진 실제적인 능력에 있습니다. 어떤 사람이 국가에 봉사할 능력을 갖추고 있는 한, 그가 가난하다고 해서 정치적으로 무시당하지 않습니다. 그리고 우리의 정치 생활이 자유롭고 개방적인 것과 마찬가지로, 서로 연관되어 있는 우리들 사이의 일상생활도 역시 자유롭고 개방적입니다. 우리의 이웃이 그 나름의 방식대로 살아간다고 해서 그에게 간섭하지 않습니다. 그리고 그의 감정을 상하게 하기는커녕, 언짢은 눈총조차 던지지 않습니다. 우리는 사생활의 영역에서는 자유롭고 너그러운 태도를 견지하고 있습니다. 그러나 공동의 문제에서는 법을 준수합니다. 왜냐하면 준법이야말로 깊은 존경심을 불러일으키기 때문입니다.

우리는 우리가 공직에 임명한 사람에 대해 복종하며 법 자체에, 특히 억압받는 사람들을 보호하는 법과 깨뜨리면 명백한 수치로 여겨지는 불문법에 복종합니다.

우리는 의무들을 이행하는 사이사이 경연대회와 계절별 축제를 즐깁니다. 그러한 행사들은 일 년 내내 정기적으로 펼쳐지며 흥미로운 개인적인 놀이들도 더불어 즐겨 삶이 단조롭게 되지 않도록 합니다. 우리의 제국을 통해 전 세계로부터 상품을 받아들이고 있기 때문에 그러한 즐거움을 누릴 수 있습니다. 또한 다른 나라의 물자를 우리의 것으로 만드는 만큼 우리의 물자도 다른 나라에 보내고 있습니다.

그러나 우리는 적들에게 우리가 소유하고 있는 것

들을 보여주는 데 두려움을 품지 않습니다. 우리들의 도시는 개방되어 있습니다. 누설했을 경우 적들에게 유리할 수 있는 것들을 막기 위해 외국인들을 추방하지 않습니다. 우리는 비밀스럽거나 거짓스러운 계획을 우리의 시대정신으로 삼지 않습니다. 군사훈련에서도 다른 나라들은 어릴 적부터 혹독한 훈련을 거듭하여 어른이 되어서까지도 이를 주입하려 고집하고 있지만, 우리들은 자연스러운 체제에도 불구하고 어떠한 위협에든 대응할 수 있음을 증명해보였습니다. 이에 대한 증거가 여기에 있습니다. 스파르타 사람들은 우리나라를 침범할 때 단독으로 오지 않고 동맹국들과 함께 옵니다. 그러나 우리는 다른 나라에 원정을 갈 때에도 혼자의 힘으로 수행하여 자신들의 땅을 결사적으로 지키려 하는 적들과의 전투에서도 대부분의 경우 쉽사리 이겨냅니다. 게다가 지금까지 그 어느 적군도 우리들의 전체 군대와 마주쳐본 적이 없습니다. 우리의 해군은 먼바다를 순찰 중이며 육군은 각자의 임무에 맞추어 분산되어 있기 때문입니다. 그러나 우리 병력의 일부와 교전을 치른 적들은 우리의 전체 병력과 싸워 이겼다고 자랑하거나 전체 병력과 싸워 패했다고 주장합니다. 우리는 혹독한 훈련이 아닌 편안한 휴식으로 국가 조직보다는 우리의 자연스런 재능과 용기로써 힘을

paideia

키웁니다. 그 결과 우리는 고난이 닥쳐오기도 전에 고
난을 마주하는 것만으로 지쳐버리는 일이 없습니다.
엄격한 훈련을 받은 적들보다 오히려 어려워하지 않습
니다. 다른 것들과 더불어 이러한 것들이 우리 국가를
관찰하는 사람들을 놀라게 합니다.

우리는 경제적인 외피를 추구하여 신체를 유약하게
만들지 않으면서 우리의 정신을 단련시킵니다. 만약
부유함을 얻게 되면 우리는 그것을 과시적인 언사 대
신 생산적인 행동이 되도록 이끕니다. 만약 가난이 닥
쳐오게 되면 받아들이기 어려운 부끄러움이 아니라 가
난에 굴복하는 것을 부끄럽다고 생각합니다. 시민들은
개인적인 일과 동등하게 공적인 일에도 관심을 갖습니
다. 자신의 사업에 몰두해 있는 사람들 또한 정치에 대
해 잘 알고 있습니다. 우리는 정치에 무관심한 사람을
여유 있는 사람이 아닌 쓸모없는 사람이라 부릅니다.
어떤 정책을 만들어내지 않고 있을 때에 우리들은 정
책에 대해 빈틈없는 판단을 내립니다. 우리는 적들이
출발했다는 급보를 앞두고 토론하지는 않기 때문입니
다. 우리가 두려워하는 것은 사전 토론 없이 어떤 정책
을 받아들이는 것입니다. 다른 국가들과 가장 명확하
게 대비되는 것은 바로 우리들이 위기를 상대할 준비
가 되어 있으며 그 위기를 예측할 수 있다는 것입니다.

다른 국가들은 무지로 인해 용감하며 생각은 그들을 머뭇거리게 할 뿐입니다. 그러나 진정으로 용감한 사람들은 인생의 공포와 환희에 대한 명확한 인식을 통해 꿋꿋하게 위험에 마주치는 사람들입니다.

우리들의 도덕률 또한 다릅니다. 우리는 선행을 받기보다는 선행을 베푸는 것으로 동맹국을 만듭니다. 선행을 베푼 사람들은 그가 되돌려 받게 된 호의를 지속시키려는 노력으로 지속적인 호의를 베풀려 하지만, 선행을 받아들인 사람들은 빚을 갚아야 한다는 생각 때문에 가치 있는 일을 하기보다는 오히려 불평을 늘어놓게 됩니다. 우리들은 우리들의 편협한 이익을 계산에 넣어 행동하지 않을 뿐더러 우리들 스스로의 안전을 지키겠다는 넓은 마음으로 행동합니다.

간략히 말하자면, 우리들의 도시는 그 자체가 그리스의 교육장입니다. 내가 바라보는 바로는, 이 도시의 시민들은 그 어느 누구도 손쉽게 인생의 다양한 측면들에 대응하기 위해 남에게 의존하지 않습니다. 이러한 말들은 이 행사를 치장하기 위한 것이 아니며 이 도시가 지닌 힘에 대한 평가를 통해 증명된 사실들입니다. 이처럼 탁월한 시민들이 없었다면 이 나라가 어떻게 위대해질 수 있었겠습니까? 오직 아테네만이 시련을 거쳐 뛰어난 평판을 받고 있습니다. 오직 아테네의 경우에만 적들이 굴복당하더라도 부끄러움을 느끼지 않으며, 동맹국들도 질적으로 우수한 아테네의 지도력으로 인해 굴욕을 느끼지 않고서 복종합니다. 압도적인 증거들을 통해 아테네는 현재는 물론 미래의 세계에도 아무런 이견을 덧붙이지 못할 힘을 증명해보였으며 그로 인해 매혹적인 문장으로 아테네를 칭송하기 위한 호메로스는 더 이상 필요하지 않습니다. 그러한 칭송은 사실에 대한 공정함을 구현하기 위한 엄격한 평가를 혼란케 할 뿐입니다.

이것이 바로 이곳의 전사자들이 빼앗기지 않고 지키려 투쟁했던 국가입니다. 그들에 의해 살아남은 우리들이 그들의 노고를 이어받아야 하지 않겠습니까? 나는 이 전투에서 그다지 잃을 것도 없는 적들과는 달리 우리들이 더욱 많은 자산을 지니고 있음을 확실히 하기 위해, 그리고 나의 칭송이 증거를 통해 더욱더 명쾌하게 뒷받침될 수 있도록 하기 위해 이처럼 길게 연설을 하고 있는 것입니다. 내가 꼭 전하고자 했던 것들은 대부분 이루어졌습니다. 나는 이 국가를 찬미했지만 여기 이 전사자들과 그들의 동료들의 용기는 이 국가를 아름답게 만들었습니다. 그들이 행했던 것처럼 그 어떤 찬사에도 어울릴 만한 중요한 공적을 이루어낸 아테네 사람은 없었습니다. 나는 이들의 주검이 첫

aretē

번째 전투에 직면한 사람들의 용기를 드러내 보여주었으며, 나머지 사람들로 하여금 확고한 기록을 남길 수 있는 확신을 주었다고 판단합니다. 그러므로 그 이전의 어떤 실수일지라도 자신의 국가를 위해 생명을 바친 그들의 헌신을 손상시킬 수 없으며, 모든 사적인 잘못은 이러한 공적인 선행으로 인해 소멸되는 것입니다. 부유한 병사는 자신의 재산을 잃을 것이 두렵다는 이유로 꽁무니를 빼지 않았으며, 가난한 병사 또한 부귀를 누릴 수 있을 때까지를 계산하며 참전을 늦추지 않았습니다. 우리의 병사들은 자신들의 가장 영광스러운 모험에 대한 치밀한 생각을 통해, 적들이 스스로 벌여놓은 일에 대한 대가를 치르도록 하겠다는 열망을 구현하는 것 외의 모든 일들에 대해서는 말끔히 잊고 있었습니다. 모호한 미래의 전망은 제쳐두고 자신들에게 주어진 현안에 전적으로 몰입했던 것입니다. 그들의 선택은 지켜냄으로써 고통받을 것인가, 굴복함으로써 살아남을 것인가였습니다. 그들은 자신의 신체에 가해진 충격을 받아들임으로써 자신들에게 쏟아질 수도 있었을 비난을 피했던 것입니다. 그러므로 결과가 어떻게 될지 알 수 없는 상태에서, 두려움과 싸우던 영광의 절정에서 그들은 우리의 곁을 떠났던 것입니다.

PARAINESIS

protreptikon

이처럼 그들은 국가에 공헌했습니다. 살아남은 여러분들은 더욱 안전한 결과를 기원했지만 그들에 비해 덜 모험적인 태도를 지녔던 것은 아닙니다. 여러분은 적국을 극복하는 바람직한 방법을 이미 알고 있다는 것을 표명함으로써 모험적인 태도를 지녀야 한다고 장황하게 설명하는 사람에게 설득당하지 않을 것입니다. 여러분의 안전은 행동에 있으며, 하루하루 이 국가의 권능에 헌신하는 것에 있으며, 그 권능에 매진하며 이 국가가 얼마나 발전하는지 지켜보는 것에 있습니다. 용감한 사람은 국가에 꼭 필요한 것이 무엇인지를 인식하여 행동으로 지원하지 못함을 부끄러워합니다. 또한 앞으로 요구될 자신들의 희생으로 인해 물러서지 않으며 오히려 국가를 위해 더욱 진지한 서약을 바칩니다. 한뜻이 되어 국가에 목숨을 바친 그들은 영원한 칭송이라는 보상을 받았으며 그 어떤 묘역도 이처럼 인류의 눈길을 끌 수는 없을 것입니다. 단순히 그들이 잠들어 있는 무덤이 눈길을 끄는 것이 아니라 어떤 기념이거나 선례가 필요할 때 그들의 영광이 이곳에서 영원토록 기억될 것입니다. 훌륭한 인물들의 무덤은 모든 곳에 있습니다. 그들의 묘비명은 그들의 조국 땅에만 새겨져 있는 것이 아닙니다. 낯선 이방의 땅에도 그들의 업적뿐만 아니라 업적을 어떻게 이루어냈는지가 사람들의 마음속에 쓰여 있는 것입니다.

행복은 자유 속에, 강인한 정신 속에 자리 잡은 자유 속에 있다는 확신과 함께 이러한 것들을 본받기 위해 노력하십시오. 적들이 야기하는 위험을 피하려 하지 마십시오. 성공하지 못한 사람은 자신의 생명을 내던져 운명을 향상시킨 사람이 아니라, 앞날에 다가올 반전에 의해 운명이 비참하게 바뀔 수 있는 사람입니다. 투철한 정신을 지닌 사람은 그 자신이 용기와 희망을 품고 있을 때 갑작스러운 죽음을 맞이하는 것보다 되돌아보았을 때 비겁했었다는 치욕을 더욱더 비참하게 생각합니다.

paramythētikon 바로 그러한 이유들 때문에 나는 전사자들의 부모를 불쌍히 여기기보다는 위로하려 합니다. 다양한 기회가 제공되는 세상에서 자라난 그들은 (그들이 지금 그렇듯이) 적어도 명예로운 죽음을 맞이하는 것과 (지금 그들이 그렇듯이) 복받은 순간에 죽음을 맞이한 그들을 위해 자랑스럽게 슬퍼하는 것이 가치있는 소득이라는 것을 알고 있습니다. 지난날의 기쁜 일들에 대한 추억을 간직하고 있는 여러분이 나의 이러한 말을 받아들이기 어렵다는 것을 알고 있습니다. 슬픔이란 한번도 가져본 적이 없었던 것을 갖지 못하게 되어 생기는 것이

367

아니라 익숙한 것이 사라졌을 때 생기는 것입니다. 그러나 장차 또 다른 자녀를 가질 수 있다는 사실에 용기를 내십시오. 그들은 개인적으로는 잃어버린 자식들로 인한 고통을 잊게 해줄 것이며, 이 국가를 위해서는 시민의 수를 증대시키고 이 국가의 전투력을 증대시키는 두 배의 공헌을 할 것입니다. 국가가 위험에 빠졌을 때 출전시킬 자식이 없는 사람은 우리들의 정치에 대해 건전하고 공정한 제안을 할 수 없습니다. 자식을 낳을 수 있는 시기를 넘긴 사람들이라면 기쁨 속에 살아왔던 것을 감사하다 생각하십시오. 슬퍼할 시간이 그리 많이 남아있지 않음을 기억하시고 죽어간 이들의 영광으로 위안을 삼으십시오. 오직 자부심만이 영원한 것이며 (일부 사람들이 주장하듯) 노약한 시절의 유일한 기쁨은 돈이 아니라 타인으로부터 받는 존경입니다.

전사자들의 자손이며 동료인 사람들은 앞으로 힘든 경쟁을 해야 합니다. 여러분이 제아무리 위대한 과업을 이루었다 해도, 사람들은 모두 죽어간 그들만을 칭송할 것이며 여러분은 그들과 비교해 동등한 칭송은 기대할 수 없으며 비슷한 대우도 받지 못할 것입니다. 살아있는 사람들은 질투로 인한 저항에 맞닥뜨리게 되겠지만 전사자들은 마음속에서 우러나오는 존경을 받을 것입니다.

여성의 역할에 대해 언급해야만 한다면, 나는 죽어
간 이들의 미망인들을 배려하는 차원에서 간략한 격려
의 말을 들려주고자 합니다. 여러분의 영광은 여성의
천성적인 연약함보다 약한 모습을 보이지 않는 것이
며, 선함이나 악함으로 인해 남성들 사이에서 구설수
에 오르지 않는 것입니다.

나는 법으로 정해진 요청에 따라 이 의식에 가장 어
울리는 말들을 다했습니다. 그리고 여러분은 이곳에
묻힌 이들을 위한 적절한 행동을 다했습니다. 이제부
터 이 국가는 공적 자금으로 이 전사자들의 고아들이
성인이 되어 이번과 같은 전투에서 한 무리의 유능한
승리자가 될 때까지 양육할 것입니다. 용맹함이 보상
받는 곳에서만 사람들은 국가를 위해 최선을 다해 봉
사합니다. 이제 여러분의 애도는 마무리되었습니다.
모두들 떠나십시오.

3. 고르기아스의 연설

EPAINESIS

여기 이곳의 영웅들에게 부족한 것이 무엇입니까?
혹은 그들이 보여준 어떠한 특질이 영웅에 어울리지
않는 것입니까?

logos / ergon   말하고자 하는 것을 표현해낼 수 있는 재능을 갖기
위해
그리고 신들을 범하지 않고
또한 인간의 질투심을 일으키지 않으면서
적절한 것을 기대하기 위해

aretē   이들은 신과 같은 용맹함을 보여주었지만
인간의 죽음을 맞이했습니다.

paideia   그들은 정의로운 엄격함보다

고결한 공평함을,
법률의 정확함보다
표현의 자유를 더 선호했습니다.

politeia   그들은
꼭 필요한 때에
꼭 필요한 것을
표현할 것인지 하지 않을 것인지
행동할 것인지 그대로 남겨둘 것인지
판단하기 위해
세상에서 가장 관대한 법이라 할
하늘의 법을 지켰습니다.

그들은 꼭 필요한 미덕과
신중함과 신념을 드러내 보여주기 위해
어떤 이는 진로를 선택했으며
또 다른 이는 그 방향으로 줄곧 나아갔습니다.

부당하게 탄압받는 이들을 지원하고
부당하게 부귀를 누리는 이들에 맞서며
요구받은 일에는 투철하고
바람직한 일에는 유연함을 보였습니다.

이성의 수련을 통해

어리석은 충동을 막아내고

폭력에는 힘으로 맞서고

온당한 것에는 협력하며

두려움을 드러내지 않는 자에게는 대담무쌍하지만

공포의 시기에는 거칠게 행동했습니다.

이러한 품성들의 증거로서

그들은 적군의 전리품을 포획하여

제우스 신께 영광을 바치고

자신들의 기념비로 삼기 위해 이곳에 세웠습니다.

그들은 자연스러운 용기와

정당한 열정에 대해 모르는 사람들이 아닙니다.

무기를 들고 싸우거나

평화를 명예롭게 하기 위해

신들을 섬기는 데에 경건하며

부모를 존경으로 모시며

모든 시민을 평등하게 대우하며

친구들에게 호의를 보여줍니다.

PARAINESIS

Paramythētikon   우리는 죽어간 이들을 향한

영원히 사그라지지 않을 동경을 품고 있습니다.

죽어간 이들을 위한

죽을 운명을 지닌 육신 속에

영원히 죽지 않을 동경을 품고 있습니다.

4. 게티즈버그 연설

지금으로부터 87년 전, 우리의 선조들은 이 대륙에서 자유 속에 잉태되고 만인은 평등하게 창조되었다는 명제에 봉헌된 새로운 나라를 탄생시켰습니다.

지금 우리는 거대한 내전에 휩싸여 있으며, 그렇게 잉태되고 그렇게 봉헌된 어떤 나라가 과연 오랫동안 존재할 수 있을 것인지를 시험받고 있습니다. 우리는 그 전쟁의 커다란 터전 위에 모였습니다. 우리는 이 나라를 살리기 위해 목숨을 바친 사람들에게 마지막 안식처가 될 수 있도록 그 싸움터의 일부분을 헌납하기 위해 여기에 왔습니다. 우리의 이 행위는 너무나 마땅하고 적절한 것입니다.

그러나 더 큰 의미에서, 이 땅을 봉헌하고 축성하며 신성하게 하는 자는 우리가 아닙니다. 여기 목숨 바쳐 싸웠던 그 용감한 사람들, 전사자 혹은 생존자들이, 이미 이곳을 신성한 땅으로 만들었기 때문에 우리로서는 거기에 더 보태고 뺄 것이 없습니다. 세계는 오늘 우리가 여기에 모여 했던 말을 별로 주목하지도, 오래 기억하지도 않을 것입니다. 그러나 그 용감한 사람들이 여기서 수행한 일이 어떤 것이었는지는 결코 잊지 않을 것입니다.

　그들이 싸워 그토록 고결하게 전진시킨, 그러나 미완으로 남긴 일을 수행하는 데 헌납되어야 하는 것은 오히려 우리들 살아있는 자들입니다. 우리 앞에 남겨진 미완의 큰 과업을 완수하기 위해 지금 여기 이곳에 바쳐야 하는 것은 우리들 자신입니다. 우리는 명예롭게 죽어간 이들로부터 더 큰 헌신의 힘을 얻어 그들이 마지막 신명을 다 바쳐 지키고자 한 대의에 우리 자신을 봉헌하고, 그들이 헛되이 죽지 않았음을 굳게 다짐합니다. 신의 가호 아래 이 나라는 새로운 자유의 탄생을 보게 될 것이며, 국민의, 국민에 의한, 국민을 위한 정부는 이 지상에서 결코 사라지지 않을 것입니다.

Gettysburg Address
1. Spoken Text(?)

Fourscore and seven years ago our fathers brought forth upon this continent a new nation, conceived in Liberty, and dedicated to the proposition that all men are created equal. *[Applause]*

Now we are engaged in a great civil war, testing whether that nation, or any nation so conceived and so dedicated, can long endure. We are met on a great battle-field of that war. We are met to dedicate a portion of it as the final-resting place of those who here gave their lives that that nation might live. It is altogether fitting and proper that we should do this.

But in a larger sense we cannot dedicate, we cannot consecrate, we cannot hallow this ground. The brave men, living and dead, who struggled here, have consecrated it far above our power to add or detract. *[Applause]* The world will little note nor long remember what we say here, but it can never forget what they did here. *[Applause]* It is for us, the living, rather to be dedicated here to the unfinished work that they have thus far so nobly carried on. *[Applause]* It is rather for us to be here dedicated to the great task remaining before us,—that from these honored dead we take increased devotion to the cause for which they here gave the last full measure of devotion,—that we here highly resolve that the dead shall not have died in vain *[Applause]*, that the nation shall, under God, have a new birth of freedom, and that the government of the people, by the people, and for the people, shall not perish from the earth. *[Long continued applause]*

2. Final Text

Address delivered at the dedication of the cemetery at Gettysburg.

Four score and seven years ago our fathers brought forth on this continent, a new nation, conceived in Liberty, and dedicated to the proposition that all men are created equal.

Now we are engaged in a great civil war, testing whether that nation, or any nation so conceived and so dedicated, can long endure. We are met on a great battle-field of that war. We have come to dedicate a portion of that field, as a final resting place for those who here gave their lives that that nation might live. It is altogether fitting and proper that we should do this.

But, in a larger sense, we can not dedicate—we can not consecrate—we can not hallow—this ground. The brave men, living and dead, who struggled here, have consecrated it, far above our poor power to add or detract. The world will little note, nor long remember what we say here, but it can never forget what they did here. It is for us the living, rather, to be dedicated here to the unfinished work which they who fought here have thus far so nobly advanced. It is rather for us to be here dedicated to the great task remaining before us—that from these honored dead we take increased devotion to that cause for which they gave the last full measure of devotion—that we here highly resolve that these dead shall not have died in vain—that this nation, under God, shall have a new birth of freedom—and that government of the people, by the people, for the people, shall not perish from the earth.

November 19, 1863.
ABRAHAM LINCOLN.

각 장의 주

• 자주 인용된 자료는 아래와 같이 약자로 표기하였다.

SW: Abraham Lincoln, *Speechs and Writings*, Don E. Fehrenbacher 편집 (Library of America, 1989), 2권.

CW: *The Collected Works of Abraham Lincoln*, Roy P. Basler 편집 (Rutgers, 1955), 9권.

Hay: *Lincoln and the Civil War in the Diaries and Letters of John Hay*, Tyler Bennett 편집 (Dodd, Mead, 1939)

Herndon-Weik: William H. Herndon, Jesse W. Weik (1889), *Herndon's Lincoln: The True Story of a Great Life*, Da Capo, the Paul M. Angel판.

Hertz: Emanuel Hertz, *The Hidden Lincoln: From the Letters and Papers of William H. Herndon* (Viking, 1938).

Parker: Centenary edition *Works of Theodore Parker* (American Association, 1907), 15권.

Cobbe edition: *The Collected Works of Theodore Parker*, Frances Power Cobbe 편집 (Tübner, 1863, 1864, 1865, 1867, 1871, 1875, 1876), 14권.

프롤로그: 그때 게티즈버그에서는 무슨 일이 있었을까?

1. Alan T. Nolan, *Lee Considered: General Robert E. Lee and Civil War History* (University of North Carolina Press, 1991), pp. 90~110, 102, 104, 169~70.

2. Edwin B. Coddington, *The Gettysburg Campaign: A Study in Command* (Charles Scribner's Sons, 1984), p. 536.

3. *The War of the Rebellion: A Compilation of the Official Records of the Union and Confederate Armies* (Government Printing Office, 1880~1901), ser. 1, vol. 27, p. 79.

4. 재매장 작업단은 1863년과 1864년에 3,512구의 북군 시신을 발굴했다. 1880년대 초에 이송을 하기 위해 남부 사람들은 3,320구의 남군 시신을 발굴했다. 그 후의 발굴 작업을 통해 발굴된 남

군 시신의 잔해들은 1,500구에 달하는 것으로 추정된다. Gregory A. Coco, *Wasted Valor: The Confederate Dead at Gettysburg* (Thomas Publications, 1990), pp. 41~42 참조. 게티즈버그에서 발생한 남군 부상자는 6,802명이었다(Coddington, *Gettysburg Campaign,* p. 537). 북군 전사자의 확인 작업을 맡았던 새뮤얼 위버는 땅속에 그대로 방치된 남군 시신이 7,000구에 이를 것이라고 추정했다.

5. Gregory A. Coco, *A Vast Sea of Misery: A History and Guide to the Union and Confederate Field Hospitals at Gettysburg, July* 1~*November 20*, 1863 (Thomas Publications, 1988), p. 190. Clifton Johnson, *Battlefield Adventures* (Houghton Mifflin, 1915), pp. 195~96.

6. Coco, *Wasted Valor,* pp. 33, 35.

7. 1863년 7월 24일 데이비드 윌스가 커틴에게 보낸 보고서, 펜실베이니아 주 기록보관소.

8. 시인들과 주고받은 윌스의 서신은 국회도서관 기록보관소에 있다.

9. Frank L. Klement, "Ward H. Lamon and the Dedication of the Soldiers' Cemetery at Gettysburg," *Civil War History* 31 (1985), p. 295.

10. 알렉산더 램지의 일기, 미네소타 역사협회.

11. 헌돈은 링컨이 '충동적이지 않고 사려 깊은 사람이었다'고 밝혔다(Hertz, p. 95—cf. Herndon-Weik, p. 477 참조). '분열된 집'을 비유한 그의 연설은 1년에 걸쳐 작성된 것이다(Don E. Fehrenbacher, *Prelude to Greatness: Lincoln in the* 1850s [Stanford University Press, 1962], pp. 88~94; John S. Nicolay and John Hay, *Abraham Lincoln: A History* [The Century Co., 1890], vol. 2, p. 136). 첫 번째 취임연설문을 작성하기 위해 그는 웹스터와 클레이의 연설들을 연구했으며 수어드에게 도움을 요청했다(Herndon-Weik, pp. 386~87). 쿠퍼 재단과 두 번째 연설문을 위한 준비 과정에 대해서는 벤저민 배런데스의 책 *Three Lincoln Masterpieces* (Education Foundation of West Virginia, 1954), pp. 7~8, 62~64; Herndon-Weik, p. 368 참조.

12. Klement, "Ward H. Lamon," pp. 297~98. 라몬의 신빙성 없는 증언에 대해서는 클레멘트의 "Lincoln, the Gettysburg Address, and Two Myths", *Blue & Gray* 2 (1984), p. 89 참조.

13. 매사추세츠 역사협회가 보관 중인 에버렛의 11월 14일 자 일기에는 이렇게 기록되어 있다. '연설문의 필사본을 데일리 애드버타이저 사무실로 보냈으며, 오후 5시 정각에 교정지를 받았다.' 일반적으로 에버렛의 연설문은 링컨을 찍은 알렉산더 가드너의 사진 속 테이블 위에 있던 봉투 속에 들어있었던 것으로 알려져 있다. Charles Hamilton과 Lloyd Ostendorf, *Lincoln in Photographs: An Album of Every Known Pose* (University of Oklahoma Press, 1963), pp. 146~49 참조.

14. 이 이야기는 손더스 자신이 인생에서 겪었던 중요한 사건들과 함께 1898년의 일기장에 기록해 둔 것이다. 사본은 국회도서관 기록보관소에 있다. 손더스는 스코틀랜드와 영국에서 학업을 마 치고 미국으로 건너와 예일 대학교의 원예가들을 자문해주었으며, 농장이나 정원을 계획하고 있 던 그랜트 장군과 같은 유명인사들의 고문으로 활동했다. 그리고 필라델피아에서 개최된 100주 년 기념 박람회와 뉴올리언스에서 개최된 면화 100년 전시회를 주관했다. 《미국 농무부 연감》, 1900 참조.

15. 윌스의 저택에서 있었던 이 사실에 대한 묘사는 국회도서관 기록보관소에 보관 중인 윌스의 설 명에서 발췌한 것이다.

16. 에버렛의 일기, 11월 18일.

17. 두 사람의 연설에서 유사한 표현은 극히 적었으므로 링컨은 분명 크게 신경 쓰지 않았을 것이 다. 대통령은 게티즈버그를, 평등에 봉헌된 한 국가가 '지구 상에서 사라지지' 않고 '오랫동안 존 재할 수 있을지'를 시험받고 있는 전쟁터라고 했다. 에버렛은 전투의 '3일은 우리의 숭고한 합중 국이…… 사라질 것인가 하는 운명을……'이라고 연설했다(3-1-4). 또한 에버렛은 링컨이 '신의 가호'라고 했던 것처럼 '신의 섭리'라는 표현을 사용했다(3-1-33).

18. 연설 장소에 대해서는 부록 2 참조.

19. 코코의 책 *Wasted Valor* 36쪽. 11월 17일 자 에버렛의 일기. 11월 28일 에버렛이 데이비드 윌스 에게 보낸 편지에 따르면 에버렛의 연설 중 남군을 비난하는 내용은 당파적인 공격을 받았다. '반 정부적인 성향의 신문들은 그들을 다루면서 내가 선택한 주제들과 접근방식에 대해 트집을 잡았 지만, 둘 다 아무런 문제가 없다고 생각합니다(매사추세츠 역사협회).' 에버렛이 원고를 올려놓았 던 작은 테이블은 1863년 11월 9일 윌스에게 보낸 편지에 언급되어 있다(국회도서관 기록보관 소).

20. 웹스터의 연설 내용 중 유명한 결론에 대한 에버렛의 수정 부분은 George Ticknor Curtis, *Life of Daniel Webster* (D. Appleton and Company, 1870), pp. 363~64 참조.

21. 링컨이 실제로 낭독한 연설문은 부록 1 참조.

22. *Abraham Lincoln: A Press Portrait*, edited by Herbert Mitgang (University of Georgia Press, 1956), p. 355.

23. 링컨의 목소리에 대한 증언은 Waldo W. Braden, *Abraham Lincoln: Public Speaker* (Louisiana State University Press, 1988), ch. 8, "'Penetrating and Far-Reaching': Lincoln's Voice," pp. 96~103에 알차게 수집되어 있다.

24. 헤이와 화가인 카펜터 그리고 대통령의 요트에서 열린 연회에서 셰익스피어의 작품을 낭독했던 것에 대해서는 Roy P. Basler, *A Touchstone for Greatness: Essays, Addresses, and Occasional Pieces* (Greenwood Press, 1973), pp. 206~77 참조.

25. Klement, *Blue & Gray*, p. 9.

26. "The President at Gettysburg," Chicago *Times*, Nov. 23, 1863 (*Abraham Lincoln: A Press Portrait*, p. 361).

27. Willmoore Kendall, *The Conservative Affirmation* (Henry Regnery, 1963), p. 252. '우리 모두가 두려워해야 할 전제주의는 링컨처럼 인류평등주의적 개혁에 몰입하고 있는 작금의 자유주의 운동이다. 이러한 운동은 링컨의 합법적 후손인 셈이다.'
M. E. Bradford, *Remembering Who We Are: Observations of a Southern Conservative* (University of Georgia, 1985), p. 145. '흑인들이 독립선언 내에 포함되어 있으며 독립선언은 국민들이 그 선언서에 감추어져 있는 서약을 지킬 의무를 부여하고 있다고 주장하는 링컨은 명확하게 과격한 사회개혁을 지향하고 있는 것으로 보인다.'

28. Russell Kirk, *The Conservative Mind: From Burke to Santayana* (Henry Regnery, 1953), p. 156.

29. James Hurt, "All the Living and the Dead: Lincoln's Imagery," *American Literature* 52 (1980), p. 379.

30. *Willmoore Kendall Contra Mundum*, edited by Nellie D. Kendall (Arlington House, 1971), p. 69.

31. 문자 수는 채택하는 원문에 따라 차이가 있다. 이 문제와 관련한 논의는 부록 1 참조.

1장: 그리스 문화 부흥 시기의 웅변술

1. James Hurt, "All the Living and the Dead: Lincoln's Imagery," *American Literature* 52 (1980), p. 377.

2. Ralph Waldo Emerson, "Life and Letters in New England," *Complete Works* (Houghton Mifflin, 1904), vol. 10, p. 331.

3. 로마의 공화주의 전통에 관한 모범적인 연구서 J. G. A. 포콕의 *The Machiavellian Moment: Florentine Political Thought and the Atlantic Republican Tradition* (Princeton University Press, 1975) 참조.

4. 18세기 미국에서 일어난 로마 상징주의에 대해서는 Garry Wills, *Cincinnatus: George Washington and the Enlightenment* (Doubleday, 1984) 참조.

5. 로마에서 그리스로 전환한 것이 한 낭만주의에 끼친 중요성에 대해서는 Richard Jenkyns, *Victorians and Ancient Greece* (Harvard University Press, 1980), Stephen A. Larrabee, *English Bards and Grecian Marbles* (Kennikat Press, 1943) 참조.

6. 횔덜린과 그의 후계자들에게 그리스가 얼마나 중요했는지에 대해서는 S. M. Butler, *The Tyranny of Greece over Germany* (Beacon Press, 1935) 참조.

7. William H. Pierson, *American Buildings and Their Architects: The Colonial and Neoclassical Styles* (Doubleday, 1976), p. 452.

8. Stephen A. Larrabee, *Hellas Observed: The American Experience of Greece, 1775~1865* (New York University Press, 1957), pp. 28~48. Orie Willam Long, *Literary Pioneers: Early American Explorers of European Culure* (Harvard University Press, 1935), pp. 27~28, 65, 68~70.

9. Paul Revere Frothingham, *Edward Everett, Orator and Statesman* (houghton Mifflin, 1925), pp. 71~75.

10. 라파예트의 방문을 새로운 문화적 사건으로 다룬 Anne C. Loveland, *Emblem of Liberty: The Image of Lafayette in the American Mind* (Louisiana State University Press, 1971), Fred Somkin, *Unquiet Eagle: Memory and Desire in the Idea of American Freedom*, 1815~1860 (Cornell University Press, 1967), pp. 131~74 참조. 그리스의 독립을 지지하는 세력의 결집은 러브랜드의 책 pp. 113~117에서 다루고 있다.

11. Emerson, "Life and Letters," p. 330.

12. Frank M. Turner, *The Greek Heritage in Victorian Britain* (Yale University Press, 1981), 4장 "The Reading of Homer" 참조.

13. Richard A. Grusin, *Transcendental Hermeneutics: Institutional Authority and the Higher Criticism of the Bible* (Duke University Press, 1991) 참조.

14. Frank M. Turner, "Why the Greeks and Not the Romans in Victorian Britain?," *Rediscovering Hellenism*, G. W. Clark 편집 (Cambridge University Press, 1989), pp. 70~75.

15. Long, *Literary Pioneers*, pp. 108~58 참조.

16. George Bancroft, *Ancient Greece, Translated from the German of Arnold H. L. Heeren* (Henry G. Bohn, 1847). 이것은 두 번째 판본으로 1842년 하버드 대학에서 교재로 사용하기 위해 다시 발간

할 때 개정되었다.

17. 19세기 영국에서, 로마에서 그리스의 역사로 전면적인 전환이 이루어진 것에 대해서는 Turner, "Why the Greeks," pp. 61~70과 *Greek Heritage*, pp. 187~263 참조.

18. Arthur M. Schlesinger, Jr., *The Age of Jackson* (Little, Brown, 1953), p. 203.

19. Perry Miller, *The Transcendentalists* (Harvard, 1950), p. 19.

20. Emerson, *Selected Writings*, Brooks Atkinson 편집, (Random House, 1940), p. 919.

21. Edward Everett, *Orations and Speeches on Various Occasions* (Little, Brown, 1856~68), vol. 1, pp. 76~77. 게티즈버그에서 활용하기 위해 투키디데스의 장례 연설을 읽으면서도, 에버렛은 이 작품이 대니얼 웹스터 같은 사람들에게 지나치게 칭송을 받고 있다고 자신의 일기에 언급했다(10월 22일 자).

22. Everett, *Orations and Speeches*, p. 359.

23. 같은 책, p. 38. 에버렛이 연설에서 언급한 전적지는 아래와 같다.
    1825: 콩코드 (1.173~200)
    1833: 벙커힐 (1.354~65)
    1835: 렉싱턴 (1.526~60)
         블러디 브룩 (프랑스와 인디언의 전쟁, 1.634~69)
    1850: 벙커힐 (3.3~40)
    1857: 벙커힐 (워런의 조각상, 3.526~36)
    1863: 게티즈버그 (4.622~59)

24. 문헌으로 남아있는 국장연설의 여섯 가지 예문은 다음과 같다(괄호 속은 추정 연대).
    431년: 펠로폰네소스 전쟁 첫해에 있었던 페리클레스의 연설 (투키디데스가 재현함, 400년경?)
    430년경: (380년경에 작성된) 플라톤의 메넥세노스에서 소크라테스가 암송한 아스파시아의 연설을 근거로 추정한 연대
    400년경: 웅변가인 디오니시우스가 부분적으로 인용한 고르기아스의 모범 연설
    392년: 코린트 전쟁 중에 있었던 리시아스의 연설
    338년: 데모스테네스가 했을 것으로 추정되는 카이로네아 전투에 대한 연설
    332년: 라미아 전쟁 중에 있었던 히페리데스의 연설

25. 위대한 학자 빌라모비츠는 '되풀이되는 추도 연설을 위한 행사인 죽은 자들의 기념일이 아테네를 낳았다'고 말한다(*Griechische Tragoedien* [Weidmann, 1904], vol. 1, p. 205). 조지 케네디는 웅변술의 확고한 전통에 대해 그리스인들이 품고 있는 경의는 에피타피오스의 권위에서 비롯된

것이라고 했다(*The Art of Persuasion in Greece* [Princeton University press, 1963], p. 154). A. H. 존스는 *Athenian Democracy* (Oxford, 1957), pp. 43, 60에서 에피타피오이를 아테네의 민주주의적 목적을 위한 기본적인 문서로서 논의한다.

26. Nicole Loraux, *The Invention of Athens: The Funeral Oration in the Classical City*, Alan Sheridan 옮김, (Harvard University Press, 1986), p. 3.

27. John S. Nicolay, John Hay, *Abraham Lincoln: A History* (The Century Co., 1890), vol. 8, pp. 192~94. 니콜레이는 기회가 있을 때마다 에버렛에 대한 존경심을 표현해왔다. *Century Magazine* 46 (n.s. 25, 1893~94), p. 602 참조. "두 시간 동안 그는 감동적인 묘사와 주장, 세련된 어휘, 면밀하게 연구되고 철저하게 훈련된 연설로 운집한 청중들을 열중하도록 만들었다." 헤이의 일기 pp. 121, 128 참조.

28. Louis A. Warren, *Lincoln's Gettysburg Declaration* (Lincoln National Life Foundation, 1964), p. 101에서 인용.

29. Alan H. Sommerstein, *Aeschylus: Eumenides* (Cambridge University Press, 1989), p. 11. Christian Meier, *The Greek Discovery of Politics* (Harvaard University Press, 1990), David McLintock 옮김, "The *Eumenides* of Aeschylus and the Rise of the Political," pp. 82~139 참조.

30. 이런 의미에서 생기를 불어넣어주는 '고전'의 면모에 대해서는, 특히 David Tracy, "The Classic," ch. 4, *The Analogical Imagination: Christian Theology and the Culture of Pluralism* (Crossroads Press, 1981), pp. 99~153 참조.

31. 투키디데스 2.36.

32. 고르기아스의 연설(부록 3-3)은 많이 생략된 것이며, 어쩌면 다른 연설자들이 공들여 마무리하도록 기본적인 대조법을 제시한 것일 수도 있다. Thomas Cole, *The Origins of Rhetoric in Ancient Greece* (Johns Hopkins University Press, 1991), pp. 71~81 참조. 하지만 현재 남아있는 것들 중 가장 긴 에피타피오이인 투키디데스(부록 3-2)와 플라톤의 연설은 더 큰 작품 속에 삽입되기 위해 윤색되었다. 두 가지 모두 자기 풍자의 요소를 담고 있다. 아티카의 연설자들은 자신들에게 배정된 짧은 시간에 대해 직접 언급하고 있다(Plato *Menexenus* 239b, 246a~b, 리시아스 54, 데모스테네스 6, 히페리데스 4).

33. 아티카의 에피타피오이에서 일반적으로 사용하는 '우리'라는 표현의 효과에 대해서는 Loraux, *Invention of Athens*, pp. 123~24, 271 ("The *community* of the living, expressing itself *through* the orator"), 273 ("the collective 'we' of the Athenians"), W. Robert Connor, *Thucydides* (Princeton University Press, 1984), p. 65 참조.

34. 히페리데스는 에피타피오스가 점점 더 모호한 찬사(*encomium*)로 진행될 무렵, 레오스테네스 장군을 언급했다. D. A. Russell, N. G. Wilson, *Menander Rhetor* (Oxford University Press, 1981), pp. 170, 332 참조. 또한 Loraux, *Invention of Athens*, pp. 254~62(비록 찬사의 변화를 기계적으로 이해하는 것에 대해 경계했지만, p. 113) 참조. '데모스테네스'는 통상적으로 아티카 부족들의 이름을 불렀지만, 포괄적으로 모두 나열했다.

35. '그들'에 대해서는 Loraux, *Invention of Athens*, p. 38 참조.

36. 같은 책, p. 227.

37. 리시아스의 장례 연설에는 애가가 포함되어 있다. 이것은 장례 연설의 최초 형태가 남아있는 것으로 여겨져왔다. John E. Ziolkowski, *Thucydides and the Tradition of Funeral Speeches at Athens* (Arno Press, 1981), pp. 41~52, Loraux, *Invention of Athens*, pp. 44~50.

38. *Menexenus* 239c1.

39. 투키디데스 2.46.2.

40. Milton, *Samson Agonistes*, vv. 1721~24.

41. '알맞고 마땅한'이라는 형식(투키디데스 2.36.2)은 개인적인 비극을 잘 정리된 일들의 더 큰 틀에 놓는다. 이것은 알맞은(*Menexenus* 239d3, 히페리데스 14) 일일 뿐만 아니라 마땅하고(투키디데스 2.46.1, *Menexenus* 239d3), 보람되고(히페리데스 3), 정해져 있으며(리시아스 81), 훌륭한(데모스테네스 35) 일인 것이다.

42. 에드먼드 윌슨은 에버렛의 연설 중 이 부분을 비웃었다(*Patriotic Gore* [Oxford University Press, 1962], p. 645).

43. Everett, *Orations and Speeches*, vol. 1, p. 518.

44. 같은 책, pp. 527~28, 530.《헨리 5세》, 4.3.44ff 참조.

45. Everett, *Orations and Speeches*, vol. 1, p. 560. 이와 유사한 전사자들의 호명에 대해서는 같은 책 pp. 89, 669 참조.

46. Lane Cooper, *The Rhetoric of Aristotle* (D. Appleton-Century, 1932), p. xxxii과 Charles Smiley, "Lincoln and Gorgias," *Classical Journal* 13 (1917), pp. 124~28.

47. J. D. Denniston, *The Greek Particles*, second edition (Oxford University Press, 1959), pp. 359, 165.

48. 투키디데스 2.35.1. 데모스테네스 13~14참조.

49. 다수를 위한 소수의 희생은 페르시아 무리에 저항하는 아테네의 방식으로, 에피타피오이 속에서 아테네의 영웅적 행위라는 형태로 상기되는 것이다(*Menexenus* 239d~241c, 리시아스 20~47, 데모스테네스 10~11, 히페리데스 35~36, Loraux, *Invention of Athens*, pp. 157, 274~75 참조).

50. 데모스테네스 24, 히페리데스 5. 다른 에피타피오스에서 페리클레스는 사망한 영웅들을 한 해의 봄이라고 부른다(Aristotle *Rhetoric* 1365.34).

51. 투키디데스 1.43.2~3. *Menexenus* 247d5~6. 고르기아스 DK 82 B6, p. 285, 14번째 줄과 p. 286, 15~17번째 줄. 리시아스 80~81. 데모스테네스 32~34. 히페리데스 28. Loraux, *Invention of Athens*, p. 111 참조.

52. 투키디데스 2.40~41. *Menexenus* 238c~239b. 고르기아스 DK 82 B6, p. 285, 15번째 줄부터 p. 286, 15번째 줄. 리시아스 17~18. 데모스테네스 23. 히페리데스 8~9.

53. 투키디데스 2.35. *Menexenus* 236d, 246a, 247e. 고르기아스 DK 82 B6, p. 285, 11~13번째 줄. 리시아스 1~2, 19. 데모스테네스 1~2, 12, 35. 히페리데스 1~2. Loraux, *Invention of Athens*, pp. 230~41, 246 참조.

54. 이 구절들은 53번 주에서 인용된 것들과 함께 뒤섞여 있다.

55. 투키디데스 2.44~45. *Menexenus* 236c. 고르기아스 DK 82 B6, p. 286, 13~15번째 줄. 리시아스 71~76. 데모스테네스 36~37. 히페리데스 27~29. Loraux, *Invention of Athens*, p. 279 참조.

56. Andrew Stewart, *Greek Sculpture: An Exploration* (Yale University Press, 1990), vol. 1, pp. 92~94; vol. 2, pp. 517~19 삽화.

57. 투키디데스 2.36~37. *Menexenus* 237b, 237c, 249a~c, 리시아스 17. 데모스테네스 4~5. 히페리데스 7. 로로는 '모국의 대지에서 태어남'을 언급하는 방법은 이러한 여성의 배제에 대한 원인론적인 신화의 역할도 한다고 말한다(p. 284).

58. 투키디데스 2.43~44. *Menexenus* 246d~248d. 고르기아스 DK 82 B6, p. 285, 7번째 줄. 리시아스 24~26, 77~79. 데모스테네스 27~31, 37. 히페리데스 3, 40. Loraux, *Invention of Athens*, pp. 101~2, 107, 115 참조.

59. 투키디데스 2.40~41. *Menexenus* 239~45 (ironically framed). 리시아스 20. 데모스테네스 7~24, 히페리데스 3.

60. *Menexenus* 235a, Loraux, *Invention of Athens*, pp. 268~70.

61. Cooper, *Rhetoric of Aristotle*, p. xxxiii.

62. *Menexenus* 236d3~5.

63. 충고에 대해서는 Ziolkowski, *Thucydides*, pp. 74~99 참조, 칭송에 대해서는 pp. 138~63 참조.

64. *Menexenus* 240e1~3. 데모스테네스 23. 히페리데스 28.

65. *Lincoln and the Gettysburg Address*, Allan Nevins 편집 (University of Illinois Press, 1964), p. 88.

66. Cooper, *Rhetoric of Aristotle*, p. xxxii.

67. Hurt, "All the Living," p. 379.

2장: 게티즈버그와 죽음의 문화

1. Joseph Story, *An Address Delivered on the Dedication of the Cemetery at Mount Auburn* (Joseph T. Edwin Buckingham, 1831), p. 9.

2. David Charles Sloane, *The Last Great Necessity: Cemeteries in American History* (Johns Hopkins University Press, 1991), p. 55.

3. 필립 아리에스는 *L'Homme devant la mort* (Editions du Seuil, 1977)에서 스토리 판사의 연설을 익명으로 인용했다("comme on le dit," p. 525). 헬렌 위버의 영역본에서 이름을 추가했지만, 잘못 밝혀두었다("Justice Joseph Stom," p. 532, *The Hour of Our Death* [Vintage, 1982]).

4. Story, *Address*, pp. 11~12.

5. 같은 책, p. 14.

6. 같은 책, p. 17.

7. 같은 책, p. 13.

8. Lady Emmeline Stuart Wortley, *Travels in the United States* (Richard Bently, 1851), pp. 74~75.

9. Linden-Ward, *Silent City*, pp. 309~11.

10. James J. Farrell, *Inventing the American Way of Death, 1830~1920* (Temple University Press, 1980), p. 112.

11. 로즈 힐에 대해서는 *Dictionary of American Biography* 참조. 그레이스랜드에 대해서는 Walter L. Creese, *The Crowning of the American Landscape: Eight Great Spaces and Their Buildings* (Princeton University Press, 1985), pp. 208-18 참조.

12. William Saunders, "Remarks on the Design," *Report of the Select committee Relative to the Soldiers' National Cemetery* (1865), p. 148.

13. 1863년 11월 28일 에버렛의 편지, 매사추세츠 역사협회.

14. 마크 트웨인, 《허클베리 핀의 모험》, 17장 (*Mississippi Writings* [Library of America, 1982], p. 726).

15. Justin Kaplan, *Mr. Clemens and Mark Twain* (Pocket Books, 1968), p. 400.

16. 에머슨은 그전에 이미 자기 아내의 시신을 파낸 적이 있다(John McAleer, *Ralph Waldo Emerson: Days of Encounter* [Little, Brown, 1984], pp. 109~382). 에머슨은 어린 시절에 수의를 입고 지내며 관 모양의 침대에서 잠을 잤던 고모의 영향을 강하게 받았다. 초월주의 전반의 시간증(屍姦症)적인 면모에 대해서는 Richard A. Grusin, *Transcendentalist Hermeneutics* (Duke University Press, 1991), pp. 36~39 참조.

17. Linden-Ward, *Silent City*, p. 194.

18. J. Hillis Miller, *Victorian Subjects* (Duke University Press, 1991), pp. 43~44.

19. John Cooley, *Mark Twain's Aquarium: The Samuel Clemens 'Angelfish' Correspondence, 1905~1910* (University of Georgia Press, 1991).

20. 게리 윌스, "The Angels and Devils of Dickens," *New York Review of Books*, 1991년 5월 16일, pp. 8~11. 현명한 순진무구함에 대한 예찬은 Emerson, *Selected Writings*, Brooks Atkinson 편집 (Random House, 1946), P. 6 참조.

21. Emerson, "Nature," *Selected Writings*, p. 408.

22. 같은 책, p. 410. pp. 5~6과 p. 7 참조.

23. John Ruskin, *Modern Painters* 1.2.iii, "Of Truth of Chiaroscuro"와 5.9.ix, "The Hesperid Aeglé." 초월주의자들이 화가에게 영감을 주었던 것에 대해서는 *American Light: The Luminist Movement*, John Wilmerding 편집 (Harper & Row, 1980), pp. 98~99, 300~302 참조.

24. Story, *Address*, p. 18.

25. 같은 책, p. 11.

26. 같은 책, p. 7.

27. Emerson, *Complete Works* (Houghton Mifflin, 1904), vol. 2, p. 436.

28. 같은 책, vol. 8, p. 324.

29. Herndon-Weik, p. 473.

30. 비록 내가 인식할 수 있었던 것보다 더 많은 장점들을 부각시키기는 했지만 현재 링컨의 시들을 가장 잘 소개하고 있는 글은 Douglas L. Wilson, "Abraham Lincoln's Indiana and the Spirit of Mortal," *Indiana Magazine of History* 87 (1991년 6월), pp. 155~70이다.

31. F. B. Carpenter, *Six Months at the White House* (Hurd and Houghton, 1877), pp. 115~16.

32. Jean H. Baker, *Mary Todd Lincoln* (W. W. Norton, 1987), pp. 218~22. 트웨인과 강령술 모임에 대해서는 Kaplan, *Mr. Clemens*, pp. 397~400 참조.

33. Herndon-Weik, p. 352. Hertz, pp. 110~11, 409~10.

34. 하나님 외의 다른 것에서 파생되지 않는다는 종교의 주장에 대해서는 Jonathan Z. Smith, *Map Is Not Territory: Studies in the History of Religion* (E. J. Brill, 1978), pp. 242~43 참조.

35. Theodore Parker, "Hildreth's United States," Centenary edition 8.270~71.

36. George Bancroft, *The History of the United States* (Little, Brown), vol. 2 (1837), p. 35.

37. Parker, "Hildreth's United States," p. 282.

38. 같은 책, p. 281.

39. Don E. Fehrenbacher, *Lincoln in Text and Context* (Stanford University Press, 1987), p. 283.

40. Story, *Address*, p. 27.

41. 리시아스 17절의 "그들의 어머니는 그들 조상(아버지)의 땅이다"에서처럼 어머니는 전적으로 배제되었던 것으로 보인다. Nicole Loraux, *The Invention of Athens* (Harvard University Press, 1986), p. 284 참조.

42. 여성차별주의자였던 링컨에 대해서는 "Lincoln's Fraternal Democracy," Robert Wiebe, *Abraham Lincoln and Political Tradition* John L. Thomas 편집 (University of Massachusetts Press, 1986) 참조. Roy P. Basler는 이와는 다른 주장을 펼쳤다. Roy P. Basler, "Lincoln, Blacks, Women," *Public and Private Lincoln*, Cullom Davis 편집 (Southern Illinois University Press, 1979), pp. 38~53. 링컨은 처음부터 여성의 참정권을 지지했다(SW 1.5. Herndon-Weik, pp. 133~34).

43. 그 예로 SW 1.514~15, 603, 604, 608, 765, 800, 802, 808 참조.

44. 예를 들자면 James Hurt, "All the Living and the Dead: Lincoln's Imagery," *American Literature*

52 (1980), pp. 351~79.

45. 윌슨은 *Eight Essays* (Doubleday, 1959)로 재출간되고 *Patriotic Gore* (Oxford, 1962)에 포함된 1954년 《뉴요커》지의 기사를 통해 자신의 논지를 전개했다.

46. Harry V. Jaffa, *Crisis of the House Divided* (Doubleday, 1959), pp. 182~83.

47. George B. Forgie, *Patricide in the House Divided: A Psychological Interpretation of Lincoln an his Age* (W. W. Norton, 1979), pp. 83~86, 249~70.

48. Dwight G. Anderson, *Abraham Lincoln: The Quest for Immortality* (Alfred A, Knopf, 1982). 예를 들어 p. 190, '게티즈버그 연설은 링컨이 워싱턴을 뛰어넘을 정도의 성공을 거두었다는 것을 예증한다' 참조.

49. Charles B. Strozier, *Lincoln's Quest for Union: Public and Private Meanings* (Basic Books, 1982), p. 61 참조.

50. Dwight S. Anderson, "Quest for Immortality," *The Historian's Lincoln*, Gabor S. Boritt, Norman O. Forness 편집, (University of Illinois Press, 1988), p. 254.

51. Thomas F. Schwartz, "The Springfield Lyceum and Lincoln's 1838 speech," *Illinois Historical Journal* 83 (1990), p. 49.

52. 같은 책, p. 48.

53. 링컨의 연설에 잭슨당원들에게 반대하는 의미가 있다는 분석에 대해서는 George Fredrickson, "the Search for Order and Community," *Public and Private Lincoln*, Cullom Davis 편집 (Southern Illinois University Press, 1979), pp. 92~93과 Don E. Fehrenbacher, *Lincoln's Text and Context* (Stanford University Press, 1987), P. 282에 수록된 1984년의 논문 "The Words of Lincoln" 참조.

54. 이러한 견해를 드러내는 중요한 표현들 중의 한 가지는 링컨이 웅변의 본보기로 삼았던 대니얼 웹스터의 유명한 벙커힐 연설(1825)에서 비롯된 것이다. *The Great Speeches of Daniel Webster* (Little, Brown, 1879], p. 135.

55. John Jay Chapman, "Emerson," *The Shock of Recognition*, Edmund Wilson 편집, (Random House, 1943), p. 604.

56. Marcus Cunliffe, "Commentary on 'Quest for Immortality,'" *The Historian's Lincoln*, p. 282.

57. Herndon-Weik, p. 353.

58. Anderson, *Abraham Lincoln*, p. 190.

59. Emerson, *Complete Works*, vol. 11, p. 436.

3장: 초월주의 선언

1. 1858년 9월 9일 파커가 헌돈에게, *Lincoln and Herndon* (The Torch Press, 1910), p. 208.

2. 같은 책, p. 239 (1858년 11월 13일 파커가 헌돈에게). "나는 1861년에 노예제도에 반대하는 정부가 들어서기를 기대합니다. 수어드가 그 정부의 수반이 되기를 기대합니다." 파커는 1851년부터 수어드가 대통령이 될 것이라 예측하고 또 희망해왔다(Cobbe edition 4.276~77).

3. Eugene H. Berwanger, *The Frontier Against Slavery: Western Anti-Negro Prejudice and the Slavery Extension Controversy* (University of Chicago Press, 1967), pp. 48~51.

4. Richard Allen Heckman, *Lincoln vs. Douglas: The Great Debates Campaign* (Public Affairs Press, 1967), p. 104.

5. Richard Hofstadter, *The American Political Tradition and the Men Who Made It* (Vintage, 1948), p. 116.

6. William L. King, *Lincoln's Manager: David Davis* (Harvard University Press, 1960), p. 123.

7. Herndon-Weik, pp. 269~70.

8. George Fredrickson, "Lincoln and Racial Equality," *Journal of Southern History* 41 (1975), p. 45.

9. 같은 책, p. 777.

10. 같은 책, p. 784.

11. François-Jean Chastellux, *De la félicité publique* (1772). Garry Wills, *Inventing America: Jefferson's Declaration of Independence* (Doubleday, 1978), pp. xiv~xxiv, 158~62, 357, 368 참조.

12. Ralph Waldo Emerson, "Nature" (1844), *Selected Writings*, Brooks Atkinson 편집 (Random House, 1940), p. 421.

13. John McAleer, *Ralph Waldo Emerson: Days of Encounter* (Little, Brown, 1984), pp. 569~72.

14. Emerson, "The Emancipation Proclamation" (1862), *Selected Writings*, p. 886.

15. 이 책에 소개된 초월주의에 관해서는 Russell B. Nye, *George Bancroft, Brahmin Rebel* (Alfred A. Knopf, 1944), pp. 100~102, 122~23, 138~39, 196~97, Perry Miller, *The Transcendentalists: An*

Anthology (Harvard University Press, 1950), pp. 422~29 참조.

16. 링컨과 밴크로프트의 만남에 대해서는 Nye, *George Bancroft*, p. 194 참조. 밴크로프트의 진보에 대한 강의는 그의 책 *Literary and Historical Miscellanies* (Harper & Brothers, 1855), pp. 481~517에 수록되어 있으며, 창작에 관한 링컨의 강의는 5장에서 논의한다.

17. Bancroft, *Miscellanies*, p. 486. 밴크로프트와 슐라이어마허에 대해서는 Orie William Long, *Literary Pioneers: Early American Explorers of European Culture* (Harvard University Press, 1935), pp. 132~33, Nye, *George Bancroft*, pp. 46~48 참조. 그의 후원자이자 본보기였던 에버렛처럼 밴크로프트는 유럽에 있는 동안 바이런과 괴테를 철저히 연구했다(Long, pp. 117~19, 139~40).

18. Miller, *Transcendentalists*, p. 502.

19. 1857년 2월 헌돈이 파커에게, *Lincoln and Herndon*, p. 108.

20. Theodore Parker, *Additional Speeches*, vol. 1, pp. 13~15.

21. Parker, "Transcendentalism," Centenary edition 6.30.

22. Herndon-Weik, P. 323. Parker, Cobbe edition 8.138, "모든 사람을 대상으로 한 자치정부". Cobbe edition 5.105, "모든 사람의, 모든 사람에 의한, 모든 사람을 위한 정부". Centenary edition 6.27, "모든 사람을 대상으로, 모든 사람에 의한 그리고 모두를 위한 정부." 이러한 파커의 활용법에 대해서는 John White Chadwick, *Theodore Parker: Preacher and Reformer* (Houghton Mifflin, 1900), pp. 322~23 참조.

23. Herndon-Weik, p. 359.

24. Hertz, p. 409.

25. 이것은 페리 밀러가 파커가 지닌 믿음에 대한 결정적인 진술이라고 했던 것의 중심적인 특징이다(Miller, *Transcendentalists*, pp. 259~83).

26. Parker, "The Present Crisis" (1856), Cobbe edition 6.245. "The Nebraska Question" (1854), Cobbe edition 5.260~61.

27. 같은 책, p. 273.

28. Herndon-Weik, pp. 353~54.

29. Parker, "The Aspect of Freedom in America" (1852년 7월 5일), Cobbe edition 4.266.

30. 같은 책, pp. 268~69.

31. 같은 책, p. 95. Centenary edition 7.167, Cobbe edition 5.131, 260, 299, 612 참조.

32. Chadwick, *Theodore Parker*, p. 240.

33. 1854년 5월 12일 연설, Cobbe edition 5.312.

34. Cobbe edition, 5.274~76, 287~89, 6.142~53, 173, 181~86, 240~41, 270~88, 305~13 참조.

35. J. G. Randall, *Lincoln the President*, vol. 1 (Dodd, Mead, 1945), p. 108.

36. Allan Nevins, *The Emergence of Lincoln*, vol. 1 (Charles Scribner's Sons, 1950), p. 362.

37. David Zarefsky, *Lincoln, Douglas, and Slavery* (University of Chicago Press, 1990), pp. 83~84.

38. 1854년 5월 12일 파커의 연설, Cobbe edition 6.173.

39. 1858년 6월 29일 파커의 연설, Cobbe edition 6.312.

40. 같은 책, p. 312.

41. Taney, *Dred Scott v. John F. A. Sandford*, 19 Howard 393 (1857), pp. 451~52.

42. 1858년 1월 29일 파커의 연설, Cobbe edition 6.305.

43. Don E. Fehrenbacher, *The Dred Scott Case: Its Significance in American Law and Politics* (Oxford University Press, 1979), pp. 306~14.

44. Kenneth E. Stampp, *America in 1857: A Nation on the Brink* (Oxford University Press, 1990), p. 92. 뷰캐넌과 직간접적으로 연락을 주고받았던 판사들은 캐트런, 그리어, 웨인, 넬슨이었으며 이들은 자신의 술수를 다른 판사들이 모르도록 비밀로 간직했다.

45. 같은 책, pp. 116, 193~95.

46. 파커의 발언에 대해서는 Chadwick, *Theodore Parker*, p. 247 참조.

47. James Oakes, *Slavery and Freedom: An Interpretation of the Old South* (Alfred A. Knopf, 1990), p. 102.

48. 1854년 5월 12일 파커의 연설, Cobbe edition 5.310~12.

49. 스탬프는(*America in 1857*) 리콤프턴 헌법을 정확하게 '익살극으로서의 정치'라고 명명했다(10장).

50. 1858년 1월 29일 파커의 연설, Cobbe edition 6.312. 이 연설은 링컨이 더글러스에 맞서 '분열된 집 연설'을 하기 다섯 달 전에 있었다.

51. Robert S. Johanssen, *Stephen A. Douglas* (Oxford University Press, 1973), pp. 590~91. 1857년 12월 9일 상원에서 했던 더글러스의 발언은 '나는 노예제도 조항이 어떤 식으로 결정되든 개의치 않는다. 표결로 통과되든 부결되든 관심이 없다'는 것이었다.

52. 남부의 자유 연설에 대한 탄압에 대해서는 Stampp, *America in 1857*, p. 117 참조. '함구령'을 북부로 확산시키려는 시도에 대해서는 William W. Freehling, *The Road to Disunion, Volume I: Secessionists at Bay, 1776~1854* (Oxford University Press, 1990), pp. 289~352 참조.

53. 1858년 1월 29일 파커의 연설, Cobbe edition, p. 302.

4장: 사상의 혁명

1. 링컨이 더글러스를 죽은 사자라고 부를 무렵(SW 1.433), 파커는 링컨을 '우리의 양을 갈기갈기 찢어놓은 늑대를 향해 짖고 있는 미친개이지만, 그 늑대보다 더 위험한' 인물이라고 했다(John White Chadwick, *Theodore Parker: Preacher and Reformer*, Houghton Mifflin, 1900), p. 334.

2. 1856년 5월 7일 파커의 연설, Cobbe edition 6.237.

3. Parker, "Daniel Webster," Centenary edition 7.341. 웹스터의 플리머스 록 연설(1820)은 연설가로서의 명성에 기반이 되었으며, 그 지역이 국가적인 명성을 갖추는 데 커다란 영향을 끼쳤다. 연설에는 열 살짜리였던 파커도 쉽게 공감할 수 있을 만큼 영향을 끼친 노예제도에 대한 탄핵도 포함되어 있었다.

4. 노예문제에 관해 링컨이 클레이에게 의존했다는 것에 대해서는 특히, George Fredrickson, "A Man but Not a Brother," *Journal of Southern History* 41 (1975), pp. 40~44 참조. 클레이의 영향력에 대해 그다지 공감하지 않는 것에 대해서는 Richard Hofstadter, *The American Political Tradition* (Vintage, 1948), pp. 99~100 참조.

5. 마크 E. 닐리 주니어는 합중국을 향한 링컨의 태도에 대해 알렉산더 스티븐스부터 에드먼드 윌슨에 이르는 '신비주의' 전통을 추적했다. Neely, *The Fate of Liberty: Abraham Lincoln and Civil Liberties* (Oxford University Press, 1991), pp. 231~32.

6. *Reminiscences of Abraham Lincoln by Distinguished Men of His Time* (North American Press, 1881), p. 475.

7. 유명한 소송들에 참여한 웹스터의 활약에 대해서는 *The Papers of Daniel Webster, Legal Papers*, vol. 3, *The Federal Practice*, Andrew. J. King 편집 (Dartmouth, 1989), pp. 17~348 참조. 변호를 담당했던 소송건수에 대해서는 Kenneth E. Shewmaker, *Daniel Webster, "The Completest Man"*

(Dartmouth College, 1990), p. x. 참조.

8. Parker, "Webster," Centenary edition 7.290~91.

9. 스토리 판사의 주해서에서 따온 논증은 1848년 링컨이 국내의 개선점들에 대해 했던 연설(SW 1.193~94)과 쿠퍼 조합 연설의 초안(CW 3.522) 참조. 그는 또한 형평법에 대한 스토리의 연구를 추천했다(SW 2.180, CW 3.344).

10. 몇 년 동안 떠돌던 스토리 판사와 웹스터의 비정상적인 협력에 대해서는 R. Kent Newmyer, *Supreme Court Justice Joseph Story: Statesman of the Old Republic* (University of North Carolina Press, 1985), pp. 169~76과 Joseph McClellan, *Joseph Story and The American Constitution* (University of Oklahoma Press, 1971), pp. 280~83 참조. 심지어 스토리 판사는 웹스터가 참여하던 순회재판소에서 자리를 차지하고 있었다고 한다.

11. 이것은 1857년 링컨의 드레드 스콧 판결에 대한 연설의 일부이다. *Lincoln in Text and Context* (Stanford University Press, 1987), pp. 282~83 참조. 칼훈의 연설법에 대한 링컨의 연구에 대해서는 Herndon-Weik, p. 421 참조.

12. Herndon-Weik, pp. 327, 386. Hertz, p. 118.

13. Merrill D. Peterson, *The Great Triumvirate: Webster, Clay and Calhoun* (Oxford University Press, 1987), pp. 179~80.

14. *The Papers of Daniel Webster: Speeches and Formal Writings*, vol. 1, *1800~1833*, Charles M. Wiltse와 Alan R. Berolzheimer 편집, (Dartmouth, 1986), p. 326.

15. 같은 책, p. 325.

16. 같은 책, p. 348.

17. 같은 책, pp. 330, 339~40.

18. 같은 책, pp. 557~78.

19. Ronald Reagan, *An American Life* (Simon and Schuster, 1990), p. 196.

20. Webster, *Papers (Speeches)*, p. 251.

21. Joseph Story, *Commentaries on the Constitution of the United States*, bk, Ⅱ, 1장, "The History of the Revolution" (제5판 pp. 154, 157~58, Little, Brown, 1891).

22. James M. McPherson, *Abraham Lincoln and the Second American Revolution* (Oxford University

Press, 1990), p. 77.

23. John Hay, *Diaries*, 1863년 8월 9일 (p. 77).

24. Arthur Schlesinger, *The Imperial Presidency* (Houghton Mifflin, 1973), pp. 61ff의 내용이 그 예다.

25. Jonathan T. Davis, *Pardon and Amnesty: The Restoration of the Confederates to Their Rights and Privileges, 1861~1898* (University of North Carolina Press, 1953), 5장, "President Lincoln's Clemency" 참조.

26. Schlesinger, *Imperial Presidency*, p. 61.

27. Richard Hofstadter, *The American Political Tradition* (Vintage, 1948), p. 132.

28. Hay, *Diaries*, 1863년 7월 14일, p. 67.

29. J. G. Randall, *Lincoln the President* (Dodd, Mead, 1945), vol. 2, p. 161.

30. Barbara J. Fields, "Who Freed the Slaves?," *The Civil War: An Illustrated History* (Alfred A. Knopf, 1990), pp. 178~81 참조.

31. 링컨의 노예해방에 대한 관심이 남부에서 군사적 조치로서만 실행되었다고 생각하는 것은 잘못일 것이다. 정치인이자 대통령으로서 그는 비밀이나 노예제도 반대를 위한 조치와 관련된 많은 상황들을 고려해야 했다. 라완다 콕스는 그러한 여덟 가지 상황을 밝혀두었다. Cox, "Lincoln and Black Freedom," *The Historians' Lincoln*, Gabor S. Boritt, Norman A. Fornes 편집 (University of Illinois Press, 1988), pp. 178~81 참조.

32. McPherson, *Abraham Lincoln*, pp. 23~42.

33. Robert Bork, *The Tempting of America: The Political Seduction of the Law* (Free Press, 1990), p. 37.

34. Willmoore Kendall, *The Basic Symbols of the American Political Tradition* (Louisiana State University Press, 1970), p. 91.

35. 같은 책, p. 88.

36. 같은 책, p. 84. "어떤 형식으로든 최근의 모든 대통령 후보자들이 평등에 대한 국가적 책무에 찬성하고 있다고 말할 수 있다." 켄들은 이것을 "훌륭하고 깜짝 놀랄 만한 성공"이라고 한다(p. 137).

5장: 문체의 혁명

1. 사실 헤밍웨이는 '미국의 모든 현대문학'이 트웨인의 소설에서 비롯되었다고 했는데, 그는 소설을 문학과 동일한 의미로 생각했던 것으로 보인다(*Green Hills of Africa* [Charles Scribner's Sons, 1935], p. 22).

2. Hugh Kenner, *Mazes* (North Point Press, 1989), "Politics of the Plain Style," pp. 261~69.

3. Robert V. Bruce, *Lincoln and the Tools of War* (University of Illinois Press, 1989), p. 14.

4. 헌돈은 링컨이 문장의 길이에 변화를 주기 위해 매우 고심했으며, 이를 위해 칼훈의 연설을 모델로 삼았다고 말했다(Herndon-Weik, p. 421).

5. 취임연설 초안을 작성할 때 수어드가 한 역할에 대해서는 William Norwood Brigance, *A History and Criticism of American Public Address* (McGraw-Hill, 1943), vol. 2, pp. 866~69에 있는 Earl W. Wiley, "Abraham Lincoln: His Emergence as the Voice of the People" 참조.

6. SW 2.377, 매클렐런 장군에게 보낸 편지.

7. Hugh Blair, *Lectures on Rhetoric and Belles Letters* (Edinburgh, 1783), Harold F. Harding이 편집한 사본 (Southern Illinois University Press, 1965), vol. 1, pp. 226, 189. 19세기 미국 수사학에서 블레어의 중요성에 대해서는 Brigance, *American Public Address*, vol. 2, pp. 202~4 참조.

8. Herndon-Weik, p. 421.

9. Don E. Fehrenbacher, *Prelude to Greatness: Lincoln in the 1850s* (Stanford University Press, 1962), p. 180. 링컨은 성서의 구절들을 웹스터의 연설에서 따온 것일 수도 있다. 1857년 5월 22일의 연설에서 웹스터는 '만약 어떤 집이 스스로 분열된다면, 그 집은 무너져 그 안에 있는 사람들을 모두 짓밟아버릴 것입니다'라고 했다. *Writings and Speeches of Daniel Webster* (Little, Brown, 1903), vol. 4, p. 244.

10. The Papers of Daniel Webster : Speeches and Formal Writings, vol. 1, 1800-1833, edited by Charles Wiltse and Alan R. Berolzheimer (University Press of New England, 1986), p. 287.

11. Richard N. Current, *Speaking of Abraham Lincoln* (University of Illinois Press, 1983), "Lincoln and Daniel Webster," pp. 11~15. Hertz, p. 118 참조. "링컨은 웹스터가 헤인에게 주는 답변을 역사상 최고의 연설이라고 생각했다."

12. Blair, *Lectures*, pp. 232~36.

13. Blair, *Lectures*, pp. 243~44.

14. 같은 책, pp. 245~46. 당연하게도 이것은 고전적인 견해이다. "수사는 논리와 대응관계에 있다" (Aristotle, *Rhetoric*).

15. Herndon-Weik, p. 248. F. B. Carpenter, *The Inner Life of Abraham Lincoln: Six Months at the White House* (Riverside Press, 1877), pp. 314~15.

16. David C. Mearns, *Three Presidents and Their Books: Fifth Annual Windsor Lectures* (University of Illinois Press, 1955), p. 54.

17. Herndon-Weik, p. 35.

18. 1888년 10월 15일 트웨인의 편지.

19. Blair, *Lectures*, pp. 189, 195.

20. Twain, *Complete Essays* (Doubleday, 1963), Charles Neider 편집, "William Dean Howells," pp. 400~401.

21. Herndon-Weik, pp. 475~77.

22. Parker, "The Political Destination of America," Cobbe edition 4.91.

23. Blair, *Lectures*, p. 186.

24. SW 2.357~58. 이 원문은 찰스 N. 스마일리의 *Classical Journal* 13 (1917), pp. 125~26에서 가져온 것이다. 고전적인 수사학자인 스마일리는 이 편지에는 "완벽하게 균형 잡힌 여섯 개의 문장과, 여덟 건의 수구首句 반복, 유사 단어로 종결된 여섯 가지 어미, 여섯 가지의 대조법"이 사용되었다고 밝혔다.

25. Bruce, *Tools of War*, pp. 85~88.

26. 새뮤얼 F. B. 모스가 헨리의 전신기에 사용될 부호를 이제 막 개발해냈을 때였다. Robert V. Bruce, *The Launching of Modern American Science, 1846~76* (Alfred A. Knopf, 1987), pp. 141, 150~57, 275~76.

27. 전쟁지휘부의 전신기사였던 데이비드 호머 베이츠의 회고록 *Lincoln in the Telegraph Office* (Century Co., 1907).

28. John Keegan, *The Mask of Command* (Penguin, 1987), p. 202.

29. *Abraham Lincoln and the Second American Revolution* (Oxford University Press, 1990), pp. 93~112에 수록되어 있는 제임스 M. 맥퍼슨의 "은유를 활용한 링컨의 승전 방법." 맥퍼슨이 예

시한 문장이 모두 은유적인 것은 아니었지만 한결같이 명확하고 간결했다.

30. 군사적 의견일치에 관한 증거는 *The Papers of Ulysses A. Grant*, John Y. Simon 편집 (Southern Illinois University Press), vol. 9 (1982), pp. 196~97, vol. 10 (1982), p. 381, vol. 11 (1984), pp. 45, 263, 280, 360, 425, 441, vol. 12 (1984), p. 185 참조.

31. SW 2.620. Horace Potter, *Campaigning with Grant* (1897, reprinted by Da Capo, 1986), p. 279.

32. Hannibal *Courier-Post*, 1835년 3월 1일.

33. Francis B. Carpenter, *Six Months at the White House* (Riverside Press, 1877), p. 234.

34. 고전학자 레인 쿠퍼는 *The Rhetoric of Aristotle* (Appleton-Century, 1932), p. xxxiii에서 링컨의 인상적인 접속사 생략에 주목했다.

35. '여기'가 반복되는 것을 의식한 링컨은 일곱 번째 문장에서는 '여기'를 빼버렸다(CW 7.23).

36. Barton, *Lincoln at Gettysburg*, p. 148, Louis A. Warren, *Lincoln's Gettysburg Declaration* (Lincoln National Life Foundation, 1964), p. 106 참조. '명제'라는 단어에 대한 링컨의 선호도는 SW 1.277, 683, 732, 741에서 분명하게 드러난다.

에필로그: 그 밖의 연설

1. Theodore Parker, "The Nebraska Question" (1854), Cobbe edition 5.276. 같은 책, p. 107, "전쟁들 중에서도 한층 비열하고 사악한 멕시코 전쟁"과, 같은 책, 4.1~76 참조.

2. Ulysses S. Grant, *Personal Memoirs* (Library of America, 1990), pp. 41, 42.

3. 링컨이 곤혹스러워했던 논쟁에 대해서는 Herndon-Weik, p. 183 참조.

4. 투키디데스 3.82.3.

5. 투키디데스 3.82.4.

6. 투키디데스 3.83.2.

7. Alan T. Nolan, *Lee Considered* (University of North Carolina Press, 1991), pp. 59~106.

8. Carl von Clausewitz, *On War*, Michael Howard, Peter Paret 번역 · 편집 (Princeton University Press, 1976), 1.4 (p. 77), 2.2 (p. 138) 참조.

9. 이것은 *The American Way of War: A History of United States Military Strategy and Policy* (Indiana

University Press, 1973), pp. 128~52에 수록된 Russell F. Weigley의 그랜트와 관련된 내용의 장 제목이다.

10. 투키디데스 2.63.

11. Clausewitz, *On War* 1.1.3 (p. 76), p. 2.2 (p. 138).

12. James McPherson, "Lincoln and the Strategy of Unconditional Surrender," *Abraham Lincoln and the Second American Revolution* (Oxford University Press, 1990), p. 84.

13. Edmund Wilson, *Patriotic Gore* (Oxford University Press, 1962), pp. xvii~xviii.

14. 퀘이커 교도들과 한 인터뷰에서 나온 이 말들은 퀘이커 교도뿐 아니라(SW 2.627) 장로파의 종교 지도자들에게 보낸(SW 2.529~30) 다른 메시지들과도 유사하다. SW 2.359, 586, 589 참조.

15. 하우와 링컨이 성서를 다르게 사용한 것에 대해서는 Garry Wills, *Under God* (Simon and Schuster, 1990), pp. 207~21 참조.

16. SW 2.520~21, 637~8 참조.

부록 1: 링컨이 실제로 연설했던 원본

1. 신문기사들에 대해서는 CW 7.18~21, SW 2.748~49 참조. 길버트의 연합통신 기사는 뉴욕의 세 군데(트리뷴, 타임스, 헤럴드)와 그 밖의 신문사에 전달되었다. 다른 두 가지 기사는 속기록의 형태로 시카고 《트리뷴》과 필라델피아 《인콰이어러》에 전달되었다.

2. William E. Barton, *Lincoln at Gettysburg* (Bobbs-Merrill, 1930), pp. 81~82, 85. 다양한 사본에 대한 바턴의 설명은 종종 부정확하다.

3. John G, Nicolay, "Lincoln's Gettysburg Address," *Century Magazine*, vol. 47 (n.s. 25, 1893~94), pp. 604~5.

4. Daniel C. Mearns, Lloyd A. Dunlap, *Long Remembered: Facsimiles of the Five Versions of the Gettysburg in the Handwriting of Abraham Lincoln* (Library of Congress, 1963). 초고들에 대한 증거는 이 소책자에 가장 간결하게 수집되고 논의되어 있다.

5. 1863년 11월 13일의 전보문. 해리스버그 주 기록보관소에 있는 커틴의 서류들.

6. *Lincoln Lore* 1437.

7. 국회도서관 사본실.

8. 매사추세츠 역사협회.

9. 미의회도서관 에이브러햄 링컨 문서.

10. 펜실베이니아 기록보관소 커틴의 서신.

11. 1863년 11월 11일 에버렛의 일기(매사추세츠 역사협회 10월 29일 자 참조).

조작된 신화, 국가 지도자의 리더십

전형적인 할리우드 영화의 특징 중 한 가지는 권선징악적 스토리를 이끌어가는 영웅의 탄생이다. 혼자 모든 갈등을 일거에 해소시키며 정의를 지키는 영웅의 이야기는 식상하지만 중독성이 있다. 그래서 할리우드에서는 끊임없이 어슷비슷한 영화들을 줄기차게 생산해내고 있다.

미국의 16대 대통령인 에이브러햄 링컨도 미국인들에게는 그런 영웅의 범주에 속하는 인물이다. 노예해방과 게티즈버그 연설을 통해 분열된 국가를 통합한 영웅으로서 미국 국민의 가슴속에 각인되어 있는 링컨은 암살이라는 비극적인 사건으로 인해 신화 속의 인물이 되어 있다.

시간이 지날수록 그는 정직하고 명민한 데다, 철학과 도덕성을 갖추었으며 예리한 통찰력은 물론 천재적인 판단능력과 결단력을 갖춘 인물이 되어갔다. 그것은 어느 정도는 사실이겠지만 또한 어느 정도는 영웅을 영웅답게 만들기 위한 꾸며진 신화이기도 하다.

역사학 교수인 게리 윌스의 퓰리처상 논픽션 부문 수상작인 이 책은 신화가 된 링컨의 게티즈버그 연설을 중심으로 남북전쟁 당시 미국의 정치, 문화, 역사, 철학, 문학 등을 일목요연하게 보여주는 역작이다.

이 책의 주인공은 링컨이 아닌 게티즈버그 연설이다. 저자는 천재적인 영감에 의해 즉흥적으로 작성된 것으로 인구에 회자되는 그 연설이 사실은 내전이라는 극단적인 정치상황을 전환시키기 위한 현실정치인 링컨의 정치적 판단에 의해 작성된 것이었음을 밝히는 것으로 논의를 시작한다. 또한 링컨은 '언어의 음악적 특성'에 대해 깊은 관심을 지니고 있었으며 오랫동안 문장 연습에 천착해왔다는 것을 밝힌다. 그러므로 링컨의 게티즈버그 연설은 한 천재 혹은 영웅의 순간적인 영감에 의해 탄생한 것이 아니며 치밀하게 계산된 내용을 전문가다운 솜씨로 다듬어 낸 작품이라는 것이다.

"그만큼 훌륭한 연설이 오랜 문장 연습과 다듬기의 결과물이 아니라고 믿는 것은 너무 순진한 생각이 아닐까요? 어떻게 그러한 연설이 한 사람의 머릿속에서 별안간 떠올랐다고 생각할 수 있겠습니까?(1992년 6월 7일,《뉴욕 타임스》인터뷰 중에서)

책은 긴박했던 1863년 7월의 전쟁터 게티즈버그를 묘사하는 것으로 시작하여 1장 그리스 문화 부흥 시기의 웅변술, 2장 게티즈버그와 죽음의 문화, 3장 초월주의 선언, 제4장 사상의 혁명, 5장 문체의 혁명 등 게티즈버그 연설을 둘러싼 문화적 배경을 하나씩 짚어나간다. 그리고 부록으로 연설문 원본과 실제 연설장소를 둘러싼 논란을 소개하고 연설의 모범이 된 페리클레스와 고르기아스의 연설을 수록해두고 있다.

'게티즈버그 연설의 모든 것'이라 부를 수 있을 이 책은 저자의 학자적 치밀함과 비평가적 안목에 의해 흥미진진하고 진지하게 읽힌다. 출간 당시 한 신문의 서평에서 극찬했듯 게티즈버그 연설을 소재로 한 책들 중 최고의 작품이라 할 만하다.

역사 속의 인물탐구를 통한 리더십 연구가로도 명성을 쌓아온 저자는 부시의 재선으로 끝난 2004년 미국 대선 직후인 11월 4일 《뉴욕 타임스》에 기고한 칼럼을 통해 민주주의 국가인 미국의 앞날에 대한 우려를 표명했다.

'문명이 사라진 날'이라는 도발적인 제목의 칼럼에서 그는 최초의 민주주의 국가인 미국이 부시의 재선 과정에서 비판적 지성, 인내 등의 가치를 무시함으로써 문명이 상실될 위기에 처했음을 주장하며 미국민들의 각성을 촉구했다. 복잡다단한 현실의 문제를 선과 악으로 나눈 후, 악의 무자비한 박멸을 시도하는 부시의 리더십과 초강대국인 미국의 민주주의에 대한 우려인 것이다.

이 책에는 민주주의와 지도자에 대한 저자의 객관적이며 현실적인 시각이 일관되게 반영되어 있다. 그로 인해 신화 속의 인물이 되어버린 링컨은 본래의 위치라 할 가장 현실적인 지도자로 돌아와 있다. 유세지역에 따라 노예제도 폐지에 대한 견해를 조금씩 바꾸었던 링컨의 지극히 현실적은 모습은 더 이상 영웅이 아니다. 그러나 보다 더 친근하며 신뢰할 수 있는 인간적인 지도자의 모습으로 다가온다.

게리 윌스는 국가 지도자와 리더십을 다음과 같이 정의한다.

'리더십의 반은 대화이며, 나머지 반은 지지자들의 몫이다. 어느 한쪽이라도 없다면 서로 존재할 수 없다. 훌륭한 지도자는 하나의 목표를 향해 효율적으로 나아갈 수 있도록 대화에 참여하는 사람이다. 결국 훌륭한 리더십은 구성원들을 목표를 향해 움직이도록 하는 것이다.'

이 책은 링컨이 게티즈버그 연설을 통해 그러한 가치를 제대로 구현해냈음을 조목조목 논증하고 있다.